The BRICS and Collective Financial Statecraft

CYNTHIA ROBERTS   LESLIE ELLIOT ARMIJO   SAORI N. KATADA

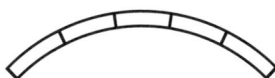

上海译文出版社

金砖国家与集体金融治略

[美] 辛西娅·罗伯茨　莱斯利·埃利奥特·阿米娇　片田纱织　著

任晓　胡泳浩　刘青尧　徐成　孙畅驰　译

复旦大学商业文明和共同体研究所组织翻译

目　录

致　谢　001

中文版序　001

第一章　金砖国家俱乐部　001

第二章　全球权力转移：金砖国家塑造影响力　038

第三章　金砖国家集体金融治略：四个案例　102

第四章　金砖国家的合作动机——来自五国首都的观点　170

第五章　结论：金砖国家走向何方？　261

致 谢

这是一本由地跨四大洲、在不同城市工作的三位作者撰写的专著，对支持过这一项目的人士所欠甚多。我们感谢金砖各国和美国的政府官员及其他公私营部门的有识之士，他们对我们谈了很多并且希望不公开姓名。此外，我们也感谢国际金融机构和各家智库的诸多经济学家和官员，他们贡献了若干个小时帮助我们更好地理解这项研究所涉各种问题的复杂性，他们包括 Kausik Basu, Jin Zhongxia, Aleksei Mozhin, Andreas Bauer, Andrew Baukol, Simeon Djankov, David Dollar, Indermit Gill, Sergei Guriev, Birgit Hansl, Branko Milanovic, Jose Antonio Ocampo, Eswar Prasad, Markus Rodlauer, David Rosenblatt 和 Sergei Shatalov。我们感谢帮助我们理解金砖国家金融治略以及国际政治经济学的北美和欧洲学者，他们包括 Gregory Chin, Benjamin J. Cohen, Barbara Fritz, Eric Hershberg, Andrew Hurrell, Jonathan Kirshner, Laura Carsten Maurenbach, Daniel McDowell, Laurissa Muehlich, Mihaela Papa, Daniel C. Tirone 和王红缨。

我们还感谢众多俄罗斯官员、俄罗斯科学院的研究人员及其他有识之士，他们慷慨地拨出时间，提供了重要的洞见，尤其是 Vadim Lukov, Aleksandr Kramarenko, Georgii Toloraia, Vladimir Mau, Andrei Kortunov, Leonid Grigoriev, Alexander Gabuev, Mikhail Golovnin, Igor Yurgens,

Marina Larionova, Feodor Lukyanov, Robin Lewis 和 Natalya Volchkova。我们也感谢若干中国学者，尤其是任晓、王缉思、王勇和朱锋，以及日本的学者，包括 Hyoung-kyu Chey, Masahiro Kawai, Eisuke Sakakibara, Toshiya Tsugami 和 Tatsuya Yoshizaki。

我们感激贡献了宝贵时间和批判性洞见的巴西人士和巴西研究专家，他们包括 Adriana E. Abdenur, Worney Amoedo 一家, Luis Antonio Balduino, Renato C. Baumann, Luiz Carlos Bresser-Pereira, Sean W. Burges, Roland Clark, Carlos Cozendey, Sulamis Dain, Pedro Dallari, Markus Fraundorfer, David Fleischer, Camila Amorim Jardim, David Kupfer, Antonio Carlos Lessa, Jose Alfredo de Graca Lima, Maria Antonieta del T. Lins, Walter Ness, Edson de Oliveira Nunes, Amancio J. de Oliveira, Janina Onuki, Alberto Pfieffer, Armando Castelar Pinheiro, Sybil Rhodes, Feliciano de Sa Guimaraes, Laura Randall, M. Raimunda dos Santos 一家, Bruno W. C. Saraiva, Ben Ross Schneider, Lourdes Sola, Oliver Stuenkel, Maria Herminia Tavares, Matthew Taylor, Vera Thorstensen, Tullo Vigevani 和 Kurt von Mettenheim。提供了极有用指导的印度人士和南亚研究专家包括 John Echeverri-Gent, Surupa Gupta, John Harriss 和 Aseema Sinha。对于理解南非提供了很有价值帮助的人士，我们要感谢 Audie Klotz 和 Janis van de Westhuizen。

罗伯茨要感谢 Jennifer Raab 校长和 Andrew Polsky 院长提供的旅行和研究支持（其中部分是经由亨特学院的校长基金和校长教员发展基金拨出的）以及她的政治学系同事，尤其是 Ken Erickson 和 Walter Volkomer。罗伯茨也感谢哥伦比亚大学提供了无价的思想和研究环境，尤其是索兹曼战争与和平研究所及其所长理查德·贝茨（Richard Betts）和助理所长英格丽德·格茨曼（Ingrid Gerstmann）以及哥伦比亚大学商学院的图书馆员们。她也感谢哈里曼研究所的领导人士 Alexander Cooley, Tim Frye 和 Kimberly Marten，还有哥伦比亚大学的很多其他同事尤其是杰克·斯奈德（Jack Snyder），感谢他们的鼓励和支持。

阿米娇要感谢巴西圣保罗大学国际关系研究所，2015 年她为本书做研究时担任那里的客座教授，她也感谢西蒙·弗雷泽大学国际研究学院富有启发性的同事和学生。

片田要赞赏南加利福尼亚大学国际关系学院、国际研究中心以及东西方中心华盛顿分部，感谢它们为她的研究提供的慷慨资助和支持。我们发自内心地感谢两年间勤勉工作的研究助理们：Brandon Cheung, Logan Childers, Xinru Ma, Samuel D. Miller, Andrew Sherlock, Mingmin Yang 和 Xinlin Zhao。

我们也感谢呈现本书部分成果的各次研讨会的组织者和参与者，包括国际研究协会（ISA，2017 年 2 月在巴尔的摩；2015 年 2 月在新奥尔良）、阿根廷宏观经济研究中心（2015 年 4 月在布宜诺斯艾利斯）、拉丁美洲研究学会（2015 年 5 月在波多黎各的圣胡安）、圣保罗大学国际关系研究所（2015 年 6 月在圣保罗）、俄罗斯总统国民经济和公共行政学院盖达尔论坛（2016 年 1 月在莫斯科）、哥伦比亚大学哈里曼研究所的"俄罗斯和西方的未来"研讨会（2016 年 11 月在纽约）。

我们也深深地感谢牛津大学出版社的 David McBride 不倦的支持。

另外还要感谢的是政治科学院和 Wiley 出版公司允许使用第三章的部分内容，首发于片田纱织、辛西娅·罗伯茨和莱斯利·埃利奥特·阿米娇三人的《集体金融治略的种类》一文（*Political Science Quarterly*，132，Fall 2017）。我们也感谢牛津大学出版社和《政治学季刊》的匿名审稿人，他们建设性的建议有助于激励我们研究工作的提升。

最后，我们要感谢我们的家人，是他们宽容了学者生活和家庭生活之间的相互竞争。我们将本书献给我们的孩子们——变化中的世界的明日之星。

本书中表达的各种观点都由我们自己负责。

中文版序

辛西娅·罗伯茨　莱斯利·埃利奥特·阿米娇　片田纱织

我们很高兴本书中文版的面世。2018年初版的英文版已得到广泛阅读和引用。基于中国在本书分析中的中心位置，作者们希望本书在中国也能引起讨论。

1. 金砖国家及其重要性

金砖国家俱乐部（巴西、俄罗斯、印度、中国，自2010年12月起还有南非）是2006年作为主权国家的一个多边组织建立的，当时这些国家的相对能力和重要性都在上升中。尽管有其他著述比较了各成员国家的国内状况，本书独一无二的焦点是金砖国家在全球谈判中的集体存在。

金砖集团的成功使观察家们感到吃惊。自1990年冷战终结以来，还没有团结一致的非西方强国集团能够挑战美国或七国集团（G7）成熟资本主义民主国家的霸权。金砖国家为全球金融治理中的新兴经济体提供了一个统一的声音。它们也在新兴大国中率先运用了"集体金融治略"（collective financial statecraft），即一个主权国家集团协调地运用它们对金融市场、制度和行为体的影响力以支持其更大的对外政策目标。尽管它们的规模、力量能力、国内政治体制和所处地理区域有很大不同，金砖国家是以相对团结一致的联盟而行动的。

金砖国家俱乐部于 2008 年开始发挥作用，当时全球金融危机自美国发端正扩大到整个世界。直到那时之前，美国一直试图保持其在自由国际秩序中的主导地位，在这一秩序中，各新兴大国安身于多边经济机制中如布雷顿森林机构和国际市场。①当全球金融危机表明美国既非无所不能也非保证国际经济秩序的可靠管家时，金砖国家开始质疑布雷顿森林秩序正在"丧失正当性和有效性"。②

全球金融危机导致金砖国家寻求久已拖延的治理改革，以及反映它们作为经济强国和债权人地位的高桌席位。它们寻求把权力再分配给一些新机构，比如从 G7 到更有包容性的 G20，以提升其在主要全球规则制定者中的地位。本书表明，看到美国的弱点和西方的相对衰落后，金砖国家尤其是中国从 2015 年起也开始试验平行的国际金融机构，诸如金砖国家新开发银行(NDB)和中国发起的亚洲基础设施投资银行。在全都经历了这一过程后，金砖国家在现行国际秩序中坚持一种"温和修正主义"的战略。这一战略将降低既有大国反冲的成本，保持其民主和政权的多样联盟不受影响。同时，所有金砖经济体都在增长，中国尤其快速，按购买力平价计算已于 2014 年超过美国成为世界最大经济体，2013年即已成为最大贸易国。

尽管有折中的国内政治原因支持金砖国家集团在本书所勾画的五国中实施的项目，导致这一集团成功兴起的两个条件在 2017 年后仍

① 存在至少三种主要国际秩序：（1）布雷顿森林经济治理秩序，金砖国家成员是其积极参与者，就中国而言是自 1944 年开始；（2）联合国治理秩序，其中俄罗斯和中国是五常俱乐部成员，与其他常任理事国合作，包括保护其特权地位；（3）美国的同盟安全秩序，不包括任何金砖国家成员。

② 八次年度峰会（2009—2016）各个公报都呼吁全球储备多元化，摆脱美元，指出"为不同的力量格局设计的国际治理结构正显示出丧失合法性和有效性的明显迹象"，这羞辱了西方各国政府。见第六次金砖国家峰会公报。金砖国家峰会公报及其他文件的完整汇编，见 the BRICS Information Centre, University of Toronto, Canada, http://www.brics.utoronto.ca/。

然有效。首先，有利于这些新兴大国的相对物质能力转移在继续。到 2019 年，金砖国家以购买力平价计算的 GDP 总和达到全球经济总量的 33%，而 G7 国家只占到 29.7%。①其次，金砖国家俱乐部的发起者、五国中始终最愿意为金砖国家峰会及其相关会议提供组织成本的国家，即俄罗斯，仍是这一集团热情的促进者，并为他国提供了集体物品。虽然如此，还是存在两条理由，令人怀疑金砖国家未来是否仍将像它们在 2008 年至 21 世纪第二个十年中期之间这么活跃并具有集体影响。

第一个重要变化是五国中的四国已有新的领导人，这在中国、印度和巴西对金砖国家集团内的一致性影响最大。习近平主席聚焦于着重基础设施建设的"一带一路"倡议，作为对全球南方的标志性展开。在印度，高调民族主义和印度教的人民党在 2014 年取代了由世俗和中左的国大党领导的联盟，而莫迪总理对中国与巴基斯坦日益紧密的关系有所批评。在巴西，2016 年年中对中左翼罗塞夫总统的弹劾导致了 2018 年 1 月右翼民族主义者博索纳罗宣誓就任总统，他的政府并不把金砖合作放在优先位置上。而南非新领导人拉马福萨总统像金砖国家内的前任们一样，代表了非洲人国民大会，仍热心于深化与其他金砖国家尤其是中国的关系。

第二个转变是俄罗斯、巴西和南非，尤其是前两国，从全球金融危机中很快恢复过来后，经历了数年增速放缓到负增长。实际上，中国经济占全球总量的 19.3%，印度占 8%，其他三国加起来只占 6.1%。除非这三国能恢复经济增长，否则它们成为中国和印度这两个巨人的经济政治伙伴的愿望将大打折扣。

然而，即使在这些变化之下，本书所强调的金融治略和金融力量的重要性依然有效。美国在货币和金融秩序中的结构性支配地位还在继

---

① 除非专门说明，经济增长数据来自国际货币基金组织的《世界经济展望》（*World Economic Outlook*, Washington, D.C.: IMF, October, 2019）。

续。美元仍是世界主要储备和交易货币；美国政府在传统国际金融机构世界银行和国际货币基金组织内继续掌控最高份额；美国还支配着全球金融网络。①在唐纳德·特朗普总统治下，美国继续运用其金融网络性权力把额外或扩大了的各种制裁强加于俄罗斯、伊朗、朝鲜和委内瑞拉，即便有违与它关系密切的盟友的意愿。

作为回应，金砖国家继续参与集体金融治略，它们都反感对其自主性和国家主权的侵害。对美国针对其目标运用支配性金融权力的回应，是它们集体金融治略背后的驱动力。这一关切大大超过了金砖国家对于布雷顿森林机构中的配额及其他治理改革的要求。当霸主国倒转优先顺序，从提供集体物品转向把金融和市场机制当作武器，转向胁迫和惩罚反对者的时候，这些目标国竭力限制其易受攻击性，寻求对冲机制保卫自己独立行动的自主性和范围。

简言之，最初导致四个（然后五个）金砖国家相互合作的许多动力并未改变。每一国都寻求更大的国际角色，俄罗斯、印度、巴西和南非都欣赏在一个有中国在内的专属集团中作为成员的声望，而当下，美国仍保持着金融和货币霸权。在不同程度上，五国都对美国持续的支配地位不满。最后，尽管潜在能力的转变方向表明了美国能力的逐步衰退，但当前没有哪个金砖国家希望看到美元或美国货币领导地位的戏剧性滑落，那将扰乱全球货币和金融秩序，它们也都将深受其害。长期而言，它们偏好未来美元和美国受到约束，而它们则有更大的自由纵横捭阖。

---

① 然而，美国已不再是净债权大国。现在美国是最大的债务国，而今日最大的债权国，根据所拥有的外国净资产（净国际投资地位即 NIIP），是日本、德国和中国。关于各国的国际货币和金融力量的不同面向，见 Leslie Elliott Armijo, Daniel C. Tirone and Hyoung-kyu Chey, "The Monetary and Financial Powers of States：Theory, Dataset, and Observations on the Trajectory of American Dominance," *New Political Economy* 25, no. 2 (2020), 174 - 194。

2. 国际舞台的转移：对金砖国家俱乐部意味着什么

大国竞争的逻辑①

当一个衰落中的霸权国家和一个崛起中的新兴大国各种能力逐渐接近时，全球国家间体系中的某些结构性规则就起作用了。尽管竞争性的大国政治限于偶然的合作和大国战争的两端内，这一动力学主要是在相对获益或相对损失域中运作，其中涉及地位争斗、关系权力以及力量平衡的转变。当大国竞争成为国家政策的驱动力时，它很可能以两种重要方式塑造对外政策。

首先，由两个大国主导的大国竞争使敌友之分更为鲜明，推动他方在国内和国际的政治、安全和经济领域中选边站队。自 2017 年来，在唐纳德·特朗普总统任内这些趋势又加剧了，特朗普政府质疑国际秩序的各个方面，指责中国违反规则，他依然拥抱了被认为坚持"美国优先"的民族主义和保护主义措施。特朗普政府宣布，吸收潜在对手如中国和俄罗斯进入一个开放和大体上自由的国际秩序失败了。2017 年 12 月，特朗普政府公布了新的《国家安全战略》，宣布美国重新进入了一个大国竞争时代，其中中俄"想塑造一个与美国价值观和利益对立的世界"。②

美国在苏联解体后第一次重新聚焦其战略优先顺序，2018 年又公布了一个新的《国家防务战略》，它宣称"对美国繁荣和安全的中心挑战……是由于'修正主义'大国而重新出现的长期战略竞争"。③2019

---

① 进一步的发展，见 Cynthia Roberts, "The BRICS in the Era of Renewed Great Power Competition," *Strategic Analysis* 43, no. 6 (2019): 1–18。

② "National Security Strategy of the United States of America," December 2017, https://www.whitehouse.gov/wp-content/uploads/2017/12/NSS-Final-12-18-2017-0905.pdf.

③ Summary of the 2018 National Defense Strategy of the United States of America, 2018, https://www. defense. gov/Portals/1/Documents/pubs/2018-National-Defense-Strategy-Summary. pdf. (emphasis in the original), p. 2.

年，国家情报总监评估声称中俄的"联手超过 1950 年代中期以来的任何时候"。①

中国也拥抱了雄心勃勃的大国战略。这一新战略最初是建立在"平等大国"的前提下，然后是更为雄心勃勃的倡议——包括《中国制造 2025》计划以支持自主创新，使中国在高附加值部门能够自足，建立"自主、可控、安全和有效"的供应链。目标还包括到 2035 年实现军事现代化以及到 2049 年建成一流的军队。正如本书所讨论的，中国防御性地寻求确立可供选择的手段以挫败美国最锋利的剑，即美国的经济制裁和采取行动将对手关闭于以美元计价的金融体系之外。像俄罗斯一样，中国也运用经济手段阻挠不希望看到的国际行动，引导合作，比如获取对地区贸易伙伴的杠杆。然而到目前为止，中国还是比过去的崛起大国更"不愿冒险"和"不那么好战"。②

美中对峙（以及美俄紧张）的升温已将其他国家置于尴尬的境地，它们想跟双方都保持良好关系。一个显著的案例是，特朗普政府发动了一场全球性战役阻挠电信巨头华为建设 5G 网络，威胁不跟与中国技术企业有来往的政府分享情报。到目前为止，只有四个与美国关系密切的盟国决定明确禁止，并从其移动网络中移除该公司的产品。2018 年，加拿大接受美国的要求，在温哥华逮捕了一位华为高管，她被指控违反了美国对伊朗的金融制裁。美国的盟国，同时也是俄罗斯天然气出口的大主顾德国，也发现自己困于其中，其他欧洲盟国亦然，它们竭力维护伊朗核协议。金砖国家中，巴西支持美国对委内瑞拉的经济制裁，而作为委内瑞拉重要债权人的中俄都表示反对。

其次，大国竞争加强了民族主义和保护主义联盟，提升了国家安全

---

① Daniel R. Coats, Director of National Intelligence, Statement for the Record, Worldwide Threat Assessment of the Us Intelligence Community, January 29, 2019.

② Ketian Zhang, "Cautious Bully: Reputation, Resolve, and Beijing's Use of Coercion in the South China Sea," *International Security* 44: 1 (Summer 2019): 157; Alastair Iain Johnston, "How New and Assertive Is China's New Assertiveness?" *International Security* 37, No. 4 (Spring 2013): 7–48.

问题相对于经济和提高福祉议程的突出地位。甚至在大流行病全球暴发之前，安全和贸易关切就已日益混在一起，进一步加强了保护主义。在这种条件下，两用技术和制造业供应链更可能被认为是易受攻击的关联而非提高市场效率的机制。当国内政治驱动地缘政治竞争时，它可以产生如安全困境那样的负反馈环，提高冲突的可能性。①比如，当前中国就是一个初始联盟的目标，该联盟包括华盛顿政治和经济鹰派、军事工业家们以及煤钢等试图使美国经济与中国脱钩的产业。对制造业进口的限制和民族主义在中国的升温加剧了与美国、欧洲、日本和韩国的贸易紧张状态。美国的一个抵消因素是曾经支持保护主义的生产商们（如汽车产业），现在并非在中间产品上依赖中国，而在于后者是世界上最大的消费市场。

多极兴起的逻辑和多边主义的挑战

除了大国竞争外，金砖国家还受到第二种大逻辑的冲击，这个逻辑是根据不同原则运作、诱导不同行动的。这就是多极兴起的逻辑。本书解释了全球力量的扩散如何导致了多极的兴起和对无限制的美国首要地位的反感，特别是华盛顿不时威胁实施金融制裁以摧毁对手的经济。这些发展并不自动地弹回而有利于中国或其他竞争对手。对金砖国家俱乐部，以及对别的首要俱乐部如 G7 和 G20 的挑战，是在这些权力转移中管理多边和制度化的合作。重要的是，多极逻辑至少产生着三种相反的倾向，能够缓解大国竞争，并在这里所描述的大多具有韧性和制度化的国际秩序中创造合作机会。

首先，本书表明了中国及其他金砖国家在很大程度上试图影响和适应现有国际制度，而非推翻现行治理秩序和经济秩序。作为世界前两大经济

---

① Dale C. Copeland, *Economic Interdependence and War*. Princeton University Press, 2014；David A. Lake, "Economic openness and great power competition：Lessons for China and the United States," *The Chinese Journal of International Politics* 11, no. 3 (2018)：237 – 270.

体之一和主要贸易国，中国自然希望成为有影响的规则制定者之一，而不满任何阻挠它上升到领导地位的企图，尤其是有证据表明它在很多领域都是负责任的利益相关方。当它在西方主导的组织中被挡住去路时，中国愿意并有能力认捐平行机构，诸如亚投行。像其他大国（尤其美国）一样，当中国试图在现行规则之外运作时会惹恼别人，但当它促进相互获益的合作性努力时，尤其是在多边情境下，会取得更大的成功。它的金砖国家伙伴和亚洲的地区玩家都想知道中国是否会做得更多以提供全球公共产品，以及如果它建立起清晰的地区领导力时是否会致力于公开而稳定的秩序。

其次，与大国竞争下的环境形成鲜明对照的是，多极的兴起刺激了其他主要玩家（包括美国的盟友和伙伴），两面下注并在那些安排有损它们别的利益时，扛住不被迫进入严格的制衡机制而反对与之竞争的大国。例如，美国的盟国在经由与美结盟获得军事安全，以及继续与中俄或其他反美国家（如伊朗）的商业往来而获得经济利益之间，面临各种利弊权衡。因而2019年，欧盟给中国贴的标签是"一个追求技术领导地位的经济竞争者和一个推展可供选择的治理模式的体系性对手"。①这一发现比美国各委员会发布的多份报告、情报简报和智库评估更为有限和克制。②多数美国盟国继续寻求与中国交往，而非与这一重要伙伴脱钩。

第三，多极世界中的行动者可能在具有波动伙伴和联盟的多个棋局上运作。例如，日本复活了TPP，为未来某位美国总统重新加入打开大门。与此同时，东京支持美国和欧盟对俄罗斯的次级制裁，但在执行上仍两面下注，并对克里姆林宫采取主动行动以推讲其自身利益。同样，德国重视中国作为主要贸易伙伴的价值，并通过绕过不满的北约盟国和伙伴直接进口俄天然气而确保其部分能源需求。最引人注目的是，即使

① European Commission, "EU-China: A Strategic Outlook," 12 March 2019. https://ec. europa. eu/commission/publications/eu-china-strategic-outlook-commission-contribution-european-council-21-22-march-2019_en.

② See for example, the annual reports to Congress of the U.S.-China Economic and Security Review Commission; and "Made in China 2025" Mercator Institute for China Studies, December 2016.

特朗普政府对中国发起贸易战，多数美国公司仍致力于同中国做生意，因为它是世界上最好的消费市场之一。

这些相互抵消的逻辑是如何影响金砖国家的？大国竞争的第一逻辑缩小了像金砖国家集团那样的外交和经济俱乐部的空间。然而，很多东西有赖于金砖国家的国内政治情境。有支持性的政治，如中国这一重要案例中，拥抱金砖国家是其持续成功绝对必要的条件，也有巴西那样从左翼领导人转变为右翼民族主义者，比如特朗普的支持者博索纳罗总统——这削弱了金砖国家集团的突出地位和团结一致。相比之下，多边主义和多极兴起这个第二逻辑会潜在地扩大金砖国家的机会范围以纵横捭阖。无须说，这一结果假定中俄寻求的是缓解而非加剧大国竞争。

再往前，金砖国家集团将不得不在以下两者之间折冲，一是大国竞争，涉及两大金砖国家反对当下的霸权国，另一则是丧失金砖国家黏合剂的风险，甚至由于多边主义在兴起中的多极国际舞台上紧绷而碎片化。正如本书所表明的，中国的经济支配地位推动了金砖国家合作。中国的经济力量比其他四国加起来还要大，其战略和偏好可能对金砖国家集团的未来存在和国际关系产生特大影响。

3. 中国金融治略的最近演进

在各国面临大国竞争的多极格局中，金融治略已成为一个有效的工具。自本书英文版出版后，中国的经济能力依然在增强，其领导层继续努力应对金融治理挑战，有时候单独但很多时候是在金砖国家框架内进行。

中国最近的金融治略最突出的特征是随"一带一路"倡议而来的。至2020年，"一带一路"倡议纳入了中亚、南亚、东南亚和欧洲的70多个国家。①"一带一路"支持了中国的大战略。一方面，投资的推进有助

---

① The estimates of China's investment to the BRI varies ranging from $1.2 to 1.3 billion by 2027 to as high as $8 trillion.

于解决该国的国内经济问题。①另一方面,"一带一路"可以在国外推广可供选择的观念和规范,并建立一个议价联盟以重塑全球治理。②它在中国的互联互通超越亚洲之际也扩大了中国经济治略的选项。然而,世界对"一带一路"的评价并不一致。世界银行关于"一带一路"的报告概括了某些关切,称"一带一路"基础设施投资经常未能支持接受国的政策优先顺序,导致这些国家在贸易(30%)和外国直接投资(70%)中表现不佳。③除此之外,随扩张性"一带一路"投资而来的外债积累已成为接受国金融和政治风险的主要来源。④结果是,2019年4月召开的第二届"一带一路"国际合作峰会对"一带一路"的债务可持续性表达了关切。这是日本政府在2019年6月G20大阪峰会上提出"高质量基础设施投资原则"建议的背景。⑤中国领导人同意了这些原则,并清楚地表明他们愿意把"一带一路"转化为支持高质量基础设施投资,并符合联合国2030年可持续发展目标。

正如本书中讨论的,亚投行和金砖国家新开发银行代表了国际关系学者所称的"外部选项",中国及金砖国家据此为崛起大国在全球制度秩序中发挥领导作用打开机会之窗。亚投行自2016年正式开张后,其成员已扩大到102个国家和地区,截至2020年4月已批准了对数十个国家和地区68个项目的资金支持。⑥迄今为止,亚投行与其他多边开发银行密

① Kevin G. Cai, "The One Belt One Road and the Asian Infrastructure Investment Bank: Beijing's New Strategy of Geoeconomics and Geopolitics," *Journal of Contemporary China* 27 no 114 (2018): 831-847.

② Weifeng Zhou, and Mario Esteban, "Beyond Balancing: China's Approach towards the Belt and Road Initiative," *Journal of Contemporary China* 27 no. 112 (2018): 487-501.

③ World Bank, *Belt and Road Economics: Opportunities and Risks of Transport Corridors*. Washington D. C.: World Bank. (2019), https://openknowledge.worldbank.org/bitstream/handle/10986/31878/9781464813924.pdf.

④ World Bank, *Belt and Road Economics*, Chapter 4.

⑤ The G20 Finance Ministers and Central Bankers meeting at Fukuoka in June 2019 first endorsed these principles.

⑥ AIIB. 2020, "Project Summary: Approved Projects," https://www.aiib.org/en/projects/summary/index.html.

切合作，签订了无数谅解备忘录，与亚洲开发银行和世界银行共同融资和合作。亚投行从三大全球评级机构（标准普尔、惠誉和穆迪）获得了 3A 评级。围绕 COVID‐19 的全球卫生紧急状态也激发了亚投行将其使命扩大到公共卫生基础设施，它于 2020 年 4 月宣布了一笔新的 50 亿美元的资金投入。①相比之下，金砖国家新开发银行并未在最初五个金砖国家基础上扩大成员，而是把可持续基础设施开发继续放在新开发银行资助项目的中心位置。②尽管如此，新开发银行也在中国的银行间债券市场上发行了三年期的"抗击新冠病毒债券"。③

　　中国和金砖国家集团也通过在现有全球金融机构内合作促进改革而追求"内部选项"。当 2019 年格奥尔基耶娃被提名出任新的 IMF 总裁时，金砖国家没有发表任何联合声明，尽管她将是出任这一要职的第一个东欧国家公民。中国的声明只是强调了它的观点，即 IMF 应"提高新兴市场和发展中国家的代表性和发言权"。④当世行和 IMF 开始面临 COVID‐19 挑战时，中国通过向救助基金捐资支持了它们的努力，中国领导人呼吁在 G20 框架下采取行动，令人想起它对全球金融危机的反应。⑤尽管它不是巴黎俱乐部的成员，中国加入了 G20 的暂停还债计划，停止本金和利息偿还至少到 2020 年。此外，中国允诺为 IMF 的灾难遏制和救助信托基金捐资，这一信托基金是在 2020 年 4 月中通过的，为 25 个

---

① AIIB. 2020, "AIIB Looks to Launch USD5 Billion COVID-19 Crisis Recovery Facility," https://www.aiib.org/en/news-events/news/2020/AIIB-Looks-to-Launch-USD5-Billion-COVID-19-Crisis-Recovery-Facility.html.

② NDB, "Opening Address of Mr. K. V. Kamath, President, New Development Bank at the Fourth Annual Meeting on April 1, 2019," 1 April 2019. https://www.ndb.int/president_desk/opening-address-mr-k-v-kamath-president-new-development-bank-fourth-annual-meeting-april-1-2019/.

③ NDB, "New Development Bank Issues Coronavirus Combating Bond Raising RMB 5 Bln," 3 April 2020. https://www.ndb.int/press_release/new-development-bank-issues-coronavirus-combating-bond-raising-rmb-5-bln/.

④ Xinhua, "IMF to Consider Nomination of Kristalina Georgieva for Managing Director," 9 September 2019. http://www.xinhuanet.com/english/2019-09/09/c_138378908.htm.

⑤ China's Foreign Ministry press release "Working Together to Defeat the COVID-19 Outbreak," 26 March 2020. https://www.fmprc.gov.cn/mfa_eng/zxxx_662805/t1761899.shtml.

受影响最大的低收入国家提供约 5 亿美元的即时债务救助。

在上面讨论的美元支配地位和反对美国强使金融力量这一领域，中国已取得稳步进展。自从 2016 年 10 月人民币纳入 IMF 特别提款权篮子以来，人民币国际化继续有所进展。人民币以储备货币形式作为价值储存的使用仍处于低位，2019 年第四季度时低于 2%，对美元的汇率波动影响了人民币的广泛使用。①比较起来，正如本书表明的，中国 13 万亿美元的债券市场为世界第二大，是一个比现有大国的市场更为有利的选项，也比大多数其他新兴债务市场要稳定。像俄罗斯一样——自 2018 年以来它把外汇储备中美元的比重几乎削减了一半，把美国国债从 1 000 亿美元减少到 100 亿美元——中国鉴于美元资产易受美国行动的影响，日益将其所持的美元资产多样化。2019 年 6 月它们占中国外汇储备总额的 58%——从 2005 年的 79% 降了下来——也低于国际平均的美元储备占 62% 的水平。②

与此同时，中国的货币权威继续扩大着对别国的吸引，在贸易中使用本国货币，给人民币离岸金融中心提供便利。中国不仅与欧洲国家合作，允许它们进入合格的境外机构投资者（QFII）配额和货币互换，而且中国还通过增加其所持欧元和欧洲国家发行的主权债券，对它们的支持给以互惠酬报。③中国的人民币国际化努力也支持了国内经济改革。尽管

---

① IMF. 2020, "Currency Composition of Official Foreign Exchange Reserves (COFER)," https://data.imf.org/? sk = E6A5F467-C14B-4AA8-9F6D-5A09EC4E62A4. See also Eswar Prasad, "Has the Dollar Lost Ground as the Dominant International Currency?" Washington, D.C.: Brookings Institution (September 2019). https://www.brookings.edu/wp-content/uploads/2019/09/DollarInGlobalFinance.final_.9.20.pdf.

② "Dethroning the Dollar," *The Economist*, January 18, 2020; Cynthia Roberts, "Avoid Allowing Opponents to 'Beat America at its Own Game': Ensuring US Financial and Currency Power," in *Chinese Strategic Intentions: A Deep Dive into China's Worldwide Activities* (SMA White Paper, 2019), chapter 23; and Orange Wang and Zhou Xin, "Coronavirus sparks US dollar dilemma for China as Federal Reserve ramps up easing," *South China Morning Post*, March 26, 2020.

③ Ramon Pacheco Pardo, Jan Knoerich, and Yuanfang Li, "The Role of London and Frankfurt in Supporting the Internationalisation of the Chinese Renminbi," *New Political Economy* 24 no. 4 (2019): 530 – 545.

主要是象征性的,人民币纳入特别提款权篮子帮助中国采取更多步骤进行金融改革。①中国人民银行(PBOC)的改革者们表达其政策论述时,在"一带一路"背景下促进由市场驱动的人民币国际化和使人民币成为一种顶尖全球货币这一雄心变得更为容易了。②

也许更为重要的是,鉴于中国将需要一个开放的资本账户和法律体系以成为储备货币,它已经在建设其他工具以更具有自主性并抵御美国最为锋利的治外金融之剑。因此,北京对开发诸如数字货币、区块链技术和中国的平行国际支付系统表现出了兴趣。在建立数字货币研究所六年后,中国人民银行于2020年4月为其数字货币引入了一个引航项目,在主要央行中是首家。中国已经是世界上最大的金融技术(金融科技)体系的领袖,由阿里巴巴子公司蚂蚁金服的阿里支付和腾讯的微信支付主导。2019年10月,中国政府宣布也将努力聚焦区块链技术。根据中国央行的研究,一个政府数字支付系统将有助于打击洗钱、赌博和恐怖主义融资,还不包括提高金融系统的交易效率。显然向数字货币过渡将会减少各国受金融制裁的影响,降低对美元清算系统的依赖。③

对付金砖国家所认为的美国滥用金融和货币火力的其他金融安排已表明了进一步的发展。中国人民银行于2015年10月启动了中国的支付系统,即跨境银行间支付系统(CIPS),以填平中国国家高级支付系统与环球同业银行金融电讯协会(SWIFT)系统之间的鸿沟。到2019年中,有89个国家的数百家银行加入,2018年CIPS处理了26万亿元(3.77万亿美元)的支付。④CIPS的主要用户是暴露于美国金融制裁的国家如俄罗斯和

---

① Barry Eichengreen and Guangtao Xia, "China and the SDR: Financial Liberalization through the Back Door," *Quarterly Journal of Finance* 9 no.03 (2019): 1 – 36; Hyoung-kyu Chey and Yu Wai Vic Li, "Chinese Domestic Politics and the Internationalization of the Renminbi," *Political Science Quarterly* 135 no. 1 (2020): 37 – 65.

② Roberts, "Avoid Allowing Opponents to 'Beat America at its Own Game,'" p. 149.

③ Jonathan Cheng, "China Rolls out Pilot Test of Digital Currency," *Wall Street Journal*, April 20, 2020; "What is China's Digital Currency Plan?" *Financial Times*, November 25, 2019.

④ Nikkei Asian Review, May 20, 2019.

土耳其，以及在"一带一路"框架下接受中国基础设施投资的非洲国家。在 2019 年金砖国家峰会期间，五个金砖国家支持了一个计划以建立一个"反制裁国际支付系统"，并讨论了在该集团内开发一种秘密支付货币的选项。①

与此有关，金砖国家的"共同社会目标"驱动它们投资建立一个信用评级机构。②自 2020 年 3 月以来，为应对新冠疫情，中俄还在建立一个联盟——与古巴、伊朗、尼加拉瓜、朝鲜、叙利亚和委内瑞拉一起——以寻求美国放松金融制裁，为此而共同致信联合国秘书长古特雷斯。

4. 结论：金砖集团向何处去？中国向何处去？

到 2020 年，中国毫无疑问是一个大国，世界前两大经济体之一，这已经没有任何疑问了。它的崛起改变了由美国和现行大国领导建立的秩序。美国鼓励所有金砖国家融入世界经济，尤其是支持邓小平极为成功地为中国制定的"改革开放"战略。作为这一过程的一部分，中俄加入（或再加入）了布雷顿森林秩序。当这些新兴大国崛起后，现行大国经常抵制领导作用分享。尽管中国和其他金砖国家从未想要抛弃全球治理秩序，中国仍声称有自己的规则制定权力，作为崛起中的大国这是自然的，并借助外部选项获得地区和全球影响力。

竞争性大国政治的回归使现有的中国和金砖国家模式复杂化了，但并未使它不可行。再往前走，中国不需要依赖金砖集团，但金砖集团对北京的国际战略仍有作用。中国继续表明在它认为重要的问题上有金融

---

① "Russia Says BRICS Nations Favor Idea of Common Payment System," *Moscow Times*, November 14, 2019. https://www.themoscowtimes.com/2019/11/14/putin-to-invite-china-and-india-to-join-anti-sanctions-bank-network-a68172.

② Eric Helleiner and Hongying Wang, "Limits to the BRICS' Challenge: Credit Rating Reform and Institutional Innovation in Global Finance," *Review of International Political Economy* 25 no. 5 (2018): 573-595.

治略的领导作用，但像历史上的其他大国一样，有时候它的行为也好像它有权力重写或重新解释全球规范和规则，以相对于他国更有利。

本书的末章论述了金砖国家集团若能回到最初的原则，该集团未来的成功将更有可能。最初使金砖国家走到一起的原因在于它们是世界上最大的、增长迅速的经济体，意欲在塑造国际关系中发挥更大作用。从吉姆·奥尼尔（当时是高盛的首席经济学家）到劳伦斯·萨默斯的杰出精英人士，承认金砖国家政府应成为顶尖国际政策制定者中的组成部分。然而，甚至在 2020 年初全球疫情暴发之前，多数金砖国家经济体都在经历增速放缓，若非经济停滞的话。确保它们持续的国际影响力要求金砖国家在利用了易得的增长来源后提高生产率，避开中等收入陷阱。这一研究支持了社会科学家们的发现，即如果它们未能调整其制度水平以适应每一个阶段的发展，各国在每一个发展水平上都存在风险，跌入一个低增长均衡。对制度水平持续改进的需要不仅适用于中低收入国家，也适用于顶尖的经济体如中国和美国。①

就金砖国家在完成困难的国内改革任务时显示领导作用的程度而言，它也抬升了其声望、可信度和影响力。世界面临紧迫的多种全球性挑战——从传染病到气候变化到贫困及核扩散，如果大国的领导人能抵制过分的单边主义和重商主义，表明在增强多边机构方面的领导作用，这些问题就能获得最佳的解决办法，这些多边机构实际上有助于建设一个更可持续的未来。鉴于未来充满了各种风险和不确定性，本书的作者们为邓小平在面对需要"摸着石头过河"的改革时实行的路径点赞。如果它们决定坚毅前行，金砖国家和中国是大有前途的。

2020 年 4 月

---

① Thomas Philippon, *The Great Reversal: How America Gave up on Free Markets* (Belknap Press, 2019).

第一章

金砖国家俱乐部

过去三十年间，新兴大国经济政治能力异乎寻常的增长促进了国家间体系的多极化发展。这些上升的大国中最有影响的巴西、俄罗斯、印度和中国建立了被称为金砖国家(the BRICS)的多边俱乐部。2006年9月联合国大会期间，各国外长应俄罗斯邀请聚首纽约，然后于2008年5月举行了四国外长正式会议，这个专门俱乐部由此形成。①金砖国家这一相对迅速的崛起(就俄罗斯而言是复兴)使之成为以美国为霸主、由七国集团(G7)的现存主要大国主导的全球体系的自然挑战者。②2008年11月，世界因全球金融危机而创痛巨深时，金砖各国的财政部长也在重组的二十国集团(G20)财长和领导人会议期间开始了磋商。2009年6月，金砖各国元首在俄罗斯叶卡捷琳堡举行首次正式峰会，从而提升了它们之间的合作。

BRICs这个缩略语是纽约投资银行高盛公司首席经济学家吉姆·奥尼尔(Jim O'Neill)在2001年发明的，以指一个新的热门投资基金。这家投行预测，这四大发展迅速的经济体的国内生产总值(GDP)相加将在本世纪中叶超过G7发达国家，不久这一预测又提前至2020年代。③作为高妙的一招，俄国借用了高盛公司的金砖概念从而使之成为一个外交俱乐部，让四国协调其共同利益以改革全球治理机制，获得更大的国际影响力。在扩大了作为投资基金和新政治俱乐部的声誉后，BRICs继而成为《金融时报》(FT)所称的"一个近乎无所不在的金融术语，形塑了一代投资者、金融家和政策制定者看待新兴市场的方式"。④

世界对金砖国家的兴趣正在继续。2000 年代中期，奥尼尔(与罗伯特·霍马茨一起)⑤支持接纳中国以检讨全球性治理机制如 G7 和 G20。奥尼尔频繁建议，当 G7 领导人仍像之前支配着世界那样行事而一些非西方大国开始超越不少 G7 国家时，这些非西方国家的政府应被整合进顶层国际决策者之中。⑥

尽管如此，这个新的金砖国家俱乐部几乎从一开始就遭到西方观察家们包括官员和学者令人困惑的怀疑甚至是嘲笑。每一个成员国都有其诬蔑者，而俱乐部作为整体则常被视为难以运作的骗人玩意儿。多数专家预测金砖国家俱乐部会很快终结，尤其是因为该集团的异质性，其中包括三个民主国家(在 2010 年 12 月南非加入后，BRICs 成为了BRICS)，三个商品出口国和两个原材料购买国，以及至少一个国家即

---

① "BRICS 2015," Special Issue, *International Affairs* (Moscow, 2015): 151.

② G7 包括美国、日本、德国、英国、法国、意大利和加拿大。

③ Dominic Wilson and Roopa Purushothaman, "Dreaming with the BRICs: The Path to 2050," *Global Economic Papers No. 99* (New York: Goldman Sachs, October 2003); Jim O'Neill, "How Solid Are the BRICs?" *Global Economics Paper No. 134* (New York: Goldman Sachs, 2005); Jim O'Neill, "Building Better Global Economic BRICs," *Global Economics Paper No. 66* (New York: Goldman Sachs, 2001); Goldman Sachs Global Economics Group, "BRICs and Beyond" (London: Goldman Sachs, 2007)。当金砖热扩散时，还出现了其他预测。比如，注意到新兴市场包括了80%的世界人口，创造全球一半的GDP，但只代表了11%的全球股市总价值。伦敦《泰晤士报》引用一位金融顾问的话说："到2050年，金砖国家将会支配全球。" Quoted in Cynthia Roberts, "Introduction," Polity Forum: Challengers or Stakeholders? BRICs and the Liberal World Order, *Polity*, 42, no. 1 (January 2010): 1。

④ Gillian Tett, "The Story of the Brics," *Financial Times*, January 15, 2010.

⑤ 罗伯特·霍马茨那时是高盛公司副主席、前政府高级官员以及未来奥巴马政府负责经济事务的副国务卿。

⑥ Jim O'Neill, *The Growth Map. Economic Opportunity in the BRICs and Beyond* (New York: Penguin, 2011), Chap. 8; and Jim O'Neill, "Some Advice for the G20," *Global Economics Paper No. 181*, Goldman Sachs, March 20, 2009. See also Jim O'Neill, "The Brics Economies Must Help Form World Policy," *Financial Times*, January 22, 2007; Jim O'Neill, "Why It Would Be Wrong to Write Off the Brics," *Financial Times*, January 5, 2009; Jim O'Neill, "You Can't Build the Future Without BRICs," *The Daily Telegraph*, April 4, 2009; and Jim O'Neill, "We Need Brics to Build the World Economy," *The Times* (London), June 23, 2009。在 2005 年的爱丁堡峰会上，西方国家领导人同意另与中国、印度、巴西、南非和墨西哥等新兴经济体的部长们举行一系列会议，当时被称为G8+5。俄罗斯已受邀参加从 G7 改名而来的 G8，提升了地位，作为对苏联解体冷战终结后其地位下降的一种补偿。

巴西与其他四国没有任何历史联系。该集团也变得日益不平衡，中国的经济增长使其他四国相形见绌，2010 年中国上升为世界第二大经济体。2016 年，印度的增长率开始超过中国；但即使印度十分迅速的增长能够继续，甚至在最乐观的情况下，印度要能与目前的世界大国相匹敌也需要几十年。

然而，尽管有这些差异和怀疑，金砖国家俱乐部并没有关门大吉。是什么吸引了这些相异的国家形成一个新的外交俱乐部？如何解释它们扩大金砖国家联合活动范围的持续热情？进行中的全球力量转移是否意味着单极的衰微以及在一个特别有利于金砖国家的新多极结构中"四方的崛起"？①或者，这基本上是一个中国故事？金砖国家是否拥有足够的物质手段和政治担当以实现其所宣布的目标？鉴于在金砖国家俱乐部内遥遥领先的地位，中国如果单独行动同样能够影响全球体系，为什么它会有兴趣同其他成员国合作？为何其他四国选择与中国一起行动？以上就是本书要回答的关键问题。

全球金融危机后的金砖国家

全球经济力量的长期和结构性变化与 2008 年至 2009 年世界金融危机的同时发生，预示了金砖国家的新机遇。在危机中，金砖各国政府很快就表达了对极大的管理不善和管制失效的普遍不满，不光是对美国次级房贷市场，也是对被认作全球标准的西方资本主义制度，诸如穆迪的信贷评级和理应中立的伦敦同业拆借利率（LIBOR）的基准国际利率。②金砖国家领导人，如时任中国总理温家宝，指责美国的政策制定者引发了这

---

① The term originated with Fareed Zakaria, *The Post American World and the Rise of the Rest: Release 2.0* (New York: W. W. Norton, 2012).

② Leslie Elliott Armijo and Cynthia Roberts, "The Emerging Powers and Global Governance: Why the BRICS Matter," in *Handbook of Emerging Economies*, ed. Robert E. Looney (London: Routledge, 2014), 503 – 520; and Jonathan Kirshner, *American Power After the Financial Crisis* (Ithaca, NY: Cornell University Press, 2014).

场全球金融危机，并警告美国要保持良好信用，……信守承诺并……保证中国资产的安全。2009 年 3 月，考虑到中国的巨额美元储备，中国人民银行行长周小川表达了对以美元为中心的货币体系的关切，并建议实行以特别提款权（SDRs）为基础的多种货币储备制度——同时采取谨慎步骤使中国人民币国际化。这一动作与金砖国家精英人士当时所考虑的转向多极世界相一致。①作为中国最著名的学者和政策顾问之一的王缉思认为，自从 2008 年起，"中国人的感觉是中华人民共和国已上升为一流的全球大国……而美国尽管国力依然强大，却正走向衰落"。②与此同时，"新兴大国如印度、巴西、俄罗斯和南非正日益挑战西方主导地位，并与中国更密切地合作"。③巴西总统卢拉同样呼吁各新兴经济体参与建设一个"新的全球金融架构"。④

在这些纷乱的变革倡议中，俄罗斯于 2009 年 6 月主办了首次金砖国家领导人峰会。俄总统德米特里·梅德韦杰夫坚持，"应确保拥有几十亿人口的我们各国……参与形成新的游戏规则"。⑤存在着一种全球经济力量正转到它们一边的集体意识，对缺乏全球治理改革严肃努力的不满，呼吁一个更具代表性的世界，权力从以美国为中心的全球体系中分化。在这一体系中，布雷顿森林体系是由美国及其西方伙伴主导

---

① Gregory Chin and Wang Yong, "Debating the International Currency System: What's in a Speech?" *China Security* 6, no. 1 (2010): 3 - 20; Shaun Breslin, "China and the Global Order: Signalling Threat or Friendship?" *International Affairs* 89, no. 3 (May 2013): 615 - 634.

② 王还注意到如下观察，即"新兴大国如印度、巴西、俄罗斯和南非正日益挑战西方主导地位，并与中国更密切地合作"。Kenneth Lieberthal and Wang Jisi, *Addressing US-China Strategic Distrust* (Washington, DC: Brookings Institution, March 2012), vii - viii. See also Thomas J. Christensen, *The China Challenge: Shaping the Choices of a Rising Power* (New York: W.W. Norton, 2015), 260 and passim.

③ Kenneth Lieberthal and Wang Jisi, *Addressing U.S.-China Strategic Distrust* (report, Brookings Institution, Washington, DC, March 2012). See also Cui Liru, "Big Power Game/Cooperation in the Asia-Pacific," *Contemporary International Relations* (*CIR*) 23, no. 2 (March/April 2013): 90 - 100.

④ Alexei Barrionuevo, "Demand for a Say on a Way Out of Crisis," *The New York Times*, November 10, 2008.

⑤ D. Medvedev 2009 interview, as cited in Cynthia Roberts, "Russia's BRICs Diplomacy: Rising Outsider with Dreams of an Insider," *Polity* 42, no. 1 (2010): 38 - 73, at 72.

的，金砖国家再分配性的变革呼吁撞到了制度僵硬的南墙。①在那个当口，金砖国家较之"出口"选择更偏好"发言权"。②然而，尽管它们想要被纳入董事会并成为规则制定者，当权的主要西方大国质疑它们对现有全球治理机构的忠诚，这最终提出了金砖国家或许可以试验与之竞争的制度安排的前景。八次年度峰会(2009 年至 2016 年)的公报呼吁将全球储备多样化，与美元和西方各国政府保持距离，指出"在一个不同的力量结构中设计出来的国际治理结构，正日益明显地失去合法性和有效性"。③

逐渐地，金砖国家在国际政治中联合行动，使很多人尤其是西方政策制定者大为吃惊。并非是象征性的"没有实质性材料的金砖"，该集团随着时间推移在过去十年间深化和扩大了合作，不管各国的领导人如何变换。金砖国家扩大了它们的俱乐部，在中国的鼓动下于 2010 年底吸收了南非加入。它们投资于建立新的机制，突出者是金砖开发银行(现新开发银行或 NDB)、应急储备安排(CRA)和中国发起的亚洲基础设施投资银行(AIIB)，其中别的金砖国家是其大股东。它们成功推动主要国际金融机构实施迟滞了的改革，给予金砖国家同其在世界经济中更大的分量总体上相称的更大的投票权和决策影响力。尽管存在来自华盛顿的压力，金砖国家在面对俄罗斯应对乌克兰和克里米亚问题并反对此后的西方经济

① For a perceptive theoretical discussion, see Phillip Y. Lipscy, "Explaining Institutional Change: Policy Areas, Outside Options, and the Bretton Woods Institutions," *American Journal of Political Science* 59, no. 2 (April 2015): 341 – 356. On the IMF, see Barry Eichengreen and Ngaire Woods, "The IMF's Unmet Challenges," *Journal of Economic Perspectives* 30, no. 1 (2016): 29 – 51. 关于两个金砖国家(俄罗斯和中国)阻挠联合国安理会的制度变革，见 Armijo and Roberts, "The Emerging Powers," 509 – 514。

② Albert O. Hirschman, *Exit, Voice, and Loyalty: Responses to Decline in Firms, Organizations, and States* (Cambridge, MA: Harvard University Press, 1970). For elaboration on a "voice opportunities thesis," see Joseph M. Grieco, "The Maastricht Treaty, Economic and Monetary Union and the Neo-Realist Research Programme," *Review of International Studies* 21, no. 1 (1995): 21 – 40.

③ From the 6th BRICS summit communiqué. For a complete compilation of BRICS communiqués and other documents, see the BRICS Information Centre, University of Toronto, Canada, http://www.brics.utoronto.ca/.

制裁时抱团取暖，尤其当中国在中国南海和东海更强势地行动时保持立场一致。它们还在五个经济体中的四国经济同步下滑时生存了下来。①几乎不可能的是，迄今为止该集团已证明，把金砖各国联结在轨道上的向心力超越了它们的分歧和对立。

金砖国家合作最显著的特点，也许是它们在行使"金融治略"(financial statecraft)时联手的能力，我们这项研究把"金融治略"定义为主权国家政府出于实现更高的外交政策目标而运用各种财政和货币政策。尽管大多数金融治略讨论无一例外地集中于制裁，其典型是美国及其他G7国家针对较弱国家所运用的制裁，但其他的政策也表明了可能性，包括从利率选择到游说全球金融治理改革到运用各国的金融能力诱导或施压其他国家政府。21世纪初，金砖各国相互合作促进了布雷顿森林体系改革，提升了人民币的国际化，建立了并行的国际金融机构。它们还立场一致地反对主要西方大国的金融制裁。虽然并非总能实现其所宣布的外交政策目标，但它们比人们所能预料的更为成功地确定和实施了其金融治略的共同立场。

十年过去，现在是时候厘清金砖国家集体金融治略令人困惑的发展，更为系统地分析金砖各国如何以及为何携手合作，就金砖合作的理论意义提出一些洞见。紧接着这个导论性的部分，本章将讨论金砖国家集体金融治略三个相互关联的成分。首先，金砖合作之谜与中国和"四方"的崛起以及力量转移对现存国际秩序的意义，这些力量转移挑战了现行大国在全球治理机制中的影响力。②金砖国家个体或集体地采行有关战略挑战了美国作为当代国际体系中的霸主和主要规则制定者的支配地

---

① IMF Staff, 2014 Spillover Report, Policy Paper, June 25, 2014. 金砖国家俱乐部还具有比金砖投资业务更长的生命力，后者的资产在2010年达到8.42亿美元的峰值后下滑，终至2015年被高盛公司关闭。摩根士丹利资本国际(MSCI)的金砖指数在21世纪的第一个十年(包括2010年)回馈了308%，而在标准普尔的500强指数中仅获收益15%。2013年离开高盛后，吉姆·奥尼尔获封勋爵并在戴维·卡梅伦的政府中任财政部的商务大臣。

② Zakaria, *The Post-American World*.

位。由于它们共同厌恶美国和西方在全球金融体系和治理机制中的独大地位以及治略运用，包括单边经济和金融制裁，它们集体行动的动机进一步增强。其次，在全球治理机制中，集体行动的成本和收益是作为权力关系的一部分而分配的，①金砖各国政府仿效大国所运用的机制——亮眼的是它们作为一个俱乐部相互协调的能力——助其最佳地组织起来以增大发言权，获得自主性，创造影响他国的机会。第三，本书表明，金砖国家形成了一个双轨战略，既认可从内部改革现行布雷顿森林体系的益处，同时又发展外部选项创建平行机制以促进其集体利益。这里，中国作为一个大国的兴起，一方面在金融治略领域给了较之金砖国家其他四国（不管是个体还是集体）更大的议价权和国际性机遇，另一方面，中国经济和金融力量的上升不可避免地导致中国的偏好可能盖过他国的支配地位。这一关系对中国致力于集体目标的可信性和持久性，以及其他金砖国家制衡中国的力量以对自身有利，同时控制这一利用的风险程度提出了疑问。

单极中的战略刺激和共同反感

BRICS 出现于苏联在 1990 年代初解体后的单极时代，美国以各种强大的能力而在现代国际体系中拥有了无可匹敌的结构性权力，从美元的

---

① John J. Mearsheimer, "The False Promise of International Institutions," *International Security* 19, no. 3 (Winter 1994 - 1995): 5 - 49 at 8; Tony Evans and Peter Wilson, "Regime Theory and the English School of International Relations: A Comparison," *Millennium: Journal of International Studies* 21, no. 3 (Winter 1992): 330. See also Stephen D. Krasner, "Global Communications and National Power: Life on the Pareto Frontier," *World Politics* 43, no. 3 (April 1991): 336 - 366; Michael Mastanduno, "System Maker and Privilege Taker," *World Politics* 61, no. 1 (January 2009): 121 - 154; Joseph M. Grieco, "Anarchy and the Limits of Cooperation: A Realist Critique of the Newest Liberal Institutionalism," *International Organization* 42, no. 3 (1988): 485 - 507; and Johannes Urpelainen, "Unilateral Influence on International Bureaucrats: An International Delegation Problem," *Journal of Conflict Resolution* 56, no. 4 (August 2012): 704 - 735.

支配性地位到全球军事能力皆然。①苏联解体后，美国领导人拥抱了"自由主义的胜利"和单极体系，一个比西方世界中的地区性霸权更强有力、更稳定的结构围绕着美国的支配地位而生。②尽管美国领导的自由秩序为新兴经济体提供了很多好处，这些国家仍意识到华盛顿通过积极地威慑平起平坐的竞争者并吸收潜在的反对者来保持其至高地位的战略。这种单极权力动机激发了金砖国家支持回到多极状态。但每个国家都承认美国是世界超级大国，它们都因为单极而不想形成一个联盟来平衡美国。

因此，不存在针对美国的"硬"（即军事的）制衡，这一事实来自金砖国家所面对的类似战略动因。一些与美国有着共同的人权或民主价值观的金砖成员国相较于同美国更少共同点的其他成员国而言，行为并无不同。在这一情境下，罗伯特·基欧汉（Robert Keohane）和贝思·西蒙斯（Beth Simmons）发现，"国家在世界政治中追求其价值观，然而是有策略地这样做以使自身利益最大化……"③金砖各国支持集体行动的动机来自埃里克·沃藤（Erik Voeten）所发现的相同逻辑，即"除了共同反感西方霸权及与之相联系的各项原则"外，缺乏共同利益的各国间可以积极合作。这样一些国家可能组成一个"反霸权集团"以抵消美国的支配地位。④

---

① Stephen G. Brooks and William C. Wohlforth, *World out of Balance*: *International Relations and the Challenge of American Primacy* (Princeton, NJ: Princeton University Press, 2008).

② Michael Mandelbaum, *The Case for Goliath*: *How America Acts as the World's Government in the 21st Century* (New York: PublicAffairs, 2005).

③ Robert O. Keohane, "Social Norms and Agency in World Politics," paper delivered at UCLA Burkle Center Seminar, November 20, 2009, 13; and Beth A. Simmons, *Mobilizing for Human Rights* (New York: Cambridge University Press, 2009).

④ Erik Voeten, "Data and Analyses of Voting in the UN General Assembly," July 17, 2012, available at SSRN: http:// ssrn.com/abstract = 2111149; and idem., "Clashes in the Assembly," *International Organization* 54, no. 2 (2000): 185 – 215. Voeten also observes, "It appears that U.S. hegemony has elicited almost universal resistance," Erik Voeten, "Resisting the Lonely Superpower: Responses of States in the United Nations to US Dominance," *Journal of Politics* 66, no. 3 (2004): 729 – 754, at 747.

沃藤的结论来自他的观察，即具有不同价值观和政权形式的各国在全球治理机构中合作，诸如联合国、世界贸易组织（WTO）和 G20。例如，联合国安理会从 2000 年到 2013 年 12 月 15 日之间在 93% 的决议上达成了一致，比冷战终结后的 1990 年代安理会十分活跃时的 88.9% 还要高。这一高水平的共识反映了中国弃权次数的减少和有关中东（比如关于叙利亚或 2003 年伊拉克战争的各项决议）和巴尔干半岛的歧见问题上无共识决议的集中。①关于安理会投票模式一项更为严密的考察表明，这一模式并不整齐划一地反映民主和非民主划分。尽管拉美国家在投票模式上接近西方，俄罗斯和原为苏联加盟共和国的各国之立场介于西方和非西方之间，类似于土耳其和韩国。非西方群组不仅包括其他社会主义国家（中国、朝鲜、越南、老挝和古巴），还包括阿富汗、印度和巴基斯坦等。②

这些发现加强了其他一些研究，表明了共同反感的重要性，给予最初的金砖四国以使命感。③共同反感这一概念是指各行为体试图避免某种特定结果的情境。典型地，各行为体并不一定偏好相同的结果，但它们同意有一种或一种以上的结果是它们都想要避免的。当它们面临共同的反感对象时，协调可能帮助它们合作。④金砖国家早期会议的各个公报及对参与这一过程的俄罗斯官员的访谈表明，共同反感是就重要的国际治理问题进行磋商和协调的最初冲动。⑤

---

① 中东和巴尔干地区占到 1990 年以来无共识决议的 53.2%。Voeten，"Data and Analyses."

② Ibid. See also Stephan Haggard，"Liberal Pessimism：International Relations Theory and the Emerging Powers，" *Asia & the Pacific Policy Studies* 1，no. 1 (2014)：8 – 9.

③ Roberts，"Introduction，" *Polity Forum.*

④ Arthur A. Stein，"Coordination and Collaboration：Regimes in an Anarchic World，" in *International Regimes*，ed. Stephen D. Krasner（Ithaca，NY：Cornell University Press，1983）；Arthur A. Stein，*Why Nations Cooperate：Circumstance and Choice in International Relations*（Ithaca，NY：Cornell University Press，1983），Chap. 2. See also Duncan Snidal，"Coordination versus Prisoners' Dilemma：Implications for International Cooperation and Regimes，" *American Political Science Review* 79（December 1985）：923 – 942.

⑤ Author's interviews，Moscow，2007，2009，2011，2012；and BRICS summit communiqués.

今天所有金砖国家都是主权鹰派这一事实增强了它们的共同反感，尽管五国间这一偏好的强度不同。①金砖国家对美国霸权行为和西方双重标准的共同反感跨越了很多政策领域，举凡单边动武和金融制裁到运用非正式杠杆，扭曲或绕过国际机构的正式规则，或确保自己获得不公平的例外和特权。譬如，新兴大国都反感西方国家在冷战后以人道主义为名支持干预的倾向。即使是支持人权和有条件人道主义干预的金砖民主国家，对可被用于干涉其内部事务之口实的原则也很警觉。一些金砖国家则警告"落后就要挨打"，以及西方策动"颜色革命"推翻邻国的政权或针对它们本身这一类风险。②

尽管它们都得益于当前的国际经济秩序，每一个金砖国家在其地理区域都是一个大国，并有强烈的愿望成为支配性的地区大国。这一偏好激发它们共同警觉"削弱其自主性并限制其确定自身政策议程的自由有无先例"。③然而，在国际单极条件下，地区大国内在地受限，因为美国的立场是"世界为这单极之邻"。④美国与上升中大国之间的竞争涉及分配性冲突，⑤各地区行为体的偏好则是独立于美国权力和目标而合作。因

---

① Roberts, "Introduction," *Polity Forum*; and Armijo and Roberts, "The Emerging Powers," 503–524.

② See David Shambaugh, in *China's Future* (Cambridge, UK: Polity Press, 2016), 70, 关于普京如何就非政府组织（NGOs）煽动"颜色革命"提醒胡锦涛。Roger McDermott, "Gerasimov Calls for New Strategy to Counter Color Revolution," *Eurasia Daily Monitor* 13, no. 46 (March 2016)。中国和俄罗斯都接受了斯大林1931年的提醒，即"旧时俄国总是因为落后而挨打"。For contemporary discussions, see Yang Yao, "China's Approach to Economic Diplomacy," in *America, China, and the Struggle for World Order*, ed. G. John Ikenberry, Zhu Feng and Wang Jisi (New York: Palgrave Macmillan, 2015), Chap. 6 at 184; and Jack Snyder, "Alternative Modernities and the Late Development Trap," paper presented at a conference on "Future Scenarios for Russia and the West," Harriman Institute, Columbia University, November 11, 2016。

③ Roberts, "Russia's BRICs Diplomacy," 56.

④ Robert Jervis, "Unipolarity: A Structural Perspective," *World Politics* 61, no. 1 (January 2009): 200.

⑤ Sung Eun Kim and Johannes Urpelainen, "Rising Regional Powers Meet the Global Leader: A Strategic Analysis of Influence Competition," *International Political Science Review* 36 no. 2 (March 2015): 214–234.

此，地区主义提供了"各种反霸权之举的空间"。①就金砖国家而言，突出的例子包括俄罗斯尤其是中国在跨国贸易和双边互换协议中提升其货币的地位、在本地区取代美元。

　　共同反感也反映了金融治略领域对所有金砖国家的强大刺激，它们都偏爱自主性，保护其国家政策的自由裁量权，免受经由国际货币基金组织（IMF）或通过控制全球银行体系的准入而作用的美国金融杠杆和结构性权力的左右。②所有金砖国家都厌恶制裁，每一国都曾在不同时间成为过制裁的对象。听听金砖国家领导人一些演讲中阿尔伯特·赫希曼（Albert Hirschman）的回声，他警告，"中断与任何一国的商业或金融关系的权力……是一国在他国所获得的影响力或权力地位的根源"（见第三章）。③同样，金砖各国政府强烈拒绝 IMF 的项目条件超越经济基本面而提出规范和政治要求。此外，金砖国家不惜成本积累了巨大的外汇储备以使其具有针对金融胁迫和全球化市场中热钱危险的缓冲。

　　本书探讨了共同反感促使金砖国家团结一致的两个案例。如同第三章所讨论的，对使用经济制裁的共同厌恶有助于解释 2014 年金砖国家尽管对莫斯科在乌克兰的行动感到不快但仍然与俄罗斯站在一起。对金砖国家及其他被制裁方来说，动机不只是或甚至主要不是对高调宣称的国际正义的不满，其中美国既是法官又是陪审团。更大的关切在于美国从世界金融霸主中所得到的过分特权，有意愿和能力采行胁迫性的金融治略来伐除较弱的金融行为体，后者需要进入美国金融市场并获得美元以

　　①　James Mittelman and Richard Falk, "Global Hegemony and Regionalism," in *Regionalism in the Post‐Cold War World* (Aldershot, UK：Ashgate, 2000), 19；David Shambaugh, "China Engages Asia：Reshaping the Regional Order," *International Security* 29, no. 3 (2004/2005)：64‐99；Thomas J. Christensen, "Fostering Stability or Creating a Monster? The Rise of China and U.S. Policy Toward East Asia," *International Security* 31, no. 1 (2006)：81‐126.
　　②　Juan C. Zarate, *Treasury's War：The Unleashing of a New Era of Financial Warfare* (New York：PublicAffairs, 2013).
　　③　Albert Hirschman, *National Power and the Structure of Foreign Trade* (Berkeley：University of California Press, 1945), 16.

进行国际交易。通过加入具有法律保护的国际机构如世贸组织①，各国或能避免在这种"举起手来"之中受到美国的多种政治剥削，但它们无法轻易逃避使用美元和美国金融市场。②类似要反对的是美国及其他 G7 国家采用双重标准通过 IMF 寻求管制新兴经济体的金融和经济政策，同时又保护对它们自己有利的标准或设立免除。③

对美国自私行为的这些共同反感鼓励了金砖国家之间提升磋商和行动，实现多元化，与美元和美国金融市场拉开距离，包括扩大人民币作为国际储备货币的作用以及集体努力转向更多的本币贸易。显然，避免使用美元可能是代价高昂的，这一事实表明，避免某种共同反感的协调行动不一定具象化为一个特定的均衡结果。金砖国家协调博弈的逻辑通常涉及一种不同的偏好排序。例如，2014 年油价大跌后，尽管它施压在本地区更多地使用卢布，俄罗斯仍得益于从资源出口中挣得有价值的美元，诸如以美元计价的石油销售，而生产支出和预算仍以贬值的卢布计价。简言之，共同的反感为金砖国家合作提供了必要的焦点。

金砖国家与全球治理体系

不过，光是厌恶还不能充分解释过去十年金砖国家合作的扩大和深化，或是金砖国家集体努力的目标范围。关于概念墙的下一块金砖，现有的研究存在分歧——什么是最佳的关于全球治理体系中金砖国家的概念化：（1）参与者(joiners)，它们排除了关于发言权和地位的分配

---

① Allison Carnegie, *Power Plays*: *How International Institutions Reshape Coercive Diplomacy* (New York: Cambridge University Press, 2015).

② Benn Steil and Robert E. Litan, *Financial Statecraft*: *The Role of Financial Markets in American Foreign Policy* (New Haven, CT: Yale University Press, 2006).

③ Daniel W. Drezner, *All Politics Is Global*: *Explaining International Regulatory Regimes* (Princeton, NJ: Princeton University Press, 2007); and Daniel W. Drezner, "Targeted Sanctions in a World of Global Finance," *International Interactions* 41, no. 4 (2015): 755 – 764.

性争议和不满，通过在现存秩序中兴起，可以获取更大的收益；（2）破坏者（spoilers），铁杆的修正者，它们想推翻现存机制而代之以能更好地服务于它们（尤其是中国的）利益的新机制；（3）逃避者（shirkers），尽管权力流散，它们不是心怀不满的全面挑战者，因而更偏好搭便车，接受目前的霸权直到一个经谈判产生的新秩序应运而生。①

自由制度主义的视角就国际体系如何容纳崛起行为体的动力学提供了一种有影响的观点。它认为中国及其他日益重要的大国是参与者，将逐渐被拉近和融入它们从中获益的现存自由秩序。在约翰·艾肯伯里（G. John Ikenberry）看来，中国及其他新兴大国将会足够满意并融入充分制度化了的美国秩序，因为这一秩序"比以往的霸权秩序更开放、更有共识和以规则为基础"，"易于加入和难以推翻"，捆住了霸主，提供了经由开放的贸易体系被广泛分享的"清晰的物质利益"，创造了发言机会，同时通过权威角色的再分配容纳了新兴大国。②类似地，戴维·莱克（David Lake）称，国家（states）服从主观的国际秩序是因为等级关系中权威与合法性的双重角色。③

体系上重要的国家融入自由国际秩序也切合霸权稳定论和布雷顿森

① This formulation is from Randall L. Schweller and Xiaoyu Pu, "After Unipolarity: China's Visions of International Order in an Era of U.S. Decline," *International Security* 36, no. 1 (2011): 41–72. See also Alastair Iain Johnston, "Is China a Status Quo Power?" *International Security* 27, no. 4 (2003): 5–56; and idem., "How New and Assertive Is China's New Assertiveness?" *International Security* 37, no. 4 (2013): 7–48.

② G. John Ikenberry, *After Victory: Institutions, Strategic Restraint, and the Rebuilding of Order After Major Wars* (Princeton, NJ: Princeton University Press, 2001); idem., *Liberal Leviathan: The Origins, Crisis, and Transformation of the American World Order* (Princeton, NJ: Princeton University Press, 2011); and idem., "The Rise of China and the Future of the West: Can the Liberal System Survive?" *Foreign Affairs* 87, no. 1 (January–February 2008): 23–37; Miles Kahler, "Rising Powers and Global Governance: Negotiating Change in a Resilient Status Quo," *International Affairs* 89, no. 3 (2013): 711–729. But see the important critiques of Ikenberry in Richard K. Betts, "Institutional Imperialism," *The National Interest* (May/June 2011): 85–96; and Randall L. Schweller, "The Problem of International Order Revisited: A Review Essay," *International Security* 26, no. 1 (Summer 2001): 161–186.

③ David Lake, *Hierarchy in International Relations* (Ithaca, NY: Cornell University Press, 2009).

林体系是公共物品的必要提供者的理论。①美国的领导有助于产生基于市场的民主国家，不断开放的贸易，以及第二次世界大战以来生活水平的极大提升。美国作为自由霸主提升了合作，其途径是提供最终市场，提供稳定的长期借贷包括危机借贷，确保一个深入、流动和开放的资本市场，加固世界上占支配地位的储备货币以作为安全天堂。②此霸主通过调节分配性冲突和执行难题，同时又接受减弱剥削较弱伙伴的动因这一正式规则实现了这些目标。③

在金砖国家中，人们可以发现某种证据表明对这样一个全球体系的偏好，包括中国的"和平崛起"战略④以及最近全球金融危机期间金砖国家的集体金融治略决定，即向 IMF 增资数十亿美元。IMF 将比双边贷款更能保卫它们的资金，但对这些新兴大国来说同样重要的是表明它们是"负责任的利益相关方"，⑤应获得更大的投票权和领导地位。根据中国外长王毅的说法，中国寻求"在现行国际秩序和体系中发挥更大的作用"而不是要"建立一个对立的体系"。⑥

历史记录表明，美国积极地促进了新兴大国作为参与者的行为，但

① Charles P. Kindleberger, *The World in Depression*, *1929－1939* (Berkeley: University of California Press, 1986); Stephen D. Krasner, "State Power and the Structure of International Trade," *World Politics* 28, no. 3 (1976): 317－347; and Duncan D. Snidal, "The Limits of Hegemonic Stability Theory," *International Organization* 39, no. 4 (1985): 579－614.

② Charles P. Kindleberger, "Dominance and Leadership in the International Economy," *International Studies Quarterly* 25, no. 2 (1981): 242－254.

③ Lake, *Hierarchy in International Relations*; Lisa Martin, *Coercive Cooperation: Explaining Multilateral Economic Sanctions* (Princeton, NJ: Princeton University Press, 1992); Mandelbaum, *The Case for Goliath*.

④ 中国促进建设强盛国家以及和平的多极世界的战略使其必须"与霸权共处"并就美国的支配地位而相应进行调整。Jia Qingguo, "Learning to Live with the Hegemon: Evolution of China's Policy Toward the US Since the End of the Cold War," *Journal of Contemporary China* 14, no. 44 (2005): 395－407。

⑤ Robert B. Zoellick first applied the term "responsible stakeholder" to China in "Whither China? From Membership to Responsibility," Remarks to the National Committee on U.S.- China Relations, September 21, 2005.

⑥ Foreign Minister Wang Yi press conference, Xinhua News Agency, Beijing, China, March 8, 2016.

只是在多边经济机构和国际市场中，而不是在美国的同盟体系中，也不是按照取代美国主导地位的方式。①在布雷顿森林体系建立时，中国是美国战略的一个早期获益者，在 IMF 和世界银行中获得了第四大份额和投票权，位居法国、巴西和印度之上，它们都积极活动想成为主要玩家。正如第四章所讨论的，从 1940 年代布雷顿森林会议的筹备，经由冷战，尤其是 1970 年代在理查德·尼克松总统和毛泽东主席时期两国关系走向正常，中国急迫地要求允许加入 IMF 和世界银行，获得较高份额并占有一席之地。经过由 IMF 实施的谨慎小心的过程，美国最后确定开除中国台湾，给予中国大陆 3.63% 的投票权以及份额分配，后者很快便试图提高份额。②1980 年中国重获席位后还得到了一个执行董事席位。更为晚近以来，美国非正式地运作，在 IMF 和世界银行中给予中国更大角色和更高地位，即使国会推迟执行已获同意的投票权改革一揽子协议。指出如下一点是重要的，即早在 2005 年，莫斯科提议金砖国家磋商前一年，中国就已开始迫切要求对世行和 IMF 的治理结构进行重大改革。③

美国促进参与者战略的第二个例子是以 1990 年代初的俄罗斯为中心，苏联解体后，俄罗斯深陷经济危机。尽管美国及 G7 伙伴国家不愿大力支持俄的改革尝试，④华盛顿仍允许 IMF 的技术性班子（那时它正在估

① Betts, "Institutional Imperialism"; and Michael Mastanduno, "System Maker and Privilege Taker: US Power and the International Political Economy," *World Politics* 61, no. 1 (2009): 121 – 154.

② Eric Helleiner and Bessma Momani, "The Hidden History of China and the IMF," in *The Great Wall of Money: Power and Politics in China's International Monetary Relations*, ed. Eric Helleiner and Jonathan Kirshner (Ithaca, NY: Cornell University Press, 2014), 45 – 70.

③ Jin Renqing (former Finance Minister), speech at the World Bank/IMF Annual Meeting, September 24, 2005。比较下来，中国在世贸组织中一直更为沉寂，直到 2008 年它加入高桌，起初是作为否决者，拒绝美国关于特殊让步和额外市场开放的要求，然后是与巴西和印度合作。Kristen Hopewell, "Different Paths to Power: The Rise of Brazil, India, and China at the World Trade Organization," *Review of International Political Economy* 22, no. 2 (2015): 311 – 338。

④ John Odling-Smee, "The IMF and Russia in the 1990s," *Working Paper No. 04/155* (2004); IMF, "25 Years of Transition: Post-communist Europe and the IMF," staff paper, 2014, especially 30 – 32.

算俄的统计数字），在慷慨高估俄罗斯经济规模的基础上得出人为的俄在 IMF 的高份额。这是为了把莫斯科保留在布雷顿森林框架下，广义地说在西方轨道上。俄罗斯也竭力争取并在 1992 年得到了无赞助者的执行董事席位，尽管它经济规模小，却受邀加入 G7 的政治俱乐部（虽然没有加入 G7 财长会）。这些提升起了额外支付的作用，以反映俄罗斯作为一个正在民主化的前超级大国的地位。①西方各国政府试图遏制因美国支持俄的政治和经济转型而引起的俄的政治反冲。

不同于以往的历史时期，正如约翰·鲁杰（John Ruggie）所说，互利合作已成为可能，因为它不只是源于当时的权力配置，而是建基于被视为"权力及合法社会目标之融合"的机制和规则。②在这种观点看来，一个新的力量配置可能涉及新的手段但仍可能"反映共同目标"，③诸如多边主义和开放，而非指向"利益和谐"的乌托邦目标。类似地，除了"力量配置和声望等级"，罗伯特·吉尔平（Robert Gilpin）细化了"一套权利和规则"，它们对于全球治理是不可或缺的。④这些规则和多边合作的好处甚至在今后也能保持。⑤在基本规则结构内，如鲁杰所说，强有力的新行为体，例如金砖国家，能够提升新的手段，包括新开发银行和亚洲基础设施投资银行。因而，尽管出现了国际力量的流散，一个良性的、以规则为基础的体系甚至对现代化之中的"强国"如中国与俄罗斯仍然具有吸引力，以提供稳定性并服务其经济投资和增长利益。在这一情境下，中国被称为"具有改革意识的现状国家"，"接受

---

① Bessma Momani, "Another Seat at the Board: Russia's IMF Executive Director," *International Journal* 62, no. 4 (2007): 916 – 939. 然而，华盛顿对中俄的影响力也不如它对日韩的影响力大，因为中俄并不依赖美国的安全保证。

② John Gerard Ruggie, "International Regimes, Transactions, and Change: Embedded Liberalism in the Postwar Economic Order," *International Organization* 36, no. 2 (1982): 379 – 415, at 382.

③ Ibid., 405.

④ Robert G. Gilpin, *War and Change in World Politics* (Cambridge, UK: Cambridge University Press, 1981), 35 – 36.

⑤ Robert O. Keohane, *After Hegemony: Cooperation and Discord in the World Political Economy* (Princeton, NJ: Princeton University Press, 2005).

现存规则",①它"对改变国际秩序没有兴趣,而是感兴趣于最大化和影响其增长中的利益以塑造现存秩序,从而推进其利益"。②类似地,根据俄罗斯国际事务理事会首脑的看法,"当前不存在一个自由世界秩序之外的持续、全面、详尽的替代方案"。③

参与者论最强烈的反对者是铁杆现实主义者,他们说,崛起大国作为破坏者最终将受到驱动挑战现状大国,可能引发痛苦的权力转移这一历史模式。④甚至温和的现实主义者也承认,力量分配的转变会减损现存机制的吸引力和软实力,原因在于崛起大国如中国有能力使它们不跟随

① Ren Xiao, "A Reform-Minded Status Quo Power? China, the G20, and Reform of the International Financial System," *Third World Quarterly* 36, no. 11 (2015): 2023 - 2043.

② The sentence ends: "at least for the time being." Wang Jisi and Zhu Feng, "Conclusion: The United States, China, and World Order," in Ikenberry, Zhu and Wang, *America, China, and the Struggle for World Order*, 362. 其他学者也同意,称"尽管中国对现存国际经济秩序并不那么高兴,但它并不寻求一种新类型的秩序,而是在这秩序内要求变革"。Weixing Hu, "China as a Listian Trading State: Interest, Power, and Economic Ideology," in ibid., 236. Several articles published in recent years in the authoritative Chinese journal *Contemporary International Relations* develop the same general line of analysis, such as articles by Wang Wenfeng, "Analysis on China's Power and International Environment," *Contemporary International Relations*, no. 6, 2014; Hu Shisheng, "Reflections on International Order Transition," *Contemporary International Relations*, no. 7, 2014; and Wu Zhicheng, "International System in a Process of Multipolarization," *Contemporary International Relations*, no. 7, 2014。

③ 他又说唯一现实的选项是全球失序和不稳定。Andrei Kortunov, "The Inevitable, Weird World: Prospect for the Liberal World Order," no. 4, *Russia in Global Affairs* (October/December 2016). See also Cynthia Roberts (ed.), "Forum: Challengers or Stakeholders? BRICs and the Liberal World Order," *Polity* 42, no. 1 (January 2010); and T. V. Paul (ed.), *Accommodating Rising Powers* (Cambridge, UK: Cambridge University Press, 2016)。

④ On China provoking a power transition, see John Mearsheimer, "The Rise of China Will Not be Peaceful At All," *The Australian*, 18, no. 11 (2005); and idem., "The Gathering Storm: China's Challenge to US Power in Asia," *Chinese Journal of International Politics* 3, no. 4 (2010): 381 - 396. See also Aaron Friedberg, *A Contest for Supremacy: China, America, and the Struggle for Mastery in Asia* (New York: Norton, 2012); and Martin Jacques, *When China Rules the World: The End of the Western World and the Birth of a New Global Order* (New York: Penguin, 2009). On power transitions theory, see Gilpin, *War and Change*; A. F. K. Organski and Jacek Kugler, *The War Ledger* (Chicago: University of Chicago Press, 1981); Ronald L. Tammen, et al., *Power Transitions: Strategies for the 21st Century* (New York: Chatham House Publishers of Seven Bridges Press, 2000).

美国而是作为世行和 IMF 的竞争者那样行动。①其他观察家则表示，金砖国家没有什么积极的东西可提供给全球治理，它们实际上如搭便车者和逃避者似的行为，可能导致的结果是一个零国集团（G-Zero）的世界，分化更严重，没有建设性的合作来解决各种国际难题。②

本书发现，所有这三种形象——参与者、破坏者或逃避者——只有部分的代表性或缺乏说服力。金砖国家作为一个集团当然是修正的，因而不是直接的参与者，它们也非破坏者，目前也不是逃避者。由于金砖国家在 G20 和 IMF 内很高程度地合作以应对 2008 年至 2009 年的全球金融危机和关于币值的其他政策变动，以及应对气候变化等，早前对搭便车的关切显得不那么迫切了。此外，导致某些能力转变的权力流散并未不可避免地导致暴烈的权力转移，这在核时代是不可能的。③个体分别行动的金砖国家寻求更大的区域自主（在一些情形下是势力范围），同时仍然避免直接挑战美国。来自这些行动的风险是显而易见但又可控的，可见于俄罗斯对乌克兰的行动④和中国在东海和南海的应对。与此同时，截至目前金砖国家合作的好处已超过金砖国家内的地区性对立（比较显著的是中印之间），因为国内和地缘政治冲突被压住了。金砖国家安全问题上的合作是温和的，主要集中在反恐，把防务方面的事项留给了如上海合作

① Brad Setser, "China Can Now Organize Its Own (Financial) Coalitions of the Willing," *Council on Foreign Relations*, New York, September 18, 2016; and Joshua Kurlantzick, *Charm Offensive: How China's Soft Power Is Transforming the World* (New Haven, CT: Yale University Press, 2007).

② Charles A. Kupchan, *No One's World: The West, the Rising Rest, and the Coming Global Turn* (New York: Oxford University Press, 2012); Ian Bremmer, *Every Nation for Itself: Winners and Losers in a G-Zero World* (New York: Penguin, 2012); and Stewart Patrick, "Irresponsible Stakeholders? The Difficulties of Integrating Rising Powers," *Foreign Affairs* 89, no. 6 (November – December 2010): 44 – 53.

③ Joseph S. Nye, *The Future of Power* (New York: PublicAffairs, 2011); and Robert Jervis, *The Meaning of Nuclear Revolution: Statecraft and the Prospect of Armageddon* (Ithaca, NY: Cornell University Press, 1989).

④ 尽管强力应对克里米亚问题，俄罗斯是在从其过去帝国时期和苏联时期的位置上后退，而不是扩张，它也处于大国雄心和实际资源之间存在的经典鸿沟的长期斗争之中。

组织(SCO)那样涉及更多成员的其他论坛。

　　然而，融合崛起大国并将其保持在现存秩序中面临着三个仍可能脱离该过程的挑战。首先，新兴大国开始质疑现存秩序的合法性，原因在于各种双重标准以及它们认为现存大国，尤其是霸主，经常性地运用制度杠杆追求集体物品，并推进它们自己的地缘政治和经济目标，有时会绕过经各方同意的规则。①比如美国和日本利用它们在 IMF 和亚洲开发银行(ADB)对贷款条件和规模的影响力，获得发展中国家的恩惠。②美国还经常性地防止具有体系重要性的盟国，比如日本和欧盟，像平等伙伴那样行动，尽管它们努力(大多是日本)凸显领导地位(例如，创建一个亚洲货币基金组织以帮助 1997 年受到流动性危机打击的各国，结果失败)。③同样的动机也表现了华盛顿试图弹压亚洲基础设施投资银行，同样失败了(见第三章)。"无论对错，美国已被指责为当它推行狭隘的政治议程时，行为"不再像一个仁慈的霸主"，从跨太平洋伙伴关系(TPP)和数据监控到"其金融治外法权"都是如此。④其次，由于各参与者对稳定性和功利性的要求，体系变得紧张，那时它不再能可靠地提供各种包容性的政策、协调和有效的市场基础设施。全球金融危机让新兴大

①　See especially Randall W. Stone, *Controlling Institutions: International Organizations and the Global Economy* (New York: Cambridge University Press, 2011); and Mastanduno, "System Maker and Privilege Taker."

②　Axel Dreher, Jan-Egbert Sturm and James R. Vreeland, "Global Horse Trading: IMF Loans for Votes in the United Nations Security Council," *European Economic Review* 53, no. 7 (2009): 742 - 757; and Ilyana Kuziemko and Eric Werker, "How Much Is a Seat on the Security Council Worth? Foreign Aid and Bribery at the United Nations," *Journal of Political Economy* 114, no. 5 (2006): 905 - 930.

③　在整个这一时期，尽管存在一些国内的抵制，日本是霸主的忠实当事人。Shintaro Ishihara, *The Japan That Can Say No: Why Japan Will Be First Among Equals* (New York: Simon & Schuster, 1991); Kent E. Calder, "Japanese Foreign Economic Policy Formation: Explaining the Reactive State," *World Politics* 40, no. 4 (1988): 517 - 541; and Saori N. Katada, "Two Aid Hegemons: Japanese-US Interaction and Aid Allocation to Latin America and the Caribbean," *World Development* 25, no. 6 (1997): 931 - 945。

④　Tonya L. Putnam, "Courts without Borders: Domestic Sources of US Extraterritoriality in the Regulatory Sphere," *International Organization* 63, no. 3 (July 2009): 459 - 490; and Martin Gilman, "Towards a Segmented World Order?" *Russia in Global Affairs*, April 12, 2016.

国提出了严重质疑，质疑现存大国有效调节金融体系的承诺，美元变成了人们关切的一个根源，尽管还缺乏好的替代方案从而使其继续处于支配地位。①

第三，崛起大国可能变得日益不满于不得不在现存大国的规则下实现成功，这是一个负担。正如兰德尔·什韦勒（Randall Schweller）和戴维·普里斯（David Priess）所言，主导的"不满的大国相信，尽管戴上了镣铐，它正在超越其竞争者"，而且在它自己的规则下将更快速地崛起。②在金砖国家的情形下，现存大国的规则基本上容忍了金砖国家的各种资本主义，包括国家指导的形式和裙带资本主义的形式，尽管对发达经济体有负面后果。然而，如果特朗普政府（2017—2020）在货币调整和贸易保护主义上持极端经济民族主义的立场，金砖国家尤其是中国，可能会重新考虑容忍现存"镣铐"的立场。

所有三个因素都鼓励中国和金砖国家试图使美国的主导地位去合法化——但不损害现存秩序——同时该集团扩大其议价能力，中国则为平行治理的安排准备一个新的基础。③正如本书所探讨的，崛起中的大国正追求"从内部崛起"的战略和 IMF 及其他全球治理组织的"内部改革"。中国和俄罗斯——金砖国家中最可能的铁杆修正的成员国——以及金砖国家的其他成员都没有作为破坏者实行一种革命性推翻的战略，或在国际经济和金融机制中全面逃避。④金砖国家有动机在金融治略中实行一种双重战略，因为它们仍不满于第一条轨道上的进步，雄心勃勃地获得它

---

① Kirshner, *American Power After the Financial Crisis*；and Eric Helleiner and Jonathan Kirshner（eds.），*The Future of the Dollar*（Ithaca，NY：Cornell University Press，2009）.

② Randall L. Schweller and David Priess，"A Tale of Two Realisms：Expanding the Institutions Debate，"*Mershon International Studies Review* 41，supplement 1（1997）：1 - 32，at 13.

③ Schweller and Pu，"After Unipolarity".

④ 这一观察只适用于全球治理，而不适用于安全秩序。在安全方面俄试图把由美国和欧洲—大西洋机构主导的后冷战秩序倒转过来，在这种后冷战秩序中，俄只是一个边缘玩家。俄对乌克兰和格鲁吉亚的干预，对北约成员国的威胁，违反军控协议，对西方民主机制的攻击，以及在对于莫斯科重要的事项上支持那些反对欧洲统一的政治力量，表明相比于 1991 年后扩展的由西方主导的机制，俄更喜欢欧洲失序。

们相信同其上升中的国际地位相称的影响力，关切易受美国和西方制度及市场失败的影响，也关切西方在金融和经济治略中故意使用胁迫。但是金砖国家如何能动员起来以最好地利用潜在的议价能力从而推进其利益？

正式的机制和非正式的权力：各俱乐部的兴起

数十年间，像 WTO 和 IMF 一类的正式机制成为各非正式指导小组的办公场所，这些指导小组有助于确保主要全球治理组织克服有关信息、承诺、协调和执行问题的标准的集体行动难题。这些小组——或所谓的俱乐部——也关注分配性冲突，其中，它们提升公共物品的利害关系经常变异为对个别国家或集体获益的追求，对这些大型机制中的其他参与方具有重要意涵。

国际治理领域中的俱乐部具有詹姆斯·布坎南(James Buchanan)及其他经济学家所定义的那种组织的许多特征。经济学家们用"俱乐部"一词，是指一个资源群体，其成员通过共享一种物品或特征而互利。共享物品或俱乐部物品处于私人物品和公共物品之间。它们产生物品(goods)或结果，诸如有价值的活动或社会安排，它们是专属性的获益：非成员不能享有这些物品。①俱乐部成员的构成可能是殊异或混合的，②尽管成员通常是排斥性界定的。排斥性/专属性可能是由该群体的目标而非其成员的特征所决定的。③因此，俱乐部可能是由殊异的成员组成，这跟把

---

① Richard Cornes and Todd Sandler, *The Theory of Externalities*, *Public Goods*, *and Club Goods*, 2nd ed. (New York：Cambridge University Press, 1996), 333 - 334. For the classic statement, see James M. Buchanan, "An Economic Theory of Clubs," *Economica* 32, no. 125 (1965)：1 - 14.

② Cornes and Sandler, *Theory of Externalities*, 353 - 354.

③ Mancur Olson, *The Logic of Collective Action* (Cambridge, MA：Harvard University Press, 1965), 39；Cornes and Sandler, *Theory of Externalities*, 353 - 354. 这里所运用的俱乐部理论设定，当运用于成员的组织或分享安排时，"排斥"是可能的。Buchanan, "An Economic Theory," 13。

俱乐部概念化为通常由同质的成员组成的一些政治学论点相反。①然而俱乐部通常不是对立性的，成员视其成员资格为净获益。②此外，参与者可能就收益最大的俱乐部规模达成一致。③

例如 WTO，现存大国已发现运用非正式权力和机制把制度引向有利于它们国家所偏好结果的方式，诸如经由 G7 这样的首要俱乐部在后屋（"绿屋"）中设定议程。理查德·斯坦伯格（Richard Steinberg）称，既定的主要大国一般从事不同形式的"有组织虚伪"以建立约束其他参与者的正式规则，而它们自己则借助非正式的闭门议价，利用信息优势形成一个交易核心，然后再作为近乎即成事实展现给机制内更大范围的成员。④结果，现存大国可通过受限的国际议价锁定有利的权益分配，限制较弱大国改善其立场和改变现存政策的能力。故此，机制的日常运作会趋向于产生复制现状的结果。⑤这是结构性权力的体现，优势行为体使其偏好正式化，成为法律制度，以此限制或关闭其他较弱行为体的选择。⑥劳埃德·格鲁伯（Lloyd Gruber）合宜地称此过程为"统治世界"。⑦美国前总统奥巴马为这一论点提供了证据，指出"是美国大致上建立了一个国际制度体系使我们度过了冷战……这些制度放大而不是限制

---

① Cornes and Sandler, *Theory of Externalities*, 370. Drezner assumes a homogeneous membership.

② Buchanan, "Economic Theory," 13; Todd Sandler and John Tschirhart, "Club Theory: Thirty Years Later," *Public Choice* 93 (1997): 335 - 355.

③ Olson, *Logic*, 34 - 43, and Frank H. Page and Myrna Wooders, "Networks and Clubs," *Journal of Economic Behavior & Organization* 64, no. 3 (2007): 406 - 425.

④ Richard H. Steinberg, "In the Shadow of Law or Power? Consensus-Based Bargaining and Outcomes in the GATT/ WTO," *International Organization* 56, no. 2 (2002): 339 - 374; Drezner, *All Politics Is Global*; and Stone, *Controlling Institutions*.

⑤ Lipscy, "Explaining Institutional Change"; W. Brian Arthur, *Increasing Returns and Path Dependence in the Economy* (Ann Arbor: University of Michigan Press, 1994); Jack A. Goldstone, "Initial Conditions, General Laws, Path Dependence, and Explanation in Historical Sociology," *American Journal of Science* 104, no. 3 (1988): 829 - 845.

⑥ See especially Krasner, "Global Communications and National Power"; Stone, *Controlling Institutions*; and Gruber, *Ruling the World*.

⑦ Gruber, *Ruling the World*.

了我们的权力"。①

　　新兴大国如何复制这一俱乐部机制？它们能避免成为无关紧要的"清谈馆"吗？尽管俱乐部理论没有把成员间特定的权力分配具体化，相对平等的假定并非必须。当一个或一个以上成员拥有更多的权力资源或其他专属性更高群体的成员资格时，俱乐部可能会呈现不对称的权力关系，甚至是"俱乐部内的俱乐部"的动力学。国家可能从事政治学家所说的"论坛采购"以获得分量推行其立场，防止对立的联盟胜出。②本章接着会回到这些特征，其情境是中国在金砖国家组织中的立场及其与美国在 G7 内支配地位的结构相似性。

　　两个与治理有关的俱乐部概念，对于理解金砖国家合作颇为重要。第一个集中于主要国际机构运用俱乐部模式时，如何运作更为有效。第二个考察主要大国如何精炼其俱乐部模式的操作化，以携手合作并有利于自己。

　　俱乐部模式的第一个方面，由罗伯特·基欧汉和约瑟夫·奈(Joseph Nye)引入，表明了它作为一个有效制度机制的好处。就公共物品而言，基欧汉和奈指出治理机制的俱乐部模式自相矛盾地帮助"克服伴随着权力流散而来的僵局"，③获得更为有效的结果，因为它涉及专业化的精英在不透明的后屋中运作的政府间网络。高级官员的网络能打破僵局，打造有利于他们优先顺序的交易，同时也为集体行动奠定基础。布雷顿森林治理机制的最初几十年提供了尤其适宜的证据：

　　最初，少数富国的内阁部长及同一问题领域的部长级官员聚在一起

---

　　①　Stephen G. Brooks and William C. Wohlforth, "Reshaping the World Order: How Washington Should Reform International Institutions," *Foreign Affairs* 88, no. 2 (March/ April 2009), 50.

　　②　Drezner, *All Politics Is Global*, Chap. 3.

　　③　Robert O. Keohane and Joseph S. Nye, Jr., "The Club Model of Multilateral Cooperation and Problems of Democratic Legitimacy," in *Power and Governance in a Partially Globalized World*, ed. Robert O. Keohane (New York: Routledge, 2002), Chap. 10, 232.

制定规则。贸易部长们主导了关贸总协定（GATT）；财政部长们则推动了国际货币基金组织的工作；国防部长和外交部长会聚北约（NATO）总部；央行行长们则聚首国际清算银行（BIS）。他们先秘密磋商，然后将相关协议提交各国立法机关并公之于众。直到最近，这种模式仍是不可挑战的。①

后来，主要大国率先并日益代之以第二种俱乐部模式政治，在国际制度和机制中运用较小的指导小组事先确定有利的结果。五个、七个或十个主要大国的顶尖小组将非正式机制常规化，它们对于确保支配性大国的利益在国际机制能得到推进和保护实属必要。②

与此同时，基欧汉和奈认识到，有一个重大因素削弱了贸易政治的俱乐部体系——这也适用于其他布雷顿森林体系——发展中国家要求更多地参与政策制定的高桌讨论。它们的领导人"对该机制的态度是矛盾的，他们对富国的领导作用表示怀疑，非常憎恨由富国而不是他们自己制定的俱乐部规则"。③新兴或发展中国家作出了无数努力以改革全球经济治理体系，从 1970 年代的国际经济新秩序（NIEO）经联合国贸发会议（UNCTAD）④到日本对华盛顿共识的挑战再到亚洲金融危机。⑤然而，它们无一成功地急剧转变国际治理结构的基本形貌。

21 世纪最初二十年所显现的国际权力转移，加剧了现存西方大国与

---

① Keohane and Nye, "The Club Model," 220. For similar arguments, see Anne Marie Slaughter, *A New World Order* (Princeton, NJ: Princeton University Press, 2009).

② Drezner, *All Politics Is Global*; Andrew Baker, *The Group of Seven: Finance Ministries, Central Banks, and Global Financial Governance* (New York: Routledge, 2006); and Robert D. Putnam and Nicholas Bayne, *Hanging Together: Cooperation and Conflict in the Seven-Power Summits* (Cambridge, MA: Harvard University Press, 1987).

③ Keohane and Nye, "The Club Model," 223.

④ Robert L. Rothstein, *Global Bargaining: UNCTAD and the Quest for a New International Economic Order* (Princeton, NJ: Princeton University Press, 2015).

⑤ Yong Wook Lee, "The Japanese Challenge to Neoliberalism: Who and What Is 'Normal' in the History of the World Economy?" *Review of International Political Economy* 15, no. 4 (2008): 506–534.

新兴和发展中经济体之间的这些紧张。①当其经济分量和增长率急升时，崛起大国便对金融治理机制如 IMF 和世界银行提出了挑战，这些机构原则上是根据广义的经济规模来分配投票权和份额的。然而，尽管一些金砖经济体自布雷顿森林体系创设以来增长了十倍以上，对全球增长的贡献率高于多数发达工业经济体，所有最初的金砖四国都已上升至世界各经济体的第一梯队，它们仍不得不面对代表了早前经济力量配置的全球制度架构。这种巨大的鸿沟反映了这些机构抵制变革的程度，尤其是当前的 G7 成员国，它们阻挠了角色和影响力的再分配。②在实践中，投票权和份额的分配反映了一系列其他模糊的正式规则，诸如衡量投票权的公式，以及一些非正式的做法，它们帮助保护了现存大国的支配地位，经常歧视新兴经济体，比如那些金砖国家。

　　俱乐部理论的第二个方面集中于俱乐部模式较窄的操作化，更好地解释了主要大国集团是如何兴起和运作的。在其对俱乐部模式政治的明确研究中，丹尼尔·德雷兹纳（Daniel Drezner）解释了现存大国为何创建并试图保留 G7。在现存大国可以绕过国际制度正式规则的首要俱乐部中，G7 确保"决定是由强大国家闭门做出的"，并控制决定的执行。③德雷兹纳表明了创建和执行全球金融规制的过程，如贸易，如何与俱乐部标准模式相一致，G7 国家首先协调一致然后让国际金融机构（如 IMF）作为执行者来服务。④

　　因为金融管制协调对于发达大国较之于新兴经济体好处更大而调整成本较低，这就易于达成共识。其他学者强调了一点，即像 G7 这样的俱

---

　　① Ian Hurd, "Legitimacy and Authority in International Politics," *International Organization* 53, no. 2 (1999)：379 – 408.

　　② Lipscy, "Explaining Institutional Change；" Jakob Vestergaard and Robert H. Wade, "Protecting Power：How Western States Retain the Dominant Voice in the World Bank's Governance," *World Development* 46 (June 2013)：153 – 164；Kahler, "Rising Powers and Global Governance".

　　③ Drezner, *All Politics Is Global*, 121.

　　④ Ibid., Chap. 5.

乐部具有广泛的构设和确定议程的权力；信息和才干方面的有利地位，提升了它们的赞成权力；以及否决权，它们可通过不支持而阻挠其他动议。①然而在有些情况下，如宏观经济政策协调，G7 经常陷入僵局，因为美国及其他成员国都想把政策协调的调整成本转移给他国。②

数十年来，G7(有时是略小或略大的西方主要国家群体)定期开会，或是在领导人的峰会层次，或是更为频繁的财政部、央行及其他部门官员的政府间网络中。例如，1974 年 G6 开会，该集团同意了实行新的浮动汇率制度，以及变革 1971 年布雷顿森林固定汇率制完结后 IMF 的协议条款。③

自 2005 年以来，G7 还尝试试验通过外伸过程(比如"G8+5"即五个新兴经济体)和"特殊关系"吸收各个挑战国；但新兴经济体不满意这些努力，视其为相对于核心决策机构全面成员的次佳选择。俄罗斯是加入 G7(1997 年出现了 G8)的唯一转型大国，但其特殊情形排除了莫斯科加入 G7 财长机制，④2014 年，因西方反对俄罗斯针对乌克兰和克里米亚的行动，其 G8 成员资格被暂停。此外，当俄罗斯在 2006 年不适宜地获得 G8 轮值主席国地位(并对其升高了的自己人地位大喜过望)时，现存大国外

① Andrew Baker and Brendan Carey, "Flexible 'G Groups' and Network Governance in an Era of Uncertainty and Experimentation," *Handbook of International Political Economy of Governance*, ed. Anthony Payne and Nicola Phillips (Cheltenham, UK: Edward Elgar, 2014), 92 – 94.

② Putnam and Bayne, *Hanging Together*; and David Andrews (ed.), *International Monetary Power* (Ithaca, NY: Cornell University Press, 2005).

③ Harold James, *International Monetary Cooperation Since Bretton Woods* (Washington, DC: International Monetary Fund, 1996); Louis W. Pauly, *Who Elected the Bankers? Surveillance and Control in the World Economy* (Ithaca, NY: Cornell University Press, 1997); Robert Gilpin, *Global Political Economy: Understanding the International Economic Order* (Princeton, NJ: Princeton University Press, 2001).

④ 克林顿政府最初推动把俄罗斯纳入 G7 峰会，以之作为对其接受北约东扩的补偿和美兜售自由化改革的激励。然而，当俄将成为定期参与者这一点变得清晰时，财政部长罗伯特·鲁宾明确表示，在新的 G8 过程之外，G7 必须重构自身以讨论决定重要的财经事务。Cynthia A. Roberts, *Russia and the European Union: The Sources and Limits of "Special Relationships"* (Carlisle, PA: Strategic Studies Institute, 2007), 86, note 4. See also Vladimir A. Orlov and Miriam Fugfugosh, "The G8 Strelna Summit and Russia's National Power," *The Washington Quarterly* 29 (Summer 2006): 35 – 48。

伸过程中过时的地缘政治逻辑仍置中国于门外。在双重标准实践中展现甜言蜜语的外交冷静的同时，俄罗斯政府表示赞同 G8，①且在圣彼得堡 6 月峰会仅数月后，就邀请"外伸"各国中的三个心怀不满的金砖国家在纽约秋季联大期间举行磋商。当全球金融危机风声日紧之时，巴西呼吁解散 G8，对这个主意，法国总统萨科齐在巴黎作为 G8 的 2011 年主席国时称他愿意考虑。美国、日本及 G7 其他创始成员则阻止了这个动议，而是在保留最初的 G7/G8 的同时改变为 G20 的形式，使之成为二十个世界最大经济体的新的顶尖俱乐部。

作为一个俱乐部的金砖国家

由于崛起大国和现状大国在国际政治中被社会化而仿效其竞争者的成功战略和手段，②当金砖国家出现在外交舞台上的时候，新兴大国初级联盟的展现是不足为奇的。以多哈回合谈判期间出现于 WTO 的国际影响来看，这些联盟中最重要的首先是巴西和印度，然后还有中国，"走向了规则制定的前台"，松散地协调以增加其议价的权力。③自从关贸总协定诞生后，巴西和印度就为发展中国家在多边贸易中的利益而辩护。然而，自从 1990 年代和 21 世纪第一个十年它们在世界贸易中的份额扩大后，巴印第一次与中国一起，作为可敬畏的挑战者而代表发展中世界面对现存大国（由美国、欧盟、加拿大和日本组成的"四角形"）。④2003

---

① Cynthia Roberts, "A Useful and Limited Engagement," *Moscow Times*, July 14, 2006; and interviews.

② Kenneth N. Waltz, *Theory of International Politics* (Reading, MA; Addison-Wesley, 1979); G. John Ikenberry and Charles A. Kupchan, "Socialization and Hegemonic Power," *International Organization* 44, no. 3 (1990); 283-315.

③ Brendan Vickers, "The Role of the Brics in the WTO; System-Supporters or Change Agents in Multilateral Trade?" *Oxford Handbook on the World Trade Organization*, ed. Martin Daunton, Amrita Narlikar, and Robert M. Stern (New York; Oxford University Press, 2015), 261.

④ 俄罗斯在经过十八年的谈判后才于 2011 年 12 月加入世界贸易组织。

年，印度、巴西和南非(IBSA)创建了关于南南合作的三方对话论坛，共同为发展中国家的贸易 G20 提供了愿景和领导核心，它们对美国"深度一体化"议事日程有原则的抵制，在 WTO 多哈回合的贸易自由化谈判中扮演了重要角色。这些新兴大国不仅以表明学习和适应的方式联手，如国际关系中竞争性的社会化过程所期待的那样，而且获得了技术和外交技能来提升其议价的有效性。①

金砖国家的共同演进中还有一个显著的地方，即非正式的 BIC(巴西、印度、中国)贸易联盟，以不同的形式，它并未运用其更大的议价权力而只追求分配性利益，且在巴西领导下不同程度地追求"积极的议程改变"以支持体系。②结果，多样的新群体混合了现存大国和崛起大国，取代了旧的四方群体。③为寻求恢复其杠杆，发达国家转向多边贸易协议，诸如奥巴马政府期间的 TPP 以及类似的排斥性路径，包括从本国出发的各项措施，寻找有利场所，其中美国将再次拥有更大的杠杆或议价权力。

因此，现在很清楚，现状大国和崛起大国都具有理性动因创建像"某集团"那样的俱乐部，以此寻求共同的聚焦点，确立统一立场，在构设和推进反映它们利益的各项政策中私下协调。根据俄罗斯副外长和金砖国家事务协调人谢尔盖·里亚布科夫的说法，金砖国家是一个按照共识运作的俱乐部，其中"没有谁强加任何东西给另一方"。同时，他强调"这一联系越稳定，我们共同解决的问题就越多，金砖国家的国际角色就越具有权威性"。④中国财政部副部长朱光耀在 2016 年有类似的说

---

① Amrita Narlikar and Diana Tussie, "The G-20 at the Cancun Ministerial: Developing Countries and Their Evolving Coalitions in the WTO," *The World Economy* 27, no. 7 (July 2004): 947 – 966; Andrew Hurrell and Amrita Narlikar, "The New Politics of Confrontation: Developing Countries at Cancún and Beyond," *Global Society* 20, no. 4 (2006): 415 – 433; and Hopewell, "Different Paths to Power."

② Narlikar and Tussie, "The G-20 at the Cancun Ministerial," 962.

③ Vickers, "The Role of the Brics in the WTO," 262, 264.

④ Sergei Ryabkov, speech at the VIIth BRICS Academic Forum, May 22, 2015, http://en.brics2015.ru/news/ 20150522/107920-print.html.

法："金砖国家之间的合作在扩大和深化"，"经济合作……已经建立在牢固的基础上，尤其是在金融基础设施领域"。①

当曾经帮助确定了金砖国家最初议程的俄罗斯外交部政策规划司司长忆及俄先前在 G8 的经历时，他强调了政府间网络的作用，当时是由其美国国务院对手方安妮-玛丽·斯劳特（Ann-Marie Slaughter）确定的，以协调全球化世界中诸多问题上的偏好。②在法国朗布依埃召开的六国领导人峰会三十四年后，四个最初的金砖国家于 2009 年在叶卡捷琳堡聚首，正式宣布了它们的新俱乐部及其目标。

金砖国家已经越来越使其非正式俱乐部适应更为广泛的一套关系，还创建了平行和补充布雷顿森林体系的新金融机制。像其他俱乐部一样，它们的实质性会议也没有公开的副本或报道，这些会议发生在部一级主管之间，是闭门的，旨在愿意时打造共同的议价立场。尽管如此，确定为数不少的案例还是可能的，其中金砖国家运用集体金融治略来实现特定的目标以及一些事例，它们可能被期待采取行动但没有，详见第三章。

在 2009 年，它们最初的动作之一是在其财长、央行行长和外长之间协调立场，以确立一个共同的议价立场，在全球金融危机中作为显著提高其投票份额的回报，金砖国家将承诺为 IMF 提供额外资金。美国财长蒂莫西·盖特纳（Timothy Geithner）据称要求允许出席一个金砖国家财长会议以讨论这一方案，这是朝白宫总体支持的 IMF 投票权改革方向上走出的一步，且是以代表权过大的国家（大多为欧洲国家）为代价的。尽管金砖国家没有实现它们全部的投票份额目标，而且直到 2015 年底美国国会才批准 IMF 的一揽子改革，但它们成功地集体参与并给了这一过程一记重推。它们的议价立场还精明地包括它们新的注资，进入以特别提款权计价的新金融工具，其部分目的在于与美元保持距离，并表示在其赢

---

① Zhu Guangyao, "BRICs," *Jingji Ribao*, February 15, 2016.

② Author's interview with Alexander Kramarenko, Russian Ministry of Foreign Affairs, June 2008. See also Slaughter, *A New World Order*.

得该笔交易的应得部分之前，不愿为长期融资需要提供资金。①在这一集团建立十年后，金砖国家在本书讨论的金融治略中集体努力的记录并不是无足轻重的，这对美国和西方国家官员来说完全出人意料：这个俱乐部站住脚了。

权力不对称的俱乐部和有外部选项的主导大国

金砖国家和 G7 的一个共同特征是，两者都呈现出成员间力量分配的不均衡。尽管俱乐部的属性允许成员在特征和能力上有异质性，有主导大国的俱乐部至少以三种方式区别于别的俱乐部，后者的成员拥有大致相同的力量。首先，当扰动的潜在成本大于在其看来保持机制的成本时，主导大国对于提供集体物品和促进机制稳定性可能贡献更大。②其次，高度的权力不对称提高了俱乐部中的俱乐部对于最强大或认同度最高成员的可能性。假如置身事外是代价高昂的，光是形成一个内俱乐部的威胁就限制了最弱成员获得对俱乐部政策的否决权，或提出最低公约数结果。否则，这种不对称俱乐部的全体一致将可能导致在最弱成员所偏好的水平上处于停滞。③第三种情形是俱乐部的主导成员行使或威胁行使外部选项——包括可信的退出威胁——以锁定一项共识。④

当主导性国家创建或加入全球治理机构时，这一理性主义逻辑也适用于它们。凭借其退出选项，它们愿意"授予国际机构以权威，但……

---

① See the discussion in Chap. 3.

② Ikenberry, *After Victory*; and Lake, *Hierarchy in International Relations*.

③ Erik Berglöf, Mike Burkhart, Guido Friebel and Elena Paltseva, "Club-in-the-Club: Reform Under Unanimity, " *Journal of Comparative Economics* 40, no. 3 (August 2012): 492 – 507.

④ Erik Voeten, "Outside Options and the Logic of Security Council Action, " *American Political Science Review* 95, no. 4 (December 2001): 845 – 858; Allison Carnegie, "States Held Hostage: Political Hold-up Problems and the Effects of International Institutions, " *American Political Science Review* 108, no. 1 (February 2014): 54 – 70.

其方式是允许它们自己保留高度的控制"。①换言之,当集团各参与者的偏好相冲突时,只有最强大的玩家能凭借其离开谈判桌并"自行其是"的能力和意愿追求可信的外部选项。注意,假如主导性玩家无法取得接近其最佳替代方案的交易,那么扬长而去的成本就下降了。②譬如,当关贸总协定乌拉圭回合陷于停滞时,美国面对这些多边谈判,通过转而强调北美自由贸易协定(NAFTA)和亚太经合组织(APEC)而创建了一个外部选项。③乌拉圭回合谈判成功结束,但美国后来再次以提议 TPP 的方式谈判了一个可能的退出选项。类似地,作为全球金融霸主,美国可以依靠其结构性权力利用或逐渐减少量化宽松,而不管对新兴经济体的消极影响如何。

正如第二章所详述的,以 GDP 和购买力平价(PPP)衡量的金砖国家经济体间的差距扩大了。中国的各项能力上升,不光在贸易领域也在国际货币和金融方面,从债券市场到财富全球 500 强都有中国公司。因此,中国在金砖国家内的不匀称力量配置类似于美国在 G7 经济力量中所占的份额,这是第二次世界大战以来全球治理相对固定的结构特征。因此,两个集团目前都有几个中等规模的行为体(除了南非)和一个主导性大国。根据前已讨论的不对称俱乐部逻辑,金砖国家内及它与现存大国之间的议价动力学也以如下两种方式表明了主导大国外部选项的重要性。

首先,中国在金砖国家中处于支配性的议价地位,于是中国能找到路径,运用其外部选项,或两者兼具。在金砖国家集团建立之前,尽管中国经济和各种能力已迅速上升,它还没在国际上被承认与美国实际上

---

① Stone, *Controlling Institutions*, 224.

② Voeten, "Outside Options," and Carnegie, "States Held Hostage".

③ Gary Saxonhouse, "Regionalism and US Trade Policy in Asia," in *The Economics of Preferential Trade Agreements*, ed. Arvind Panagariya and Jagdish Bhagwati (Washington, DC: AEI Press, 1996), 108 – 135. Vinod K. Aggarwal with Kun-Chin Lin, "Strategy Without Vision: The U.S. and Asia-Pacific Economic Cooperation," in *APEC: The First Decade*, ed. Jürgen Rüland, Eva Manske and Werner Draguhn (London: Curzon Press, 2002), 91 – 122.

平起平坐。此外在那时，中国领导人也未试图扮演大国角色。如第四章所探讨的，中国早先的战略是以"和平崛起"为特征的，聚焦于它自身的经济发展。尽管这些要素并未被放弃，这里的不同在于，中国政府过去的首要焦点是保护自己免受他国权力消极运用之影响，同时避免假定其领导作用或进攻性手段。①过往十年中国形成中的姿态影响了金砖国家俱乐部内的动力学，该集团初期走到一起的创建原则强调平等和"国际关系民主化"。金砖国家以此追求作为新兴大经济体在全球治理架构中追求公平的代表权这一目标。

甚至作为中国经济爆炸性增长并积累了 3 万亿美元的储备之结果，该集团变得更为不平衡时，吸收了南非，2012 年后巴西和俄罗斯经济下滑，平等代表权的原则仍得到了保持。随着金砖国家采取行动发展自己的平行金融机构（这一问题详见第三章），这一平等规则仍然延续。比如五个国家在新开发银行内具有平等的投票份额，并非中国所偏好。然而，北京在致力于平等代表权时看到了好处，既向其俱乐部成员作了保证，又向 G7 表明了其从布雷顿森林体系中退出威胁的可信度。另外，如第四章所讨论的，北京无须担心较弱的玩家引起该集团停滞或常规性地获得对中国政策偏好的否决权。

其次，一旦得到自己及世界他国的认可，中国的力量地位为开发自己的外部选项以扩展自身开启了新的机会。因此，期待中国在金砖国家中的支配性地位和国际排列将增大它的议价权力和能力，以表示其意愿或行使另外的外部选项以支持中国的政策优先次序，这是符合逻辑的。正如第三章进一步考察的，当中国决定单独发起亚投行时，它自信地抓住了这一机会，亚投行是新开发银行内在的竞争者。就担任行长、总部设于北京和中国为主导性股东而言，亚投行更好地反映了中国的偏好。本就打算好的是，另一个金砖大国印度成为了第二大股东，再紧接着是

---

① Michael A. Glosny, "China and the BRICs: A Real (but Limited) Partnership in a Unipolar World," *Polity* 42, no. 1 (2010): 100 - 129; see also Chap. 4 of this book.

数十个主要西方经济体。

本书接下来的各章表明了中国领导层如何参与金砖国家俱乐部，以为中国创造一个强有力的机会与现存全球治理体系竞争而又不招致现存G7大国或其邻国的恐惧。尤其自2012年以来，北京的动作也表明了中国的新领导层比过去更愿意采取大胆步骤和行使自己的外部选项，特别是得到了主要西方大国中英国和德国的积极支持。它们的支持不仅提升了亚投行的信用评级，而且给予中国以国际正当性。中国的影响在增长，当美国的盟国看到潜在的获益和他处的管理风险时，它们也愿意不跟美国合作，尽管华盛顿清楚地想要它们断了此念。中国国际影响力的增长也扩展到人民币的国际化并被纳入为IMF的储备货币，以及"一带一路"倡议，它与中国国有银行、亚投行和新开发银行一起，有望大大助力增加基础设施投资，便利货物、服务和人员跨越国界的流动。这一结果在经济上也有利于中国并潜在地扩大其地区影响。

中国仍接受现存秩序的基本规则，通过促进新的机制和制度与别的金砖国家一起多边行动，从而获得益处并扩大影响力——进而是金砖国家的集体影响力——塑造现存治理安排的改革和运作。[1]在争取获得更为平等的发言权和代表权，并有金砖国家"从内部崛起"的集体战略，中国最终在2016年获得了IMF新的一揽子改革中第三大投票权的奖赏，大致与处于第二位的日本相当，以及布雷顿森林体系内的高级职位。中国作为拥有巨大金融资源的大国，当它需要通过另一个制度环境满足其利益时，也比其他金砖国家处于更佳的地位来运用退出选项和进行论坛采购。

相比之下，能力水平比中国低的其他四个金砖国家，获得动力搭上了中国崛起的便车，抓住机会，在需要时为其自身优先投资和贷款而开发中国巨额的金融储备。力量较小的国家不能指望制度——更不

---

[1] This strategy is explained by several Chinese scholars; for example, Hu Shisheng, "Reflections on International Order Transition," *Contemporary International Relations*, no. 7, 2014; and Wang and Zhu, "Conclusion," *Contemporary International Relations*.

用说规则不多的松散俱乐部——将会可靠地约束主导大国。这意味着其他金砖国家必须熟练地管理其与北京的复杂关系，也许是为中国提供些具体利益，并看着它们繁荣起来，比如从合资企业和相互投资中产生利益。

表1.1提供了金砖国家像一个多边俱乐部那样行为的各种方式的类型，汇聚了本章的各个论点。第一列列出了在参与国看来，合作的各种功能或目标。剩下的两列澄清了成员国通过正式规则和制度属性（第二列）或经由非正式做法（第三列）实现这些功能的方式。第一排列出了金砖国家提高其相对于现存大国的国际议价权这一集体目标，它既可以通过正式机制实现，以提高其在现有国际组织如IMF中的存在和发言权，也可以通过非正式但广泛地公开抱怨，质疑G7在全球经济治理中长期支配地位的正当性。第二排指出金砖国家可以通过正式的、具体的行动创建它们自己的排他性协调俱乐部（金砖国家自身）提升其全球地位，也可以通过非正式地营销这俱乐部，称其具有所希望的品质如异质性和代表性——那些品质可说是G7所缺乏的。第三排集中于整个集团想要的功能，尤其是四个不如中国强大的金砖国家。在正式层面上，它们的偏好是由新制度的创建阐明的（金砖国家协调委员会和两个新多边金融机构，即新开发银行和应急储备安排），其中的正式规则把它们与中国平等的发言权和影响力具体化了。非正式地，中国以外的金砖国家试图把中国跟它们捆绑在一起，并从其全球性崛起（第四章从每个国家的角度讨论了这一动态）中狄益。最后，该表最下面一排突显了这样一个俱乐部可能为其最强大成员所发挥的功能（中国是一例，有时候还可加上俄罗斯或印度）。正式规则和制度属性比如全体一致的决策允许有俱乐部内的主导大国——这里是中国——向其伙伴国家保证它对追求俱乐部物品的承诺，并尊重它们的偏好。与此同时，当核心利益受到影响时，更为强大的俱乐部成员有可能说了算，因为只有它（或它们）能够提出可信的退出威胁。

表 1.1 金砖国家俱乐部政策的类型

功　　能	手　　　段	
	正式规则和制度属性	非正式做法
扩大议价权	提升成员在现有机构中的存在(如 IMF、世行、G20)	挑战现存大国俱乐部的正当性
提高地位	建立一个非对立但有排他性成员资格的俱乐部	保护金砖国家的异质性和代表性品牌
促进集团利益	建立平行机构,分享领导地位	与中国捆绑,利用它的崛起

本 书 的 计 划

　　这一章运用来自国际关系理论的洞见和俱乐部行为来解释金砖国家集团的存在以及它在全球治理体系中如何运作。金砖国家对单极和G7——尤其是美国——的霸权有共同的反感,并合作促进选择性的共同经济和地缘政治利益。五个金砖国家要求在现存多边机构内更大的发言权,包括主要国际金融机构,晚近还寻求创建平行多边机构的外部选项,后者中它们自己就是领导者。由于中国在这个俱乐部中不相称地强大,金砖国家成员间能力的不对称已使中国能主导金砖国家的内部决策,正如它拥有相对于金砖国家最明显的外部选项,但程度只在其他金砖成员继续合作中看到价值。在这一行为中,金砖国家内的中国展现了美国在 G7 内所扮演角色的一些回声。

　　第二章接着评估全球力量从现存的 G5/G7 大国向崛起大国尤其是金砖国家转移的一些方面。注意到可供替代国家间"权力"的其他概念化,这一章勾画了从 G7 到金砖国家的经济能力再分配,尤其是中国的相对崛起和日本以及欧洲的相对衰落。鉴于这些可衡量物质能力的清晰趋势,金砖国家获得了对于外部压力的很大自主性。尽管金砖国家的经济、金融和货币能力仍不平衡,但其相对地位已稳步改善。通过广泛的数据分析，这一章论述了无论是单纯考察中国还是考察作为一个集团的金砖国家，金砖成员国已发展出必要的能力挑战当前支配性大国的全球经济和金融领导——也许有朝一日甚至是美国。同时，美国结构性权力持续中的惯性和义务使现存的全球金融秩序和美元的主导地位仍在延续。

第三章考察了四个案例，系金砖国家政府在 2007 年至 2016 年年中参与的集体金融治略。第一种类型是现有机制的内部改革，金砖国家试图在 IMF 和世界银行内获得更大的影响力表明了这点。第二种类型是随着拥有货币权力，其公司支配全球市场的国家自然增长的政治权力的内部改革。相关案例描述了金砖国家反对因干涉乌克兰而制裁俄罗斯。金砖国家集体行动的第三种类型是经由创建新的平行机构（如新开发银行和应急储备安排）这样的外部选项而发生的。最后，第四种类型结合了外部选项之选择和市场驱动场所，比如金砖国家支持中国货币更大的国际化以对冲美元。在多数尝试中，金砖国家都进行了成功的合作。

第四章探索了每个国家外交政策目标内各种动机独特的混合，推动了金砖五国的合作。就中国而言，金砖国家俱乐部使其能表达领导人对西方高压和政策要求的反感，同时以不那么具有威胁性的方式发挥领导作用。俄罗斯优先考虑了抵制金融制裁和西方支配，同时想把金砖国家合作转变为更大的地区和全球影响力。印度希望放大它在全球治理中的发言权，通过金砖国家扩大国际伙伴的选择。巴西的中左翼政府直到 2016 年年中一直希望强调南南外交以取悦其国内政治支持者，提升该国在南半球的形象。在南非，期待中国支持和投资非洲增长一直占居首位。其他的金砖国家都把中国视为该集团中最重要的成员，把中国同其经济利益和俱乐部利益捆绑是金砖国家集体金融治略的关键要素。

最后，第五章通过讨论金砖国家集体金融治略的意义，分析其前景并总括全书。与最初的期望相反，金砖国家通过确定共同的反感以及在现存国际秩序内追求共同利益而抱团取暖。它们的未来不仅有赖于其议价权力，而且有赖于它们克服持续经济增长的国内障碍的能力，这种增长为其国际地位提供了基础。要成功延续它们的集体金融治略，成员国必须应对"中等收入陷阱"，以及来自它们自身制度弱点或政权偏好的对非正式规则的偏爱。本书表明，在全球力量转移的背景下，金砖国家俱乐部已运作保护成员国相应的政策自主性，同时也推进在全球治理中联合发声。最近，金砖国家获得了具体的制度收益，这给了它们扩大的外部选项，以实现全球金融中的具体目标。

第二章

全球权力转移：金砖国家塑造影响力

金砖五国（巴西、俄罗斯、印度、中国和南非）在国际政治经济和全球治理体系的演进过程中，都需要更多的话语权并发挥更为实质性的作用，尤其是这一进程伴随着美国主导地位的削弱以及自身自主性的增强。但它们——尤其是中国——是否有足够的能力来推行其意志，在可推进其利益的条件下开展合作，并能应对可能的反弹？它们各自且共同致力于在现有全球秩序和它们创建的相应国际机制中寻求更大的话语权和影响力，它们能借助可靠的力量来实现这些目标吗？

能改变国别经济排名的国际生产能力的扩散传播，赋予新兴国家潜在的良机得以在国际舞台上获得更大的影响力。与其他金砖国家相比，中国在更大程度上已崛起成为美国在全球的主要竞争对手，这距离邓小平启动改革中国的经济体制并向外部世界"开放"经济的战略已经过去了近四十年。就金砖国家齐心协力发挥更大影响力的程度而言，如果它们能接入中国的能量，那么它们的权力和影响力就会被放大。自2006年以来，随着金砖国家相对实力的增强，它们解决全球经济系统性和治理问题的雄心也在增强。值得注意的是，金砖国家选择在其集体金融治略中主要依靠经济和金融能力，而不是军事实力。尽管如此，其国防开支也在增加，而且作为集体金融治略的后盾，两者之间也并非毫无关联。

学者和政策分析人士都承认，国际权力中心一直在分散，但他们在如何衡量这一趋势及其对世界政治的影响方面还存在着分歧。关于衡量权力转移的争论主要集中在美国相对于其潜在的挑战者，尤其中国的优势地位是在持续还是在下降。一种观点认为，"新兴大国的崛起"是世界政治"多极化的最强有力证据"。①相反，许多其他国际关系专家则强调美国霸权的持久性（甚至是单极化）依然焕发着生机。②这种观点认为，"中国崛起成为一个潜在的新兴超级大国"并不能改变"中国正在崛起，但……并没有赶上（美国）"③这一事实。斯蒂芬·布鲁克斯（Stephen Brooks）和威廉·沃尔弗斯（William Wohlforth）指出，即使中国经济增长到"美国经济规模的两倍……并具有相当的科技实力……只要北京选择不利用这些资源以发展超级大国的军事能力，世界仍将是单极的"④。

因此，如果中国和金砖国家明显缺乏足够的物质资源或政治意图，来争夺作为竞争对手的另一极（或支配主导）地位，那么在单极世界中仍然存在的结构性权力差异因素，将阻碍对现有秩序的根本性挑战。然而，推断一个正在崛起的大国甚至是普通大国，在未来缺乏政治意图，似乎是无稽之谈。与此同时，第三种重要观点则强调了崛起中的国家在权力中心分散时所面临的另一种机遇：新兴的挑战者可能会对能确定现有国际秩序的规范、准则和权势等级选择采取软性抵制的方式，并发起

---

① Christopher Layne, "US Hegemony in a Unipolar World: Here to Stay or Sic Transit Gloria?" *International Studies Review* 11, no. 4 (2009): 784 – 787, at 785; idem., "This Time It's Real: The End of Unipolarity and the Pax Americana," *International Studies Quarterly* 56, no. 1 (2012): 203 – 213; and John J. Mearsheimer, *The Tragedy of Great Power Politics* (New York: W.W. Norton, 2001). Joseph Nye contends that in "economic power among states, the world is multipolar," as quoted in Serge Schmemann, "The Seesaw of Power," *The New York Times*, June 23, 2011.

② Stephen G. Brooks and William C. Wohlforth, *World out of Balance: International Relations and the Challenge of American Primacy* (Princeton, NJ: Princeton University Press, 2008); and William C. Wohlforth, "The Stability of a Unipolar World," *International Security* 24, no. 1 (Summer 1999): 5 – 41.

③ Michael Beckley, "China's Century? Why America's Edge Will Endure," *International Security* 36, no. 3 (Winter 2011/2012): 41 – 78; and Stephen G. Brooks and William C. Wohlforth, "The Rise and Fall of the Great Powers in the Twenty-first Century: China's Rise and the Fate of America's Global Position," *International Security* 40, no. 3 (2016): 7 – 53.

④ Brooks and Wohlforth, "The Rise and Fall of the Great Powers," 14.

有限的或局部性的挑战。①重要的是，中国和金砖国家的实力无需与美国和西方国家等量齐观便可威胁现状、强制使用治国方略或获得影响力。②因此，尽管出于谨慎考虑，学者们避免陷入援引选择性指标来过早预测美国衰落的陷阱，但我们也有必要回顾一下乔治·奥威尔的警世名言："当下的赢家经常被视为是不可战胜的。"

　　虽然本章没有发现金砖国家目前拥有能挑战美国结构性主导地位的有形实力的依据，但它确实为上述第三种观点提供了支撑和佐证。它还揭示了一些未得以充分审视的有形实力的维度，包括金砖国家如何构建其能力，以使国际关系多元化，从而增强它们的自主权，在削弱美国影响力的同时增加中国和其他金砖国家的潜在影响力。本章研究的重点不仅着眼于经济发展动能向新兴或复兴的地区大国扩散，而且还聚焦在能决定货币和金融实力分布格局的权力转移程度。在这个领域，美元的支配地位、美国对市场开放的支持以及对跨国公司的控制，长期以来一直使华盛顿享有"嚣张的特权"，③同时也作为一个重要支柱保证了美国在国际体系中的主导优势。然而，中国和其他新兴的非西方国家不仅在经济上日益崛起，而且还成为金额巨大的净债权国和金融全球化的潜在驱动者。④

①　Randall L. Schweller and Xiaoyu Pu, "After Unipolarity: China's Visions of International Order in an Era of US Decline," *International Security* 36, no. 1 (2011): 41 - 72; and Charles A. Kupchan, "The Normative Foundations of Hegemony and the Coming Challenge to Pax Americana," *Security Studies* 23, no. 2 (2014): 219 - 257.

②　关于在国际安全背景下的深度讨论，请参见 Thomas J. Christensen, "Posing Problems Without Catching Up: China's Rise and Challenges for U. S. Security Policy," *International Security* 25, no. 4 (Spring 2001): 5 - 40。

③　1960 年代，法国财政部长吉斯卡尔·德斯坦(Giscard d'Estaing)就是这样描述美元因其世界储备货币地位而带来的利益。Barry Eichengreen, *Exorbitant Privilege: The Rise and Fall of the Dollar and the Future of the International Monetary System* (Oxford, UK: Oxford University Press, 2011)。

④　Mikko Huotari and Thilo Hanemann, "Emerging Powers and Change in the Global Financial Order," *Global Policy* 5, no. 3 (2014): 298 - 310; Daniel H. Rosen and Thilo Hanemann, *China's Changing Outbound Foreign Direct Investment Profile: Drivers and Policy Implications*, Policy Brief 09-14, Peterson Institute for International Economics, Washington, DC (June 2009); and Brad Setser, "China Can Now Organize Its Own (Financial) Coalitions of the Willing," Council on Foreign Relations, New York, September 18, 2016.

本章包括五个主要部分。首先简要讨论了在决定如何定义国际关系中"权力"这一概念时所涉及的常见悖论和复杂性因素。第二部分将重点放在有形的实力和能力上，这是理解金砖国家重要性的最佳途径，并从三个方面探讨了这一重要性：作为一个未必名符其实却又举足轻重的国际俱乐部，金砖国家通常与七国集团相互比较；从中美两国单独比较的角度；以及金砖国家内部的能力分布这一比较方式。第三部分直接考证这些转变是否构成了向全球多极化的真正演进，并提出在做出这一定论之前需要解决的一些相关的分析难题。在第四部分，讨论将转向审视金砖国家的货币和金融能力，这些能力通常滞后于相关经济权重的变化，但在未来可能具有重要意义（例如，如果它们在未来采取更自信或更具进取性的金融治略）。最后，第五部分讨论中国货币的崛起，即人民币（RMB），也被称为"红币"（redback）。

界 定 权 力

当代大多数关于权力的学术研究，都摒弃了将能力和有形资源简单相加的做法，认识到一个国家对经济或军事资源的占有不会自动赋予其国际领导地位，也不会转化成对国际行动的结局或其他行为体的举动产生或多或少的影响力。①在武装冲突中，弱者有时会击败强者；中等权力的国家通常会维系与更坚定、更强大盟友的合作关系；在一个领域的强势地位并不必然会转化为在另一个领域的可支配权力和影响力。而自由主义者则认为，绝对的经济收益主要来自财富的增加，在一方因破坏现状损失更多从而使另一方形成了潜在比较优势的情况下，相互依存可以

---

① David A. Baldwin, "Power in International Relations, " in *Handbook of International Relations*, ed. Walter Carlsnaes, Thomas Risse and Beth A. Simmons (Thousand Oaks, CA: Sage Publications, 2013), 177 – 191; Robert Dahl, "The Concept of Power, " *Behavioral Science* 2 (July 1957): 201 – 215.

是不对称的。①现实主义者还强调了经济资源的可转换性，即如果国家行为体将其转化为军事和地缘经济实力，就能获得相对收益。②这样，正处于上升期的大型经济体可能会崛起成为守成大国利益的潜在挑战者。同样，当下的强权虽然早已过了它们在实力排行榜上的全盛时期，但也可以反制那些能削弱它们在国际机制中影响力和威权的改变。

学者们通常更倾向于将"权力"定义为赋予行为体之间的相对权力或者结构性权力。相对权力指的是行为体 A 能够说服、胁迫或提供物质激励，以诱使行为体 B 做出原本不会自愿选择的行为。A 国可以对 B 国动用相对权力，因为 B 国在军事保护、贸易、投资或国际地位等方面有赖于 A 国。③相对权力在传统上即意味着影响力，这可能包括推动他人做某事，但也可能致使行为体为应对观念和动机的改变而重新定义自己的利益。因此，影响力可以包含使用奈所谓的"软实力"作为一种手段，"以使己之所欲即为人之所需"。④自主权——被定义为一个国家抵制或无视另一个国家试图诱导、说服或强迫其改变行为的能力——也是在一个多极化(或双极—多极化)特征日益凸显的时代中，相对权力的一种尤为重要的变体。各国都在谋求自主行事和独立决策的能力。在一个洲际间相对权力转移日趋明显的历史时期，自主权变得特别重要。按照本杰明·J.科恩(Benjamin J. Cohen)和戴维·安德鲁斯(David Andrews)的阐释，自主权作为能力的副产品可以被视为一种被动权力，而影响力则

---

① Robert O. Keohane and Joseph Nye, *Power and Independence: World Politics in Transition* (Boston: Little Brown, 1977); and Albert O. Hirschman, *National Power and the Structure of Foreign Trade* (Berkeley: University of California Press, 1980).

② Michael Mastanduno, "Do Relative Gains Matter? America's Response to Japan's Industrial Strategy," *International Security* 16, no. 1 (Summer 1991): 73 – 113; John Mearsheimer, *The Tragedy of Great Power Politics* (New York: W.W. Norton, 2001); Robert D. Blackwill and Jennifer M. Harris, *War by Other Means: Geoeconomics and Statecraft* (Cambridge, MA: Harvard University Press, 2016).

③ 关于这一观点的经典论述请参见 Dahl, "The Concept of Power"; see also David A. Baldwin, *Economic Statecraft* (Princeton, NJ: Princeton University Press, 1985)。

④ Joseph S. Nye Jr., *Bound to Lead: The Changing Nature of American Power* (New York: Basic Books, 1990), 188.

涉及能塑造他人行为的"有目的的举动"。①

结构性权力是指一种特殊形式的控制力，苏珊·斯特兰奇（Susan Strange）和劳埃德·格鲁伯都将其等同于改变及增减提供给其他行为体选项的权力。②斯特兰奇将其定义为："塑造和决定全球政治经济架构的力量……决定如何行事，（以及）构建各国间相互关联关系的框架的权力……"③按照巴克拉克（Bachrach）和巴拉兹（Baratz）的观点，结构性权力根植于社会机制中，其正式和非正式的议事规则有利于某些行为体享有特权，而使其他行为体的利益相应受损。④各种国际架构，包括金融架构，即"所有规治信贷投放的制度安排加上所有决定货币汇兑条件因素的总和"，⑤由此而确立。与之相似的是，国际社会网络权力，或者是因为处于左右逢源的一方提供了其他行为体之间宝贵或稀缺的联系纽带而产生的影响力，可以由主权国家的在任代表和非国家行为体行使。⑥在国际经济交往日益多元化和全球化的时代，国际网络权力已经成为一种越来越重要的结构性权力，这种权力扩大和加强了美国的优势地位。

在权力转移的过程中，影响力、自主权和结构性权力的互动特质表现得更为明显。优势国家往往更满足于现状，可以表现得或多或少地具

---

① David M. Andrews (ed.), *International Monetary Power* (Ithaca, NY: Cornell University Press, 2006); Benjamin J. Cohen, *Currency Power: Understanding Monetary Rivalry* (Princeton, NJ: Princeton University Press, 2015).

② Lloyd Gruber, *Ruling the World: Power Politics and the Rise of Supranational Institutions* (Princeton, NJ: Princeton University Press, 2000); Susan Strange, *States and Markets* (London: Pinter Publishers, 1988), 31.

③ Strange, *States and Markets*, 24 - 25.

④ Bachrach and Baratz 将其定义为权力的"第二面", 参见 Peter Bachrach and Morton S. Baratz, "Two Faces of Power, " *American Political Science Review* 56, no. 4 (1962): 947 - 952。

⑤ Strange, *States and Markets*, 88.

⑥ Zeev Maoz, *Networks of Nations: The Evolution, Structure, and Impact of International Networks, 1816 - 2001* (Cambridge, UK: Cambridge University Press, 2011); Thomas Oatley, W. Kindred Winecoff, Andrew Pennock and Sarah Baerle Danzman, "The Political Economy of Global Finance: A Network Model, " *Perspectives on Politics* 11, no. 1 (March 2013): 133 - 166.

有合作精神并像是仁慈的霸权——然而，等级较低的国家可能会憎恶其二等公民地位。随着实力的提升，崛起的大国往往会变得更加雄心勃勃，它们可利用相对于守成强权国家实力的增强，在国际上维护自己的权益，尽管有些尝试未必奏效。①一些学者把霸权国家定义为"制度的缔造者和特权的享有者"，把新兴国家定义为"规则服从者"、"规则制定者"或"规则破坏者"，反映了创建国际秩序所需权力的偏好和等级的差别；制定、接受或打破规则；利用其他行为体，将这些举动的代价转嫁给他们，或者利诱他们合作推进一个政治目标。②这些差别强调了权力存在于带有社会达尔文主义色彩（虽然不一定是零和博弈）的竞争激烈的领域；（权力能）决定何种货币可成为硬通货，③先锋优势是被保持还是被颠覆，哪些国家可在"绿屋"④里设定议程，以及某个国家更关切是否应照章行事，还是可以有诸多机会影响他国。

考虑到部分学者既然并不赞成通过粗略统计美元、导弹或在国际组织中的投票权来评估国家的国际权力，但为什么还要这样做呢？⑤首先，正如 G. 约翰·艾肯伯里、迈克尔·马斯坦杜诺（Michael Mastanduno）和威廉·沃尔弗斯所指出的那样："一国能帮助或损害他国的相对实力，和该国能让他国按其意愿行事的能力之间，存在某种正向关联的关系，这是

---

① Robert Gilpin, *War and Change in World Politics* (Cambridge, UK: Cambridge University Press, 1981).

② Michael Mastanduno, "System Maker and Privilege Taker, " *World Politics* 61, no. 1 (January 2009): 121 - 154; Eric Helleiner and Jonathan Kirshner, "The Politics of China's International Monetary Relations, " in *The Great Wall of Money: Power and Politics in China's International Monetary Relations*, ed. Eric Helleiner and Jonathan Kirshner (Ithaca, NY: Cornell University Press, 2014), 8; and Gilpin, *War and Change.*

③ 关于各种货币之间达尔文主义式的竞争，参见 Cohen, *Currency Power*, 9, 11, 14。

④ "绿屋谈判"（Green House Negotiation, 有人又称之为"休息室谈判"）模式，就是由少数发达成员方先行磋商决定，再强迫其他成员方接受。——译者

⑤ 这一批判通常针对华尔兹（Waltz）和米尔斯海默（Mearsheimer）过于强调相关的物质能力，但这两位学者的作品恰恰是国际关系领域阅读量和被引用量最多的。Kenneth N. Waltz, *Theory of International Politics* (New York: McGraw Hill, 1979) and John Mearsheimer, *The Tragedy of Great Power Politics* (New York: W.W. Norton, 2001)。

不言自明的。"①第二，目前主权国家的外交决策机构就是这么运作的：它们不断地评估本国相较于对手和盟友的能力，并根据对其战略伙伴能力和偏好的推测来决定可供选择政策的可行性。②第三，这种转变可以通过回顾性和前瞻性的指标来研判。要解读哪些国家对其他国家施加了影响力，需要对这些国家的过往行为进行实证分析。与之相反的是，各大洲的实力分布格局以及对重要趋势或颠覆性变化的识别可能有助于预测未来。T_0时间点的有形实力与T_1时间点的自主权、影响力和结构性权力之间显然存在着一定的关联。因此，本章的其余部分探讨了主权国家在相对有形实力方面新近发生的一些变化，并揭示了一些可能瓦解当前权力和影响力分布格局的潜在重要趋势。

衡量经济实力的转变

金砖国家跻身全球十大经济体，并成为区域内的领先经济体，标志着自布雷顿森林体系建立以来首次出现重大权力转移。最初四个非西方大国尽管都有弱项，但它们的增长传奇甚至超出了高盛的预期。在截至2014年的十年时间里，金砖国家对全球经济增长的贡献占了一半份额，而在2016年，仅中国经济增长就贡献了全球经济增长近40%的份额，是

---

①　G. John Ikenberry, Michael Mastanduno and William C. Wohlforth, "Introduction: Unipolarity, State Behavior, and Systemic Consequences," *World Politics*, 61, no. 1 (January 2009): 1 – 27.

②　学者和外交政策分析人士也会做相同的推测。Robert J. Lieber, *Power and Willpower in the American Future: Why the United States Is Not Destined to Decline* (Cambridge, UK: Cambridge University Press, 2012); Carla Norrlof, "Dollar Hegemony: A Power Analysis," *Review of International Political Economy* 21, no. 5 (April 2014): 1042 – 1070. For Chinese perspectives, see Yan Xuedong, "Why a Bipolar World Is More Likely than a Unipolar or a Multipolar One," *New Perspectives Quarterly* 32 (2015): 52 – 56; idem., "Power Shift and Change in the International System," and China 2020 Research Team, "Repositioning China in 2020," both in *The World in 2020 According to China: Chinese Foreign Policy Elites Discuss Emerging Trends in International Politics*, ed. Shao Binhong (Leiden, Netherlands: Brill, 2014), chaps. 5 and 7, respectively。

美国的四倍多，比所有发达经济体的总和还多50%。①

自全球金融危机爆发以来，美国情报部门和工商界同样认识到，世界舞台上的力量格局正发生重大演变，尤其是在亚洲。例如，美国国家情报委员会（NIC）指出："就规模、速度和流向而言，目前正在发生的全球财富和经济实力的转移（大致从西方向东方转移）在现代历史上是史无前例的。"到2030年，权力中心的扩散预计将产生重大影响，"在很大程度上逆转了西方自1750年以来的历史性崛起（趋势），重塑亚洲在全球经济和世界政治中的地位"。②与其持相同观点的是，麦肯锡全球研究院（MGI）预测"经济重心"将发生转移，将消解自工业革命以来大部分地区的失衡现象。③相比之下，华盛顿智库和美国学术界并不甘于研判全球力量转向金砖国家所产生的影响，而是宁愿探究确认，金砖国家若作为实质意义上的集团组织，是否有解体的早期迹象，特别是在这些经济体的增长开始放缓，俄罗斯和巴西陷入衰退之后。④

鉴于欧盟在地缘经济方面的重要性，将其经济表现与金砖国家进行比较是有所助益的。尽管金砖国家各自的经济表现有所波动，但如图2.1所示，其经济总产出在全球经济中的占比却相当高。自2000年以来，金砖五国对全球经济产出的贡献增加了一倍。2016年，如果以市场汇率计算国内生产总值，这一比例为22%；如按购买力平价调整后的全球GDP计算，这一比例约为30%。图2.1所示，2015年金砖国家在全球产出中的

① International Monetary Fund (IMF), World Economic Outlook database; International Monetary Fund, *World Economic Outlook: Gaining Momentum*? Washington, DC, April 2017; Stephen S. Roach, Global Growth—Still Made in China by Stephen S. Roach—Project Syndicate, August 29, 2016. Roach's estimates predate the IMF's revised 2016 forecast of lower U.S. growth.

② U.S. National Intelligence Council (NIC), *Global Trends 2025: A Transformed World* (Washington, DC: U.S. Government Printing Office, 2008), iv – vii; and *Global Trends 2030: Alternative Worlds* (Washington, DC, U.S. Government Printing Office, 2012), 15.

③ Richard Dobbs et al., *Urban World: Cities and the Rise of the Consuming Class*, McKinsey Global Institute (MGI), 2012.

④ Bruce Jones, *Still Ours to Lead: America, Rising Powers, and the Tension Between Rivalry and Restraint* (Washington, DC: Brookings Institution Press, 2014).

份额已超过欧盟。①尽管俄罗斯和巴西经济下滑，但到 2020 年，金砖国家在全球产出中的份额预计将达到 25%。

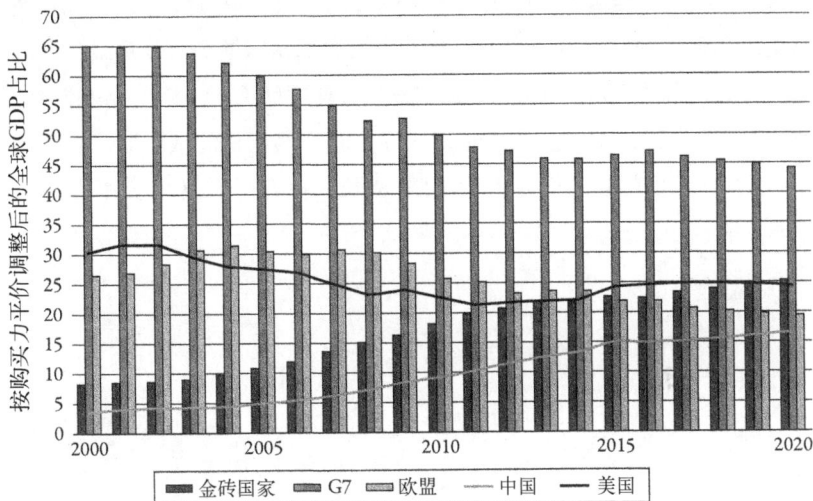

图 2.1

将守成霸权国家与假定的挑战者进行直接比较也颇具启示意义。2015 年，按购买力平价计算，中国占全球 GDP 的 17.1%，超过了美国的 15.8%。②半个世纪以来，美国在世界经济中所占的比重一直在逐步下降。按市场汇率计算，当前美国在全球 GDP 中所占比例为 24.7%，低于

---

①　此处的欧盟二十八个成员国（EU－28）中包括英国。在英国完成脱欧（英国计划退出欧盟）之后，欧盟的相对实力排名将会降低，因为英国在 2015 年占欧盟经济的 17.5%，这个数字预计在未来几年将会下降。

②　IMF, World Economic Outlook（WEO）database, April 2016 and April 2017；World Bank, World Development Indicator（WDI）database, http：/data.worldbank.org/datacatalog/world-development-indicators（accessed March 2017）。保罗·肯尼迪估计，美国在 1945 年掌控了全球 40% 的经济产出，in "The（Relative）Decline of America," *Atlantic Monthly*（August 1987）。See also Cynthia Roberts, "Measuring the Chinese Economy," posted on "H-Diplo：Lieber Roundtable：Is the US Declining?" August 31, 2013, http://h-net.msu.edu/cgi-bin/logbrowse.pl? trx=vx&list=hdiplo&month=1308&week=e&msg=kJRPDYSL2jIX9A7YHOjFPw&user=&pw=。

1960 年 38.5%的高点。①如图 2.2 所示，中国的 GDP 以购买力平价计算在
2014 年已超过美国；如以市场汇率换算的美元计价，它也有可能在十年
内赶上美国。根据瑞士信贷（Credit Suisse）的研报，中国在 2015 年成功超
越美国和低迷的欧元区，成为世界上最大的贸易国并拥有数量最庞大的
中产阶级，而在欧元区只有法国的财富增长速度（3.6%）比 21 世纪的中位
数快 2 个百分点。即便是在高峰和低谷之间震荡起伏的俄罗斯，从 2000
年到 2015 年也取得了年均 4.1%的净增长，在实际财富增长率上排名
第六。②

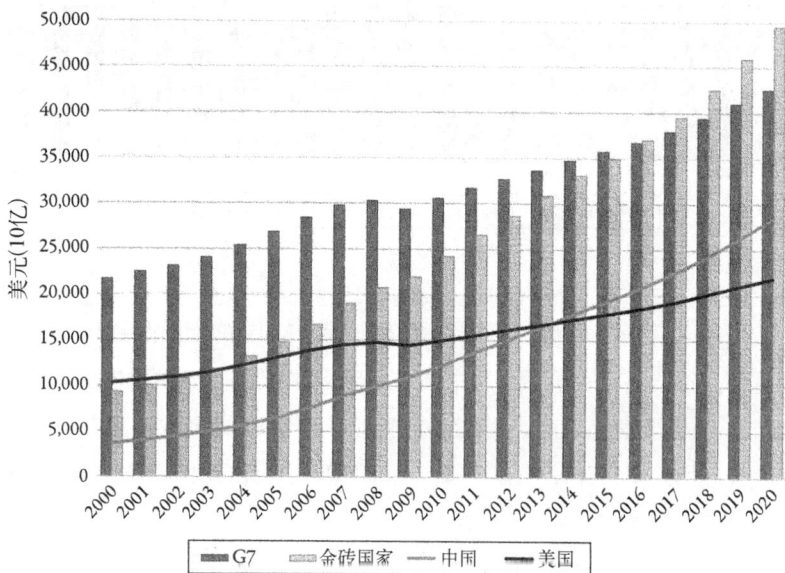

图 2.2

从国际经济规模方面分析，2000 年至 2014 年，全球国内生产总值合
计增长一倍多，从 31.8 万亿美元增长到 75 万亿美元以上。总体而言，在

① IMF, *World Economic Outlook*, April 2017.
② Credit Suisse, *Global Wealth Report 2015* (October 2015)：16－17。然而，俄罗斯自
2014 年以来的经济急剧下滑，抹去了过去十年来的大部分增长收益。

全球金融危机之前的 2000 年至 2008 年，新兴市场经济体对全球经济增长的贡献率如果按市场汇率计算为 46%（按购买力平价计算为 70%），在 2010 年至 2015 年这一数值则达到了 70%。2014 年，随着它们不断融入全球贸易和金融市场，所有新兴经济体占全球 GDP 的比例上升至 34%。金砖国家占新兴市场产出的三分之二，2010 年至 2014 年，它们对全球经济增长的贡献率达到 40%，2013 年则达到 50% 的峰值。①金砖国家合计占全球经济活动的比重超过五分之一，与美国相当，超过欧元区。

在与上文同样的十四年时间段里，中国的名义 GDP 从 1.2 万亿美元上升到 10 万亿美元以上，以市场汇率计算的增长速度是全球平均速度的四倍多——2016 年，中国对全球增长的贡献预计将是美国的四倍多。如图 2.3 所示，2016 年中国以市场汇率计算的 GDP 预计将达到 11.4 万亿美

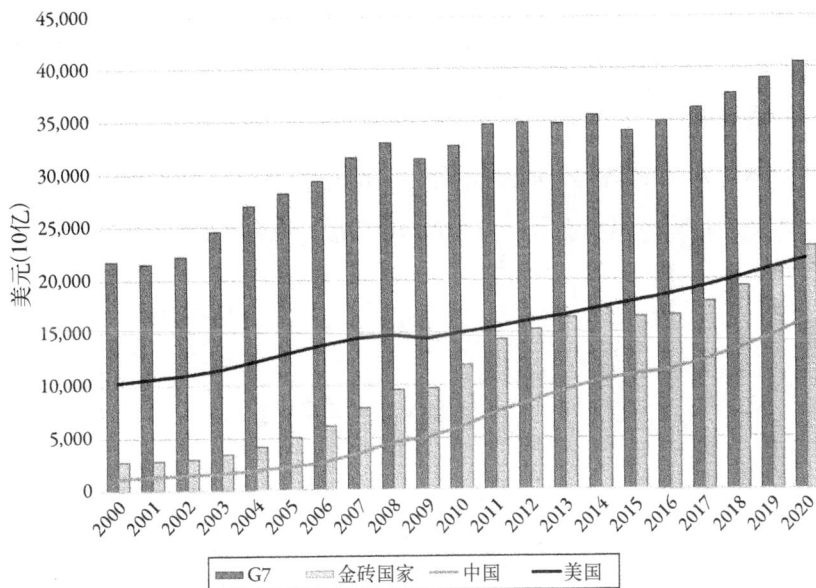

图 2.3

---

　　① World Bank, *Global Economic Prospects*, January 2016, Chap. 3。有关新兴市场经济体的名单，以及世界银行如何将它们与其他类别经济体区分开来的解释说明，请参见 p. 4ff。

元,而美国预计则为 18.6 万亿美元。按购买力平价计算,如图 2.2 所示,到 2015 年底,中国的总产值为 19.4 万亿美元,已超越美国成为世界上最大的经济体。

尽管目前金砖国家内部的增长率并不平衡(本章后续将讨论这一问题),但在未来十年时间里,金砖国家的平均增长率很可能与欧洲主要国家的平均增长率并驾齐驱,甚至超过后者,而中国和印度的平均增长率将是后者的三到四倍。从 1995 年到 2016 年,二十多年来,欧元区的 GDP 年均增长率为 1.6%。①2000 年,金砖国家合计的经济总量约为美国 GDP 的四分之一。至 2016 年初,金砖国家的合计总产出按市场汇率计算(16.5 万亿美元)超过欧元区,几乎相当于美国经济总量(17.9 万亿美元),而它们在世界经济总产出中所占的份额与欧盟相当。在此期间,巴西和俄罗斯在全球 GDP 中所占份额大幅增长,以至于在 G20 经济体中的排名,分别从 2003 年的第十和第十一位,在超越了四个 G20 中的欧盟成员国后,跃升至 2013 年的第五和第六大经济体。从大宗商品价格下跌到治理问题,以及 2013 年以来的深度衰退,一系列因素导致巴西和俄罗斯经济近期出现下滑。然而 2016 年,最初的四个金砖国家仍然位居全球十大经济体之列。②

本节的重点聚焦于有形能力的分布格局,将会考量涉及金砖五国潜在实力诸多动态因素的分析,包括金砖俱乐部与主要守成强权大国之间、与 G7 之间的比较,以及金砖国家内部有形能力的分布格局。

经济俱乐部的潜力:金砖国家 VS 七国集团

过去十年间,中国经济规模已增长至几乎是其他四个金砖国家经济规模总和的两倍。其他三个初始的金砖国家(即巴西、俄罗斯和印度)各自的

---

① Euro Area GDP Annual Growth Rate, 1995 - 2016, http://www.tradingeconomics.com/euro-area/gdp-growth-annual.

② 按购买力平价计算,俄罗斯排名第六,但按市场汇率计算,则跌至第十三位。World Bank, "2015 GDP Ranking Table," World Development Indicators, October 11, 2016。

GDP 均达到了约 2 万亿美元(MER，即市场汇率计算，下同)，与意大利的经济规模相仿，尽管俄罗斯自 2015 年以来经济明显下滑。至 2020 年，印度可能会领先于意大利和巴西，这要归功于其明显更高的增长率和非常有利的人口结构。从这个意义上讲，中国在金砖国家中一枝独秀，正如美国在七国集团中一马当先一样。如图 2.2 和 2.3 所示，2015 年中国的 GDP(PPP，即购买力平价，下同)占金砖国家总和的 55.8%(按 MER 计算为 67.8%)，而美国 GDP(PPP)占七国集团总经济规模的 50.2%(MER 为 52.6%)。①

尽管金砖国家和七国集团在成员数量上是不对等的(五国对七国)，但两者之间进行对比还是大有裨益的。这两个组织在其内部都有占压倒性优势地位的成员国，在对全球经济的贡献方面，金砖国家也开始缩小与七国集团的差距。1990 年，七国集团和金砖国家按市场汇率计算的GDP，分别占全球 GDP 总量的 59% 和 11%。到 2015 年，如图 2.1 所示，七国集团在全球产出中的份额已经下降到 46%，而金砖国家的份额已经增长到 23%(2015 年 MER)。然而，按购买力平价计算，这两个组织在 2016 年占全球 GDP 的份额均为 31%，尽管金砖国家组织在成员国数量上还少了两个。按照购买力平价计算，金砖国家预计最早将于 2016 年超过七国集团在全球 GDP 中所占的份额，这取决于增长率和价格的波动。如图 2.3 所示，就 GDP 总产出而言，2015 年七国集团贡献了两倍于金砖国家的 GDP 总产出，即 34 万亿美元(MER)，而金砖国家的这一数值为 15.5万亿美元(MER)。然而，按购买力平价计算，如图 2.2 所示，七国集团贡献了 35.7 万亿美元，而金砖国家的相应数值为 35 万亿美元，金砖国家预计将在 2016 年起开始超过七国集团。②

预判金砖国家按市场汇率换算的经济实力总和将何时超过七国集团，在很大程度上取决于对相对增长权重的推算(换言之：在未来几年，中国的年平均经济增长率将下降多少? 增量是多少? 这三个陷入停滞的

---

① 此处数据测算来源为 IMF, WEO Database (April 2016)。
② 数据来源为 IMF WEO (April 2016)。

金砖国家会实施必要的结构性改革并推升经济增长潜能吗？美国的盟国会把他们的年平均增长率提高到1%或1.5%以上吗？美国能克服长期的经济不景气并以每年2%以上的平均速度增长吗？）以及汇率的变动（即人民币每年将升值/贬值多少？）。考虑到中国的人口总量是美国的四倍，如果所有其他条件不变，还是根据上述推算，按市场汇率换算的中国GDP总量经过持续的追赶，最终可能将在2020年代或最晚在2030年代超过美国。同样，印度的快速增长也将进一步推动金砖国家的发展。

对金砖国家经济增长潜力的预测颇具争议。然而，在吉姆·奥尼尔2001年发表有关金砖国家的首篇论文十年后，[1]高盛发表了一份十年一度的回顾报告，指出全球经济转型进程的速度快于预期。[2]高盛于2011年修正了原先的展望，预测初始的金砖四国经济体如以美元换算，将会于2050年前在世界五大经济体中占居四席，此外，中国的经济规模将在2026年超越美国，而金砖国家经济总量合计将在2015年超过美国并在2032年超过七国集团。经合组织（OECD）的一个研究团队也做出了类似的预测。[3]

事实上，中国经济的加速增长使其与美国的差距明显缩小，人均GDP（按购买力平价计算）已达到美国的四分之一，[4]而俄罗斯的人均GDP则达到美国水平的45.5%。早先的预判认为，物价和汇率相对于美国和其他发达国家的上涨将产生这样的结果。[5]人民币自2005年以来大

① Jim O'Noill, "Dreaming with BRICs: The Path to 2050," *Global Economics Paper No. 99*, October 1, 2003.

② Dominic Wilson, Kamakshya Trivedi, Stacy Carlson and José Ursúa, "The BRICs 10 Years On: Halfway Through the Great Transformation," *Global Economics Paper No. 208*, December 7, 2011.

③ Åsa Johansson et al., "Looking to 2060: Long-Term Global Growth Prospects: A Going for Growth Report," *OECD Economic Policy Papers*, No. 3, OECD Publishing, 2012.

④ Xiaodong Zhu, "Understanding China's Growth: Past, Present, and Future," *Journal of Economic Perspectives 26*, no. 4 (Fall 2012): 103–124, at 106; *IMF Country Report No. 16/270*, People's Republic of China (August 2016).

⑤ See, for example, Arvind Subramanian, *Eclipse: Living in the Shadow of China's Economic Dominance* (Washington, DC: Peterson Institute for International Economics, 2011).

幅升值，这有助于解释其在十大经济体排名中的快速上升。埃斯瓦尔·普拉萨德(Eswar Prasad)估算，至 2015 年初，人民币兑美元升值约 35%，贸易加权汇率升值 47%，经通胀因素调整后的升值约 57%。[1]然而，人民币自 2014 年开始出现双向波动，随着美联储提高贴现率，人民币兑美元可能面临贬值压力。

　　高盛被指在与"金砖四国一同做梦"，[2]基于新兴市场繁荣的前提，做出了错误的推断和夸张的预测。然而事实证明，该机构关于金砖国家的展望过于保守——这四个经济体的增长速度超过了预期。此外，高盛最初的预测也并非是线性的；它们强调了经济趋同和实际汇率升值的重要性。依据经济学理论，尽管许多其他因素(包括治理不善)可能会阻碍赶超的步伐，但随着中国和其他金砖国家逐渐缩小与发达国家人均水平的差距，它们的增速也将会放缓。[3]兰特·普里切特(Lant Pritchett)和劳伦斯·萨默斯更深入地阐释了这一观点：没有一个国家会永远高速增长，"回撤至均数或许是有关跨国经济增长率最有力和最具实证性的事实"。[4]然而，即便中国(的增速)向均数回归，它仍将是金砖国家的主导优势力量(直到印度迎头赶上)。

---

①　Eswar Prasad, "China's Efforts to Expand the International Use of the Renminbi," Report prepared for the U.S.-China Economic and Security Review Commission, February 4, 2016, 28。然而，自 2014 年年中以来，人民币面临的升值压力已经逆转为贬值压力，导致中国人民银行进行干预(以大约 12% 的外汇储备为代价)，以防止人民币快速贬值。(Ibid., 27)

②　Ruchir Sharma, "Broken BRICs: Why the Rest Stopped Rising," *Foreign Affairs* (2012): 2 - 7; and idem., *Breakout Nations: In Pursuit of the Next Economic Miracles* (New York: W. W. Norton, 2012). For a contrary argument that is similar to the one made here, see "Catching the Eagle," *The Economist*, November 21, 2013; and also Subramanian, *Eclipse*.

③　该理论认为：由于人均增速更快，所以(发展中国家)人均 GDP 与发达经济体水平之间的差距会随着时间的推移逐渐缩小。随着人均收入水平的趋同，人均经济增速将放缓至该经济体的科技水平名列前茅时所经历的经济增速。然而，差距的缩小(趋同)是有条件的，因为它取决于支持性条件和增长导向型政策，这也有助于解释为什么大多数发展中国家与发达经济体的经济发展大相径庭。See, for example, Lant Pritchett, "Divergence, Big Time," *Journal of Economic Perspectives* 11, no. 3 (1997): 3 - 17。

④　Lant Pritchett and Lawrence H. Summers, *Asiaphoria Meets Regression to the Mean*, NBER Working Paper No. 20573, National Bureau of Economic Research, October 2014.

　　以下是两个重要的逻辑推论：首先，考虑到两个组织即七国集团和金砖国家，占主导地位的成员国在经济总量上占据了超过一半的权重，这两个大国即美国和中国，比其他国家更有能力和意愿利用优势地位在推行集体金融治略的同时，来追求自身的利益。如果他们各自的国家利益是非常强势的，那么主导国将行使他们的外部选择权，并利用其他形式的非正式权力，如第一章所述的那样，有时是单独依靠自身力量，有时则通过协同他国以达到他们自身的目的。主导成员国是唯一既是"规则缔造者"又是"特权享用者"的国家。①第二，尽管俱乐部互动机制是以游说和议价形式的联盟谈判为表征，其他成员国也有留下或是退出的选择权，但当主导国的利益非常强势时，他们不能否决或约束各自组织内的主导国。

中国巨人不再是新兴经济体：中国已然崛起并将继续崛起

　　快速增长的中国经济是金砖国家的支柱，尽管自 2011 年以来其年增长率已放缓至 6.5%左右。中国为金砖国家的协同提供了黏合剂，这既是因为中国的资源丰厚，也是因为它日益显现的挑战和改革现有全球经济治理体系的雄心壮志，而这一现有体系恰恰忽视了中国的优先权和潜在影响力。

　　1970 年代末，中国是世界上最贫穷的国家之一，实际人均 GDP 仅为美国的四十分之一和巴西的十分之一。1980 年至 2010 年，中国经济年均增长 10%，人均国内生产总值年均实际增长 8%左右。②中国的增长奇迹在规模和速度上都是非凡的，人均产出在十二年内翻了一番，目前的实际人均 GDP 大致与巴西相当。中国拥有世界 20%以上的人口，但其经济增长速度仍是为期一百五十年才完成的英国工业革命的十倍，平均年产

---

　　① 这一观点改编自以下看法：美国作为霸权国家，在创建国际秩序并付出代价以维持现有国际秩序的过程中，既是"制度缔造者，又是特权享用者"，同时也获得了（与付出代价）不成比例的利益。Michael Mastanduno，"System Maker，Privilege Taker：U.S. Power and the International Political Economy，" *World Politics* 61，no. 1（January 2009）；121 - 154。

　　② Zhu，"Understanding China's Growth，" 103.

出也是其三百倍。①现在，世界银行将中国与巴西、墨西哥和南非同列为中等偏上收入国家。②

过去三十年的市场化改革推动了中国经济的快速增长。2001年加入世界贸易组织后，中国经济进一步向世界开放，并显著提高了生产力水平，其中包括迅速增长的非国有经济部门。③随着充满活力的民营经济的稳步发展，国有企业在工业产出中的比重逐步下降，从1978年的78%下降到2011年的26%。④根据尼古拉斯·拉迪（Nicholas Lardy）的研究，在2010年到2012年间，中国的民营部门创造了三分之二到四分之三的GDP，尽管其资源非常有限。⑤

投资和基础设施的强劲增长是中国经济加速增长的引擎之一，但这只是继发性的结果，而非自1978年以来全要素生产率（TFP）大幅提升的先导性因素。当中国开始启动改革时，其总TFP还不到美国水平的3%，离生产可能性边界依然很远。相比之下，当日本和韩国开始类似的经济腾飞时，它们的TFP已经分别达到美国的56%和43%。在经历了三十年的快速增长后，中国的TFP仍仅为美国水平的13%，这一事实表明，中国仍有赶超的增长潜力，而持续的经济改革将会助推中国在未来多年里实现非凡的增长。⑥

---

① Richard Dobbs, James Manyika and Jonathan Woetzel, *No Ordinary Disruption：The Four Global Forces Breaking All the Trends* (New York：PublicAffairs, 2015), 18.

② World Bank, WDI data.

③ Zhu, "Understanding China's Growth, " 103 – 124; Development Research Center of the State Council (DRC) and World Bank, *China 2030: Building a Modern, Harmonious, and Creative Society* (Washington, DC：World Bank Publications, 2013); and Stephen Roach, *Unbalanced：The Codependency of America and China* (New Haven, CT：Yale University Press, 2014).

④ Nicholas R. Lardy, *Markets over Mao：The Rise of Private Business in China* (Washington, DC：Peterson Institute for International Economics, 2014).

⑤ Ibid., 138 – 141.

⑥ 日本、韩国的生产率直至达到（美国水平）的60%之后才开始下降。中国在纠正国内市场关系扭曲，包括资本错配方面仍大有可为，更不用说在之后讨论的实施更具雄心的治理改革和金融市场自由化政策了。Zhu, "Understanding China's Growth, " 108 – 109, 121. See also DRC and World Bank, *China 2030*。

中国和金砖国家：增速放缓与发展失衡

过去几年，中国经济增速有所放缓，更重要的是，经济增长的构成要素正在发生变化，服务业占到 GDP 的一半以上，经济正在寻求一种新的平衡。这就是中国新常态背后的原因。消费的增长略快于投资，可支配收入的年增长率超过 6%。①此外，中国的经常账户盈余和贸易顺差已从 2007 年的高位下降。②根据李克强总理的阐释，新常态意味着……告别不平衡、不协调、不可持续的增长模式。③然而，这个"新常态"伴随着一系列的结构性问题和风险，包括：因为银行国有（股权结构）和国有企业管理不善所导致的资本错配和生产力的下降；高企的本币债务；动荡的金融和房地产市场；中央和地方关系失调以及必须要调整国家在经济和金融体系中所发挥的作用才能解决的治理问题。④一个主要的风险点在于中国的国内债务总额，根据麦肯锡的统计，这一总额已然增长至四倍，从 2007 年的 7 万亿美元攀升到 2014 年中期的 28 万亿美元，当年与GDP 的比值为282%，2016 年这一数值略有下降至大约 258%。⑤单单企业债务（主要是国有企业）在 2016 年可能就达到了 GDP 的 150%。许多专家认为，中国有足够的政策回旋余地和充裕的储备来避免一场危机的全

① Sean Miner, "Tracking China's Service Sector," Peterson Institute for International Economics, November 7, 2016.

② World Bank, *China Economic Update* (July 2015).

③ Quoted in IMF Country Report No. 16/270, *The People's Republic of China* (August 2016), 4.

④ See DRC and World Bank, *China 2030*; World Bank, *Global Financial Development Report 2013*: *Rethinking the Role of the State in Finance*; and World Bank, *Global Financial Development Report*, *2015/2016*: *Long-Term Finance*.

⑤ Richard Dobbs, Susan Lund, Jonathan Woetzel and Mina Mutafchieva, "Debt and (Not Much) Deleveraging," MGI, February 2015; "Asian Nations Swimming in Debt at Risk From Fed Rate Hikes," *Bloomberg News*, April 10, 2017, https://www.bloomberg.com/news/articles/2017-04-10/fed-rate-hikesraise-risks-for-asian-nations-swimming-in-debt; and IMF Country Report No. 16/270.

面爆发，但潜在的成本正在增加。①

此外，金砖国家俱乐部本身的发展正变得越来越不平衡，至少从中期来看是如此。如图 2.4 所示，中国经济增长不可避免放缓的真实状况，更适用于其他金砖国家（印度迄今是个例外），这对它们在金砖国家组织中的相对地位产生了重要影响。和中国一样，印度在仅仅十六年的时间里人均产出就迅速翻了一番，现在正蓄势待发寻求更大的突破，2016 年其经济增长率达到 7.6%，比中国更快。按购买力平价计算，印度在 2008 年就超过日本，成为全球第三大经济体。如果以市场汇率计算，印度很快将超越意大利和巴西升至第七位，仅次于法国和英国。所有金砖国家一度都是快速增长的代名词。到 2015 年，如图 2.4 所示（该图统计了金砖国家每年 GDP 的变化比值），它们奋力竞争以继续留在世界十大经济体之列，并按照增长率被分化为最高和最低。

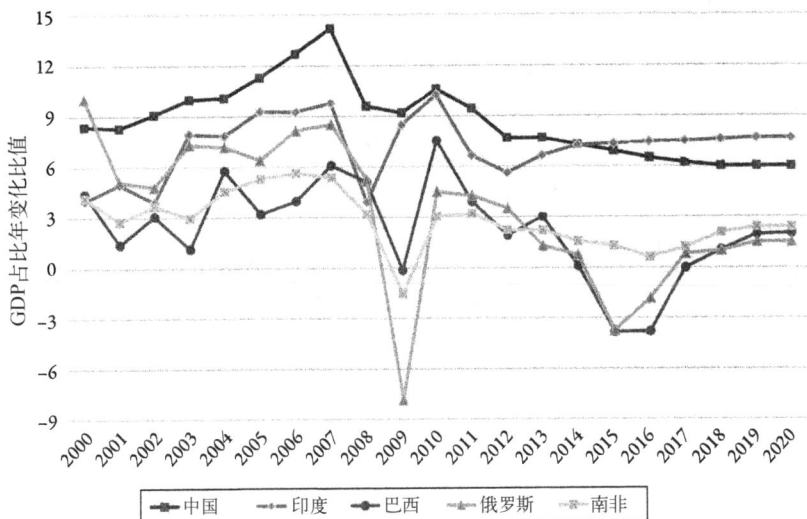

图 2.4

---

① Dobbs et al., "Debt and (Not Much) Deleveraging"; World Bank, China Economic Update; and Eswar Prasad, Testimony Before the U.S. China Economic and Security Review Commission, April 27, 2016.

2016 年全球制造业竞争力指数（Global Manufacturing Competitiveness Index）也显现了类似的发展趋势。该信源认为，中国是全球顶尖的两个制造业大国之一，而到 2020 年印度有望从第十一位升至第五位。在此期间，巴西从 2010 年的第五位跌落至 2016 年的第二十九位，俄罗斯从第二十位下滑至第三十二位。①

作为一个整体，新兴市场的增长自 2010 年左右以来开始放缓，目前低于其长期平均水平，从 2010 年的 7.6% 下降至 2015 年的 3.7%。遵照这一发展模式，金砖国家的经济增速也有所放缓，同期平均增速从 9% 降至 4%，这反映出中国经济增长放缓、俄罗斯（自 2014 年以来）和巴西（自 2014 年以来）的经济衰退以及南非经济的长期疲软。增长放缓很明显是一种全球现象，尽管美国的表现一直强于其欧洲伙伴。随着金砖国家进一步融入全球经济，溢出效应的可能性也将随之增长，不仅体现在正向的良性循环中，而且（正如现在所显现的那样）还会产生反向的负面效应。例如，世界银行正担心一场由于金砖国家经济疲软与金融动荡交织在一起而引发的"完美风暴"式风险。②对其他经济体可能的间接影响也是金砖国家全球影响力的指标，无论其是有意还是无意。

最后，与其他新兴经济体一样，所有金砖国家都必须面对"中等收入陷阱"，因为通常在以 2005 年国际不变价格测算的人均 GDP 水平达到约 1.6 万美元时，相较于发达经济体容易赶超的生产率增长动能正逐渐耗尽。③尽管分析师们在中国仍有多少余地以提高生产率并维持相对快速增长这一点上还有分歧，但世界银行认为，"（即使中国）实施了急需的结构性改革，在未来几十年里也不会扭转经济增速适度放缓这一趋势"。④除

① 2016 Global Manufacturing Competitiveness Index, 1, 13.
② World Bank, *Global Economic Prospects* (January 2016), 195.
③ IMF 数据库中的 192 个国家和地区中，有 144 个国家和地区的人均收入不到美国人均 GDP 的一半，而包括中国在内的 102 个国家和地区的人均 GDP 不到美国的 25%。Steve Johnson, "Emerging Markets to Slow as Convergence Theory Takes Hold," *Financial Times*, June 2, 2016。
④ World Bank, China Economic Update, June 2015, 22.

非金砖国家能成功地解决机制改革和确保强劲增长所必须的劳动生产率提高这两个问题，他们成为举足轻重的全球规则制定者和维持重要地区大国地位（见第五章）这一集体志向是否能达成是值得怀疑的。尤其是俄罗斯和中国，如果无法提高生产率，劳动力人口的缩减将限制消费并迟滞整体经济增长速度。中国的劳动力人口在 2012 年达到顶峰，随着人口老龄化的来临，中国高企的劳动力参与率预计将从 70% 下降到 2030 年的 67%。①

一个崭新的多极化世界？

相对经济实力如此大规模的演变有什么政治内涵？它们对现有或将来的国际关系会带来哪些变化？更直接地说，除了原始资源要素禀赋，还有什么能把一个有能力的大国转变为一个强国？本节首先更翔实地探寻了中国相对实力的提升。然后，它提出了一个没有明确予以回答的问题，即何时以及是否应该将增强的能力视为向新的国际战略平衡（例如，向两极或两极—多极国际体系）的演变。本节的结尾提出了以下看法：迄今为止，金砖国家中某些国家（主要是俄罗斯和中国）经济实力的增强，会伴随着军事实力的相应提升。

2011 年，由首位中国籍经济学家林毅夫领导的世界银行经济学家们，提出"新兴市场"终于"兴起"，并且乐观地预计金砖国家和其他高速成长的大型经济体，将为推动"经济结构、权力和影响力"向"新的多极化世界经济的巨大转变"做出贡献。②在接下来的五年时间里，中国的表现符合世界银行的高预期，而其他金砖国家也跻身万亿美元经济体的

---

① *Global Growth：Can Productivity Save the Day in an Aging World?* MGI, January 2015.

② World Bank, *Global Development Horizons 2011— Multipolarity：The New Global Economy*；Justin Yifu Lin, "Are We Prepared for a Multipolar World Economy?" Project Syndicate, June 2, 2011；Jamus Lim, "A New Multipolar World Economy," *World Bank Blog*, May 17, 2011。提请注意的是，世界银行的多极化指数是按标准化的赫芬达尔—赫希曼指数(Herfindahl-Hirschman index)计算的，该指数反映了排名前十五位的经济体的 GDP 以及对全球经济增长贡献的份额，计量时间为超过五年的滚动平均值。

行列，虽然这一过程并非一帆风顺。到 21 世纪的第二个十年，金砖国家都将成为各自地区内最大、最强的国家。①金砖国家的当前人口合计占世界总人口的 42%，而七国集团只占 11%。此外，金砖国家占全球商品贸易总量的 17%，占全球商业服务总额的 13%，占世界农业生产总量的 45%。②

在当前及未来的经济和金融实力方面，中国的进步尤其令世人瞩目。接下来将对此进行评述，然后在本章第三节，在金砖国家组织的框架内对此进行横向比较。中国和金砖国家无须弥合其与美国和七国集团之间的所有差距，以提升其作为重要地区强国的影响力，或达到足以实现其集体金融治略抱负的发展水平。

首先，中国占据了三分之一至一半的全球收入增量和贸易增量。③即使其经济增速逐渐放缓，但按绝对值计算，中国仍将是全球贸易最大的单一贡献者。2015 年，约 13.8%的全球贸易量来自中国，使其成为世界上最大的出口国，超过了美国（9.1%）和德国（8.1%）。④理查德·鲍德温（Richard Baldwin）将本章先前关于 G7 占世界 GDP 份额下降的论述与向贸易全球化的转变联系起来。他指出，自 1980 年代末以来，交流通信成本的下降，使得 G7 国家的创新成果得以通过离岸工厂传播，也使得知识诀窍通过同期形成的全球价值链（GVCs）得以大规模流动。这导致世界从"大分化"时代（1820 年至 1990 年，此时 G7 创新成果仍停留在 G7 内部并且全球化伴随着 G7 在世界贸易和收入中比重的上升），迈向"大趋同"时代（1990 年至今，在此期间全球化的运行机制发生变化，G7 在全球收入和出口中的比重

① 此处假设南非的所处区域是南部非洲。在整个非洲大陆上，尼日利亚人口更多，GDP 也更高。然而，尼日利亚的治理问题更加严重，因此它没有具备充当地区领导者的条件和地位。

② "Strategy for BRICS Economic Partnership," BRICS Summit, Ufa, Russia, July 8–9, 2015.

③ IMF, WEO Database (October 2015); DRC and World Bank, *China 2030*; and Zhu, "Understanding China's Growth."

④ WTO, "Trade Growth to Remain Subdued in 2016 as Uncertainties Weigh on Global Demand," Press release, April 7, 2016, http://www.wto.org/english/news_e/pres16_e/pr768_e.htm.

也猛然下跌）。在后一时期，南北半球共享生产蓬勃发展，不仅使七国集团作为"知识拥有者"受益并惠及发展中国家——主要是中国——的工人，帮助中国数亿人摆脱贫困并制造了世界上庞大的中产阶级。①到 2010 年，七国集团在全球收入中所占的份额已缩水至 1900 年的水平，而从 1970 年到 2010 年，七国集团在全球制造业中所占的份额下降了 24 个百分点；中国同期则增长了 18 个百分点（自 1990 年以来增长了 16 个百分点）。②

　　中国在许多领域已不再拥有低成本优势，因此正开始向价值链上游攀升以在高附加值产品上获取市场份额，同时中国国内市场中的服务业和制造业占比不断提升。民营加工出口商使用国产材料替代进口，这使得中国出口产品中的原材料国产化比率在 2007 年上升至 70%。③这种替代是由该国的贸易和投资自由化所引发，并加深了其参与 GVCs 的程度，使得更多种类的国产材料可以更低的价格融入全球价值链。自由化鼓励中国的中间产品生产商扩大其产品种类，中国的出口商开始采购更多的国内中间产品并减少对进口的依赖。④从 1993 年到 2014 年，中国出口产品中来自国外的零部件比例从 60% 以上下降到 35%。⑤考虑到中国的国际制造业和贸易地位已经不再如著名的 iPod 案例所揭示的那样，被仅仅视为"世界加工厂"，⑥专家们震惊地发现中国的贸易模式已经不再与墨西

①　Richard Baldwin, *The Great Convergence: Information Technology and the New Globalization* (Cambridge, MA: Harvard University Press, 2016).

②　Richard Baldwin and Javier Lopez-Gonzalez, "Supply-Chain Trade: A Portrait of Global Patterns and Several Testable Hypotheses," *World Economy* 38, no. 11 (2015): 1682–1721.

③　This paragraph draws primarily on Hiau Looi Kee and Heiwai Tang, "Domestic Value Added in Exports: Theory and Firm Evidence from China," *American Economic Review* 106, no. 6 (2015): 1402–1436.

④　Ibid. See also Xiaolan Fu, *China's Path to Innovation* (Cambridge, UK: Cambridge University Press, 2015).

⑤　Shawn Donnan, "'Peak Trade' and China's Role in 5 Charts," *Financial Times*, November 19, 2014.

⑥　Jason Dedrick, Kenneth L. Kraemer and Greg Linden, "Who Profits from Innovation in Global Value Chains? A Study of the iPod and Notebook PCs," *Industrial and Corporate Change* 19, no. 1 (2010): 81–116; Baldwin and Lopez-Gonzalez, "Supply-Chain Trade"; and Brooks and Wohlforth, "The Rise and Fall of the Great Powers".

哥类似，而是处在（产业链的）"非常上游和非常下游的产品端"带有明显的复进口关系和活动的特征。①

第二，据世界银行估算，到 2030 年全球投资在工厂、设备和基础设施中的股本总额约为 158 万亿美元（以 2010 年美元汇率计价），其中一半份额将属于发展中国家，同时它们在全球总投资活动中的比例预计将增至三倍，从 2000 年的五分之一增加到五分之三。其中，中国预计将占全球投资总额的 30%，而巴西、印度和俄罗斯的合计投资总额预计将增至13%。②自该初步预测报告发布以来，中国通过"一带一路"倡议和其他倡议进一步扩大对外投资，从 2009 年到 2014 年，其对外投资额平均每年增长 19%。③"一带一路"倡议的既定目标将达到 4 万亿美元的投资额度，远高于2 300 亿美元的现有项目融资额。④

一些观察人士认为，随着中国在 2011 年至 2015 年间（以其净国际投资头寸衡量）的累计盈余达到 1 万亿美元，超过了日本的 2 000 亿美元，中国有望成为全球最大的净债权国。⑤因中国（以及其他金砖国家组织成员）债权国地位而随之涌现的能加强中国在本国及集体金融治略方面领导地位的良机众多：如用以支持俱乐部倡议的新开发银行（NDB），其主要功能是提供开发和基建融资；以及应急储备安排，其运营机制类似于 IMF（或事实上的美联储），主要提供应急流动资金安排（见第三章）。债权人希望在现有全球治理安排中相应地发挥更多的正式和非正式影响力，就像

① Baldwin and Javier Lopez-Gonzalez, "Supply-Chain Trade," 1714. See also David Autor et al., *Foreign Competition and Domestic Innovation: Evidence from U.S. Patents*, NBER Working Paper No. 22879, December 2016.

② World Bank, Global Development Horizons, *Capital for the Future: Saving and Investment in an Interdependent World*, 2013.

③ Spencer Lake, "China Set to Overtake the US as an Outward Investor," *Financial Times*, June 30, 2015.

④ Simeon Djankov, "The Rationale Behind China's Belt and Road Initiative," in *China's Belt and Road Initiative: Motives, Scope, and Challenges*, ed. Simeon Djankov and Sean Miner, Peterson Institute for International Economics, March 2016, 6.

⑤ David Dollar, "China as a Global Investor," in *China's New Sources of Economic Growth. Vol. 1: Reform, Resources, and Climate Change*, ed. Ligang Song et al. (Canberra: Australian National University Press, 2016), 197－214.

中国和金砖国家在布雷顿森林体系中所寻求的那样。类似地，中国可以对债务国如美国施加潜在影响力，如果它准备付出高昂的代价来实现其目标（见第四章）。

第三，中国政府意识到创新能力的差距并已着手采取若干举措，在生产中进行自主创新，并为生产率提升和经济增长提供新动能，特别是在研发（R&D）领域，其薄弱的知识产权保护是一个障碍。结果便是，中国在全球制造业增加值中的占比增长至三倍多，在 2004 年至 2014 年间从8%上升到 25%。①据麦肯锡和其他评估报告统计，在更为高精尖和知识密集型的行业里，如太阳能电池板（中国占该领域全球收入的 51%）、施工机械（19%）和电气设备（16%）以及在中国目前占 41%全球市场份额的高速铁路领域，中国的竞争力正日益加强。②

中国作为全球制造业领先者的成就，部分源于其由供应商、工人、服务（外包）公司和物流供应商组成的庞大的生态系统。在某些领域，中国的创新者可以利用本国工业生态系统中的供应链合作伙伴，成为全球市场的翘楚，比如在小型民用无人机领域，一家中国公司目前掌控着大约 70%的市场份额。③相比之下，中国在基础工程学和基础科学的创新方面所取得的成就则喜忧参半，这反映了中国在其巨额研发支出中只有 5%用于基础研究。因此，在能反映高质量专利技术指标的三方同族专利的申请备案数量上，中国在 2012 年的申请数量仅为美国和日本企业的十分之一。④然而，中国的应对之策是采取"走出去"经济战略推动研发，在这一点上，其他金砖国家是远远滞后的。在 2016 年上半年，在绿地（创建）投资方面，中国是全球最大的外国直接投资者（FDI），在海外直接投资总量上位列第三，仅次于美国和德国。⑤这些投资与中国的"一带一

---

① Jonathan Woetzel et al., "The China Effect on Global Innovation," *McKinsey & Company* (2015).

② Ibid.

③ Ibid., 18; and "Commercial Drones: Up," *The Economist*, April 11, 2015.

④ Ibid., 15 - 20.

⑤ Jacopo Dettoni, "Chinese R&D Goes Global," *Financial Times*, August 31, 2016.

路"倡议交相呼应，既服务于国内经济结构调整，也服务于全球地缘经济整合。

所有金砖国家都在一个领域奋勇争先，那就是从它们的工业巨头那里获取利益，这些工业巨头们掌管着已融入全球经济的大型民营企业。根据卡洛琳·弗洛因德(Caroline Freund)的新近研究，当中国的阿里巴巴和富士康、巴西的 WEG 和印度的巴拉特锻造(Bharat Forge)等大型的、全球性的、快速增长的企业创建时，它们的巨额财富和大规模创新活动与经济现代化之间存在着正向的关联关系。这些巨型企业及其创始人一直是金砖国家经济增长和结构转型的源动力。从 1996 年至 2014 年间，它们合计贡献了 30% 的新增财富，40% 的全球实际经济增长(按 PPP 测算)，在新入选"财富 500 强"公司中所占的比例则更大。①到 2025 年，45%的"财富 500 强"公司和世界上 50% 的亿万富翁预计都将来自新兴经济体；中国以及(略逊于中国的)印度在这些大型企业中所占份额位居新兴经济体之首。②

然而，人们有合理的理由怀疑，中国能否在创新能力以及全球企业的主导地位方面与美国匹敌。根据肖恩·斯塔斯(Sean Starrs)2013 年的缜密分析，美国公司仍然主导着大多数行业，在先进产业，如航空航天、软件和金融服务领域，美国的主导地位自 2008 年以来还有所上升。③只有三个行业显示出美国的相对衰落和中国的崛起：银行、建筑和电信。此外，美国还拥有 46% 的世界 500 强企业，其中的 13% 注册在美国海外。同样，波士顿咨询集团(BCC)2016 年调查统计的前 50 家"最具创新力的

---

① Caroline Freund, *Rich People, Poor Countries: The Rise of Emerging-Market Tycoons and Their Mega Firms* (Washington, DC: Peterson Institute for International Economics, 2016), 67.

② Ibid., 65 - 66.

③ In addition to those cited earlier in this chapter, see Sean Starrs, "American Economic Power Hasn't Declined—It Globalized! Summoning the Data and Taking Globalization Seriously," *International Studies Quarterly* 57, no. 4 (2013): 817 - 830; and Michael Beckley, "China's Century? Why America's Edge Will Endure," *International Security* 36, no. 3 (Winter 2011/2012): 41 - 78.

公司"中，有 34 家包括前 5 家都来自美国，10 家来自欧洲，6 家来自亚洲。此外，北美公司的市场份额也在增加，从 2013 年的 44%攀升到 2016 年的 68%。①

正如在快速变化时期所预想到的那样，对中国未来实力进行全面均衡的评估会得出不同结论。麦肯锡 2015 年的一份报告认为，大多数新兴经济体的企业尚未形成发达经济体跨国公司所特有的那种全球拓展能力。②例如，中国前五大公司的海外收入仍然不到总销售额的 10%，相比之下，非中国跨国公司的这一比例则为 30%到 70%。麦肯锡报告称，如果中国企业要以更大更快的步伐走向全球，一部分可通过并购，另一部分还可通过在海外市场获取人才和技术诀窍（来实现），这可能是提高创新、生产率和竞争力的有效途径之一。③

与之相似的是，阿里巴巴、腾讯、百度和小米等民营企业有望被激发成为全球领军者，但与受益于大规模政府支持以及在国内市场上处于主导地位的国有企业相比，它们的营收仍相对较小。④中国还拥有世界第二大数量的"财富 500 强"企业，五年来从 2010 年的 46 家增至 2015 年的 98 家，而美国企业的数量则有所下降，从 2000 年的 179 家下滑至 2010 年的 139 家以及 2015 年的 128 家。尽管中国有望于 2020 年在这一排名上超越美国，但中国的前几名大多是大型国有银行或本土冠军，而非全球领军者。这是中国反制美国和西方国家针对中国式市场经济的贸易和金融歧视规则的一个重要动因。许多中国分析人士认为，国家在经济中的角色增强了中国"在国际市场上的竞争优势，从而危及美国的利益"，同时也得以大规模介入干预（经济）以纾解危机。⑤

---

① Michael Ringel et al., *The Most Innovative Companies 2016: Getting Past "Not Invented Here,"* *BCG*, January 2017, https://www.bcgperspectives.com/most-innovativecompanies-2016/.

② Dobbs et al., *No Ordinary Disruption*, 11, 14, 50, 54.

③ Ibid.

④ "The New China Playbook," Boston Consulting Group (December 2015).

⑤ Niu Xinchun, "Sino-U.S. Relations: Ideological Clashes and Competitions," in Shao, *The World in 2020 According to China*, 298 - 299.

与此同时，中国和其他金砖国家必须意识到民营部门取得了更大的成就。例如，埃克森美孚的销售收入远低于中石化，但其利润至少是中石化的六倍。①然而，麦肯锡坚持预测"在未来十到十五年里，西方跨国公司长期以来的主导地位可能会被推翻"。②

经济繁荣和地缘政治影响力

鉴于中国和其他金砖国家伙伴的经济实力和潜力不断增强，关键问题就在于它们能否将经济繁荣转化为军事能力和地缘政治影响力，以及是否存在以此目的而进行合作的集体意愿。理查德·贝茨在1993年就对中国崛起的影响进行了一项早期的重要研究分析，他预估，中国的人均GDP只要达到美国人均GDP的四分之一（按购买力平价计算），就能赶上美国的经济总产出。③在2016年，中国达到了23.4%这一必要数值，人均GDP为14 107美元，以购买力平价计算的总产出已经超过了美国。以市场汇率计算，中国目前7 990美元的人均GDP是美国水平的14.3%，其经济总量为美国产出的61%。印度经济（赶超美国）的转折点同样是24.9%，但印度2016年的人均GDP只有6 162美元，相当于美国水平的11%，而其GDP总量仅为美国产出的44%。其他金砖国家没有一个有可行性机会赶上美国经济；按照目前的人口规模，俄罗斯需要达到美国人均GDP的220%，才能与美国GDP总量并驾齐驱，而巴西则需要达到157%。此外，考虑到两国之间的竞争关系，中国和印度是金砖国家中最不可能从军事或地缘政治合作中获益的国家。

由于中国的崛起，一些现实主义者开始质疑地区均势是否"有待争夺"。贝茨认为，美国"如果不承担像是为结束冷战而付出的那样无

---

① *Fortune*, Global 500, 2015.

② Dobbs et al., *No Ordinary Disruption*.

③ Richard K. Betts, "Wealth, Power, and Instability: East Asia and the United States After the Cold War," *International Security* 18, no. 3 (1993): 34 – 77.

法想象的代价，将无法在军事上主导东亚"。①二十多年后，中国开始在东海和南海的地缘政治上施加影响力，在岛屿上建立前哨基地，并通过"一带一路"倡议、亚洲基础设施投资银行及金砖国家组织在地缘经济上施加影响。北京有至关重要的利益需要捍卫，包括每年 5.3 万亿美元的贸易和占其总消费量 61% 的石油进口，这些石油通过南海运入中国的油轮港口。中国并不完全接受美国对海上航道的保护，而后者则认为这是不折不扣的公共产品。而且随着实力的增强，中国的雄心壮志似乎也在扩展。②此外，中国还有能力提供经济刺激来达到其目的。尽管俄罗斯将经济实力转化为地缘政治影响力的潜力从长期来看正在下降，但从俄罗斯在原苏联地区的强势行为中也可得出类似的结论。

将经济实力转化为军事实力？ 地区影响力而非集体行动

军事实力指标是衡量金砖国家全球地位的一项指征，而这反过来又影响到金砖国家实现自主行动策略的潜力以及在其他治国领域，特别是在各自所在地区支持本国的或集体政策的能力。然而，考虑到金砖国家不是一个联盟，而且成员国之间存在重要的政治分歧和地缘政治竞争，因此，加总金砖国家的国防预算毫无意义。最初的金砖四国在军费开支方面都位居全球前十一位。俄罗斯、印度和中国还是核武器国家。巴西和南非都有核武器计划，但它们分别在 1980 年代和 1990 年代自愿放弃了该计划。

就全球而言，一个重要的转折点发生在 2012 年，当年亚洲国防

---

① Richard K. Betts, "Wealth, Power, and Instability: East Asia and the United States After the Cold War, " *International Security* 18, no. 3 (1993): 36.

② Barry R. Posen, "Command of the Commons: The Military Foundation of US Hegemony, " *International Security* 28, no. 1 (2003): 5 - 46; and John W. Lewis and Xue Litai, "China's Security Agenda Transcends the South China Sea, " *Bulletin of the Atomic Scientists* 72, no. 4 (June 2016): 212 - 221.

开支（不含澳大利亚和新西兰）超过了北约欧洲成员国的国防开支，这部分反映出欧洲高企的债务与 GDP 比率所产生的影响以及国防开支的大幅紧缩，使得北约欧洲成员国的 2012 年名义国防开支缩减至 2006 年的水平。尽管西欧国家在冷战结束后就开始削减国防预算，但在全球金融危机爆发后，北约欧洲成员国国防预算的紧缩程度相比其经济下滑幅度更甚，这一趋势只是在俄罗斯处理乌克兰和克里米亚问题后才得以遏制。至 2015 年，亚洲的国防支出比欧洲多出约 1 000 亿美元。[1]

考虑到从长期看 GDP 的增长和军费开支的上升有着密切的联系，[2]值得注意的是，最初的四个金砖国家在世界经济总量前十和国防开支前十这两项中的排名都一直在稳步上升，而这其中伴随着美国，尤其是它的盟国在全球国防开支中所占份额的大幅下降。如表 2.1 所示，从 2007 年至 2016 年间，中国的国防开支飙升了 118%，而俄罗斯、印度和巴西的国防预算则分别增长了 87%、54% 和 18%。从 2010年至 2015 年间，中国国防开支与美国国防开支的比例从 18% 上升到36%。如果中国继续保持两位数的年增长率，中国的国防开支将在2025 年后接近美国的水平。[3]此外，中国在亚洲的军费开支中已经占据了主导地位；中国的国防开支是日本的五倍。[4]至 2020 年，中国的军事预算预计将超过整个西欧，到 2025 年，将超过亚太地区所有其他国家的总和。[5]

---

[1]　International Institute for Strategic Studies（IISS），*The Military Balance 2016*；and Stockholm International Peace Research Institute（SIPRI），*Trends in World Military Expenditure 2016*（April 2017）.

[2]　Jonathan Ablett and Andrew Erdmann，"Strategy，Scenarios，and the Global Shift in Defense Power，" *MGI*（2013）.

[3]　IISS，*The Military Balance*；SIPRI，*Trends in World Military Expenditure 2016*.

[4]　2000 年，日本的国防开支还是中国的两倍。Anthony H. Cordesman with Joseph Kendall，*Chinese Strategy and Military Modernization in 2016*，CSIS，2016。

[5]　Jane's Annual Defence Report，2016.

表 2.1

全球国防开支排名及趋势, 1993—2016

全球排名					国防开支占 GDP 份额(%)		
2016	1993[b]	国家	开支 2016($ bn,MER)	变化 2007—2016(%)	全球份额 2016(%)	2016	2007
1	1	美国	611	−4.8	36	3.3	3.8
2	3	中国	215[a]	118	13[a]	1.9[a]	1.9[a]
3	2	俄罗斯	69.2	87	4.1	5.3	3.4
4	9	沙特	63.7[a]	20	3.8[a]	10[a]	8.5
5	13	印度	55.9	54	3.3	2.5	2.3
6	4	法国	55.7	2.8	3.3	2.3	2.3
7	7	英国	48.3	−12	2.9	1.9	2.2
8	5	日本	46.1	2.5	2.7	1.0	0.9
9	6	德国	41.1	6.8	2.4	1.2	1.2
10	10	韩国	36.8	35	2.2	2.7	2.5
11	8	意大利	27.9	−16	1.7	1.5	1.6
12	15	澳大利亚	24.6	29	1.5	2.0	1.8
13	19	巴西	23.7	18	1.4	1.3	1.5

资料来源: Trends in World Military Expenditure, SIPRI (2016); World Military Expenditures and Arms Transfers (WMEAT) 1993‑1994, U.S. Arms Control and Disarmament Agency (1995); C. Roberts calculations.

[a] SIPRI estimates. Dollar figures are current prices and exchange rates, while figures for percentage changes over time are in constant (2015) US dollars.

[b] WMEAT rankings are based on current prices and exchange rates.

　　西方国家国防开支的下降是一个更为宏观的客观现实的表征，即美国的主要盟友在全球经济、人口和军事上的权重正在下滑。如图 2.2 所示，至 2025 年，金砖国家在全球 GDP 中所占份额(以购买力平价计算)将按既定步伐稳步发展超越七国集团，而事实上，欧洲和日本的衰退是推动这一显著趋势的主要因素。据麦肯锡称，在 1991 年后的二十年时间里，欧洲和日本在全球研发支出中所占的合计份额下降了 11%。相比之下，中国同期在全球研发支出中所占的份额则从 1% 增加到了 9%。2016 年，美国在全球研发领域中的份额预计为 26.4%，而中国的相应份额预计为 20.4%。按绝对值计算，中国的研发支出仍低于美国，但差距正在缩小。同时，高速增长的印度目前是世界上第六大研发支出国，预计将于2018 年在研发投资总额上超过韩国（第五）和德国（第四）。①除了与经济潜力密切相连外，四分之一个世纪后，研发投入还与一国的军事装备质量息息相关。②

尽管将军事实力的优势与一国总体经济规模或国防开支水平的领先趋势混为一谈是种谬误，但人们可以从当下的美国观察到这些维度之间的一些联系。随着美国相对经济实力的下降，一些外交政策现实主义者倾向于美国对外政策的适度收缩，他们得出的结论是，"维持主导地位的代价过于昂贵"。③其他分析人士则更倾向于诉诸自由主义的政策处方，将繁荣、开放的市场和机制化国际合作放在优先地位。然而，美国仍然在国防领域占据全球主导地位；在资本力量方面，通过其领先的跨国公司、开放创新的经济和有利的人口结构；在软实力方面，通过其强大的民主制度和华盛顿对布雷顿森林体系的领导；以及无数其他的方式来维系其全球主导地位。④此外，美国和其他发达工业国家在金融方面的相对实力优势是大于经济上的，这意味着上述概论低估了美国头号地位的结构性影响力。绝大多数国际贸易以美元结算，美国拥有最大的金融市场

① 2016 Global R&D Funding Forecast, *R&D Magazine*, Winter 2016; and National Science Foundation (NSF), "International Comparisons of R&D Performance," NSF Statistics, 2014.

② Ablett and Erdmann, "Strategy, Scenarios, and the Global Shift."

③ Betts, "Wealth, Power, and Instability," 36 – 37; Daniel W. Drezner, "Military Primacy Doesn't Pay (Nearly as Much as You Think)," *International Security* 38, no. 1 (2013): 52 – 79。最新的关于美国收缩和深度接触大战略的探讨，请参见 Barry R. Posen, *Restraint: A New Foundation for US Grand Strategy* (Ithaca, NY: Cornell University Press, 2014); and Stephen Brooks and William Wohlforth, *America Abroad: The United States' Global Role in the 21st Century* (New York: Oxford University Press, 2016)。

④ Brooks and Wohlforth, *America Abroad*; Jeffry Frieden, *Global Capitalism: Its Fall and Rise in the Twentieth Century* (New York: W. W. Norton, 2006); Dani Rodrik, *The Globalization Paradox* (New York: W.W. Norton, 2012); and Michael Mandelbaum, *The Case for Goliath: How America Acts as the World's Government in the 21st Century* (New York: Public Affairs, 2006).

和票据清算银行，当然，美元还是主要的储备货币。

美国还巧妙地调整了此类政策工具，以新的开拓性的方式来维护其主导地位，其中一些方式使美国得以利用其金融实力来抵补其在世界经济中所占份额的下降。例如，华盛顿将通过全球银行系统接入美国金融体系的权限视为禁脔，这使得他国更易暴露在此类权限受阻而带来的风险之下。[1]2008 年至 2009 年的全球金融危机时期，美联储（和欧洲中央银行）是唯一有实力注资以应对流动性短缺、银行倒闭和市场冻结的机构，这充分展示了其重要性远胜于国际货币基金组织。中国和其他非西方的地区强国是否也会开始蚕食这些优势？这些优势是否会被中国和金砖国家的其他能力反制或消解？这些问题将在下一节以及本书第三章和第四章中予以讨论。

简言之，在过去的四分之一个世纪里，金砖国家（其中最为突出的是中国）在全球经济中所占权重的相对上升是举世瞩目的。这些变迁并不必然转化为相关权力，更不用说是结构性权力了。然而，它们可能会赋予金砖国家更多机会，通过在国际事务中按照本国和集体意愿独立行事以实施更大的自主性。[2]

金砖国家的全球金融及货币实力

本节具体论述金砖组织五个成员国的金融实力。一般来说，它们在国内和国际金融领域的深入度和成熟度都有所提升，但并不均衡。总体而言，金砖国家目前的金融和货币实力落后于它们相对于主要发达工业经济体的明显的经济增长。随着 2008 年全球金融危机的爆发，金砖国家的演进发展交叉出现了两个转折点。首先日益明显的是，金砖国家（尤其

---

[1] See Juan Zarate, *Treasury's War: The Unleashing of a New Era of Financial Warfare* (New York: Public Affairs, 2013); and Blackwill and Harris, *War by Other Means*.

[2] On global trade, see Kristen Hopewell, *Breaking the WTO: How Emerging Powers Disrupted the Neoliberal Project* (Stanford, CA: Stanford University Press, 2016).

是中国)作为全球贸易国家领头羊的相对优势,与它们相对较低的国际金融地位之间的关系错配。尽管金砖国家已成为主要债权国,但它们并非全球股权市场中的主要玩家,它们的货币在贸易交易中不常被使用(更不用说作为储备货币了),它们的企业无法引领跨国投资,它们也不是主要的全球金融中心。例如,就在 21 世纪的头十年中期,金砖国家在全球外国直接投资存量中所占的份额还只有微不足道的 3.3%(5 100 亿美元),而流量也小于它们的经济权重,金砖国家的合计对外直接投资总额小于意大利,中国的对外直接投资总额小于巴西和俄罗斯。①此外,所有金砖国家,尤其是中国,由于将其外汇储备集中在高等级、低风险的外国政府国债上作为储备资产,而不是寻求更高收益的投资,正蒙受越来越大的损失。

其次,金砖国家政府意识到,尽管西方金融霸主继续主导全球金融市场和金融治理进程,但它们未必是技高一筹或值得信赖的管理者。全球金融危机强化了这样一种观点,即金砖国家需要更为坚定有力的防卫措施,以抵御美国的影响力和美元的过度特权,并防范美国金融管理不善带来的冲击蔓延扩散。

第三章和第四章讨论了中国和金砖国家为提升其国际金融和货币地位而采取的集体金融治略举措,本节简要介绍了在这些方面尚处初始阶段但又意义重大的转变。金砖国家与守成大国,尤其是主要发达工业国的比较研究贯穿于全文。

第一部分首先从比较研究的角度审视了金砖国家国内金融机构及金融市场的结构和健康程度,其前提假设是,只有达成最低限度合格标准的国内金融绩效,才能在全球金融治理中发挥积极作用。第二部分将转而探讨金砖国家国内市场在与全球投资流动和参与者的互动进程中的开放度,而第三部分将评述某些金融资产和资源在金砖国家之间的分布格

---

① Markus Jaeger, "BRIC Outward FDI: The Dragon Will Outpace the Jaguar, Tiger, and Bear," *Transnational Corporations Review* 1, no. 3 (2009): 2.

局，这些资产和资源可能有助于其实施进取型或防御性的国际金融治略。

基石：金砖国家的国内金融

金砖国家国内金融体系有多强大和稳固？我们似乎有理由认为：多元化的、充满活力的，但又审慎稳健的国内银行和资本市场，一个能保护金融产权的坚实的国家管控及法律框架，以及透明的监管和规治，都是一国领导人行使国际金融权力的先决条件。金砖国家在这些方面表现如何呢？

表 2.2 追踪统计了七国集团和金砖国家股市的规模和表现。它显示了七国集团和金砖国家在 2005 年、2010 年和 2016 年这三年的股票市值占全球总市值的比例。从 2005 年到 2016 年间，七国集团的份额下降了 10 个百分点，从 73% 下降到 63%，其中大部分份额的丢失来自西欧和日本的相对下降。在此期间，金砖国家占全球总市值的比重从 7% 上升到 22%，大幅上升 15 个百分点，其中绝大多数（11 个百分点）是由中国证交所的股票市值增加所致。

中国在金砖国家组织中再次脱颖而出，其占全球总市值的份额从 2010 年的 8% 上升到 2015 年的 10% 并跃居全球第二。尽管经历了相当大的震荡波动，中国现在是除美国（和十年前的日本）之外唯一一该份额占比达到两位数的国家。考虑到中国在 2005 年仅占 1% 的份额，而且其国内市场也只是即将向全球投资者开放，这一成就确属亮丽非凡。许多专家预计，目前有大量观望资金将流入中国。截至 2016 年 6 月，如表 2.2 所示，中国有 2 800 多家国内公司，但没有外国公司在中国的交易所上市（不包括 94 家在中国香港上市的外国公司）。同样，在印度和俄罗斯上市的外国公司也不足 4 家，而在西方国家中，只有日本对外国公司的参与相对封闭。另一方面，中国的市场流动性和交易量目前高于除美国以外的所有七国集团国家。

表 2.2

股票市场：G7 与金砖国家

资本市场与国家与地区	百万美元		占全球总市值份额			占 GDP 份额		上市公司总数	国内上市公司	国外上市公司	市场流动性 股票市值 占 GDP 份额		市场份额 股票市值 占资本市场份额	
	2016	2010	2016	2010	2005	2014	2010	2016	2016	2016	2014	2010	2015	2010
全球	**66,660,631**	**51,452,952**												
美国	25,724,982	17,283,452	38.6	33.6	41.2	151.2	115.5	5,215	4,330	885	223.8	240.7	165.1	208.4
日本	4,772,751	3,827,774	7.2	7.4	10.5	95.1	69.7	3,521	3,512	9	105.3	77.7	113.8	111.6
*伦敦证券交易所集团	3,719,417	1,868,153	5.6	3.6	7.7	...	66.9	2,636	2,142	494	78.9	133.7	...	146.4
欧洲交易所	3,419,911	...	5.1	...	4.7	...	...	1,063	940	123	...	...	...	...
德国	1,671,601	1,425,719	2.5	2.8	3.4	44.9	41.8	601	540	61	32.8	43.7	84.2	104.5
加拿大	1,879,629	2,171,195	2.8	4.2	3.0	117.4	134.5	3,495	3,441	54	75.3	87.0	68.8	64.7
意大利	587,312	535,059	0.9	1.0	2.3	27.4	25.2	...	...	...	96.0	31.3	350.0	124.4
G7 总额	41,775,603	27,115,352	62.7	52.7	72.8									
G6（不包括美国）	16,050,620	9,831,900	24.1	19.1	31.6	58.0	66.7							
中国	6,815,773	4,027,840	10.2	7.8	1.2	1,111.4	1,185.9	2,874	2,874	0	115.5	136.7	480.3	205.0
中国香港	2,977,709	2,711,316	4.5	5.3	2.4	498.8	...	1,899	1,805	94	498.8	650.6	65.0	54.9

续表

股票市场：G7 与金砖国家

资本市场与国家与地区	百万美元		占全球总市值份额			占GDP份额		上市公司总数	国内上市公司	国外上市公司	市场流动性 股票市值 占GDP份额		市场份额 股票市值 占资本市场份额	
	2016	2010	2016	2010	2005	2014	2010	2016	2016	2016	2014	2010	2015	2010
印度	2,930,239	3,228,455	4.4	6.3	1.1	76.1	95.5	7,760	7,758	2	35.7	63.3	50.9	66.2
南非	982,528	925,007	1.5	1.8	0.6	266.7	246.4	385	317	68	70.2	73.9	31.8	30.0
巴西	577,804	1,545,566	0.9	3.0	1.0	34.9	70.0	356	345	11	26.7	41.1	85.6	58.8
俄罗斯	486,324	951,296	0.7	1.8	0.9	20.7	62.4	251	248	3	8.6	33.2	29.8	53.3
金砖国家总额	14,770,377	13,389,480	22.2	26.0	7.0									
金砖国家（不包括中国）	4,976,895	6,650,324	7.5	12.9	3.5									

Unit: U.S. dollars (millions)
Most Recent Value (MRV) if data for the specified year or full period are not available; or growth rate is calculated for less than the period.
Euronext: Includes Belgium, France, Netherlands, Portugal, and the United Kingdom. Since 2000, the Paris Bourse has existed as "Euronext Paris," included within the pan-European Euronext. French figures are used instead for 2005.
United States includes NYSE and NASDAQ.
China includes Shanghai and Shenzhen stock exchanges.
India includes BSE Limited exchanges and National. Stock Exchange India.
资源来源：World Development Indicators; World Bank; World Federation of Exchanges; Bloomberg; CEIC.
C. Roberts calculations; Last updated June 14, 2016.

对外国投资者进入中国采取配额体系和其他对资本流动的限制措施，使得中国 A 股被排除在主要指数之外，①如明晟（MSCI）新兴市场指数，全球资本市场估计有 1.5 万亿美元的资产以该指数为基准，是被最多采用的追踪标的。②明晟的案例是全球第二大经济体的市场亟需改革的最好新近例证之一。过去三年，明晟每年都会向中国政府发出信号，说明需要什么样的改革路线图，明晟和市场观察人士都认为，中国只存在何时会被接纳，而非是否会被接纳的问题。尽管中国通过在其他地方（主要在香港和纽约）上市的中国企业的市值份额，已经占明晟新兴市场指数的 27%，但在中国 A 股被分阶段纳入该指数后，其份额的最终上升幅度将会相当可观。如果中国允许进行改革，包括提升投资者的投资款项进出以及将资金汇回国内的便利度，并取消在岸投资配额，那么中国在岸和离岸合计权重可能占明晟新兴市场指数的 40% 以上。③2016 年启动的深港通（Shenzhen-Hong Kong Stock Connect）将 880 家上市公司纳入其中，这也可能大幅增加外资对中国内地企业的投资范围，包括科技类、消费类和医疗保健企业，它们都是中国民营新经济的领军者。④

然而，正如最近的全球金融危机所充分揭示的那样，一国股市的体量和市值可能在一夜之间发生巨变。因此，考察一国金融财技的持久性指标就尤为重要。表 2.3 观察了金融深度、健康度和成熟度的标准比较指

---

① A 股以人民币计价，在 2002 年之前仅限于国内投资者投资。B 股在上海交易所以外币为计价单位（如美元）上市，主要由外国投资者交易。

② 根据明晟 1988 年推出的数据，MSCI 新兴市场指数（MSCI Emerging Markets index）中只有十个国家，不到全球市值的 1%。此后，该指数已发展到涵盖 23 个新兴市场的 800 多只证券，约占全球市值的 11%。金砖国家占 MSCI 新兴市场指数的 42%。"MSCI Emerging Markets," https://www.msci.com/emerging-markets。

③ Jennifer Hughes, "MSCI and China: A-shares Decision Day," *Financial Times*, June 14, 2016; and Chris Wright, "China A-shares Set for MSCI Index Breakthrough," *Euromoney*, March 2016.

④ Peter Wells and Jennifer Hughes, "Will Foreign Investors Bite at China's Shenzhen Link?" *Financial Times*, November 15, 2016. 在 2016 年 5 月的指数评估中，MSCI 还在美国存托凭证中加入了中国新经济产业的增长驱动因子，从而稀释了国有企业占主导的旧经济产业的份额。"How China Is Dominating Emerging Market Funds," *Morningstar*, October 24, 2016。

表 2.3

国内金融结构与表现：G5 和金砖国家

期望分值	间接融资占固定投资总额百分比(%)ᵃ 高	信贷总额/GDP 高	贷款/存款利差ᵇ 低	Z分数 高	资本市场/GDP比率ᶜ 高	公司债券平均期限（年）ᵈ 高
G5						
英国	...	161.7	...	23.1	130.8	12.9
法国	...	114.3	...	9.3	121.4	7.2
德国	31.9	100.5	...	33.5	63.7	6.8
日本	...	106.9	1.8	35.5	139.8	6.9
美国	...	49.4	...	28.9	196.1	29.3
G5 平均值	...	*106.6*	...	*26.01*	*130.4*	*12.6*
金砖国家						
巴西	34.1	61.7	15.8	6.5	88.1	7.5
中国	7.7	124.4	3.0	21.2	93.0	4.7
印度	28.8	47.9	...	34.1	74.6	1.7
俄罗斯	9.1	44.3	3.8	3.1	56.6	8.5
南非	28.5	67.5	3.3	19.4	172.7	11.4
金砖国家平均值	*21.6*	*69.2*	*6.5*	*16.8*	*96.9*	*6.8*
180 个国家中值	...	*36.1*	*6.2*	*14.3*	*40.6*	...

资料来源：World Bank. *Global Financial Development Report 2015/2016*. Washington, DC：World Bank，2016：Appendices A and B. Scores in each category reflect the latest available, usually 2013 or 2014.

ᵃ Percentage of fixed investment financed through the country's financial system.

ᵇ Excess of loan interest rates over deposit interest rates.

ᶜ Stock market capitalization/GDP.

ᵈ Average maturity, corporate bonds（years）.

标。因为并不是所有的指标都为大众所知，所以它的第一行显示了期望分值应该是高分还是低分（即分值是越高越好还是越低越好）。该表格统计了五个最大的发达工业国家和金砖国家每个成员国的总分，以及作为一个集团的未加权几何平均值，最后一行显示了 180 个国家的整体得分中值。毫不奇怪,从表 2.3 中可以看出,G5 发达工业国的国内金融部门在大多数衡量指标上都比金砖国家更成熟、更发达。然而,在所有 180 国的整体层面上,金砖国家通常高于中位分值。

第一列是最重要的表现指标,它显示了企业部门通过一国金融体系所获取的间接融资占固定投资总额的百分比。①(间接融资之外的)其余资金来自企业自身的利润积累,一般认为这是一种资源利用效率较低的方式。在巴西、印度和南非,大约三分之一的企业投资资金通过金融体系获取,与德国类似。②而中国和俄罗斯则更严重地依赖于其他替代性选择:生产性企业自身的积累或政府预算的直接转移支付。因此总体而言,前三个国家的国内金融体系比后两个国家更深入、更发达。

表 2.3 还包括了三个衡量银行系统发达程度的指标:银行贷款总量(信贷总额/GDP)、银行间接融资效率(贷款/存款利差)和衡量银行面对危机时的风险性或脆弱性指标(国家的总体 Z 分数,得分越高表示银行稳定性越好)。中国的银行提供的信贷总量最多,与主要西欧大国相当;而其他金砖四国提供的信贷总量较少,但与美国的银行差不多。论及贷款/存款利差的比较,巴西在信贷市场自由定价领域的贷款利率极其高昂,而中国、俄罗斯和南非的商业银行则提供相对低利率的信贷。③考量 Z 分数,你会发现巴西和俄罗斯的银行看起来风险较高,但是法国的银行也一样。此外一直有报道称,尽管中国各银行的 Z 分数很高,但它们的风险比官方统计数据所揭示的要大得多。④

表格最后两列对资本市场进行了评估。与表 2.2 只统计股票市场的巾

① 在大多数国家,流向"私营"企业的资金,包含流入自主管理的国有企业的银行间接融资和资本市场融资。

② 美国、英国、法国和日本不愿披露这一指标,因为它们经济中的金融中介功能过于复杂,无法正确测算衡量。

③ 实际上,巴西债务人可以获得廉价的中长期贷款。然而,该类贷款由巴西国家经济和社会发展银行(BNDES)而不是商业银行发放。

④ "China's Financial System: The Coming Debt Bust," *The Economist*, May 7, 2016; Don Weinland and G. Wildau, "China Financial Regulator Clamps Down on Shadow Banking," *Financial Times*, May 2, 2016.

值不同，表2.3的"资本市场"指标不仅包含了公司股票的市值，还将公司债券和政府债券的市值也纳入其中予以加总统计。资本市场/GDP比率表明，无论G5还是金砖国家的股票和债券市场规模与本国各自的国民经济体量相比（得出的比率），都是180国整体中位数值的两到四倍。与本国经济体量相比，这十个国家中德国和俄罗斯的资本市场规模最小，而美国和南非的资本市场规模最大。从表2.3最后一列所示的公司债券平均期限来分析，人们可能会注意到，巴西、俄罗斯和南非的公司能够发行平均期限与英国、法国、德国和日本所发行的期限接近的债券。这十个国家中唯一的例外是印度和美国，印度的债券平均期限不到两年，美国则接近三十年。尽管表格中没有显示随着时间推移而发生的变化，但在过去二十年里，所有金砖国家的金融深度和健全度都有所提升。

　　此外，按绝对值计算，中国政府债券和企业债券的市场总规模在短短五年内翻了一番，成为全球第三大债券市场，尽管国际投资者持有的中国债券数量在7.4万亿美元的债券市场总余额中的占比不到2%。[1]此前，接入中国银行间债券市场（CIBM）的唯一途径是通过限定渠道，例如需要事先层层审核的"合格境外机构投资者"（QFII）或"人民币合格境外机构投资者"（RQFII）制度。相比之下，新的CIBM制度取消了配额或限制，增加了机会。[2]为响应人民币被纳入国际货币基金组织的记账单位即特别提款权（见第三章），世界银行也将在中国发行以人民币结算但以IMF的一揽子货币为背书的债券。尽管存在资本管制，但这些计划发行的新债券将为国内投资者提供外汇投资窗口，同时还将拓展特别提款权的使用范围，以挑战美元的霸权地位。[3]本章最后一节进一步详述了以人民币计价的资本市场的发展现状。

---

[1]　Spencer Lake, "China Takes Strides Toward Opening Bond Market," *Blogs.ft.com*, November 5, 2015.

[2]　Standard Chartered, "RMB Investors Forum White Paper：Rise of Next-Generation China Access"（May 2016）.

[3]　Elaine Moore and Jennifer Hughes, "World Bank to Sell China Bonds in Renminbi Boost," *Financial Times*, August 12, 2016.

表 2.4 比较了上述十国国内金融市场发展的全球排名并得出两个重要结论。①首先，因为来自三个不同出处的数据导致关于这十个国家的判断结论不同，这提示我们需审慎对待。第二，尽管如此，榜单的排名总体上印证了我们的观点，即金砖国家内部的国内金融相当发达，因为它们的得分与 G5 国家不相上下互有高低。前两列比较了国际货币基金组织

表 2.4

国内金融市场发展全球排名:G5 和金砖国家

排名来源	整个金融体系		仅银行体系		仅资本市场	
	国际货币基金组织[a]（n=183）	世界经济论坛[b]（n=140）	国际货币基金组织[a]（n=183）	世界银行[c]（n=189）	国际货币基金组织[a]（n=183）	世界银行[c]（n=189）
G5						
英国	3	16	4	19	6	4
法国	11	29	3	79	21	29
德国	14	18	23	28	13	49
日本	8	19	6	79	11	36
美国	4	5	13	2	1	35
金砖国家						
巴西	25	58	15	97	31	29
中国	33	54	57	79	20	134
印度	51	53	102	42	38	8
俄罗斯	32	95	46	42	19	66
南非	28	12	28	59	30	14

Note: Higher-ranked countries have lower numbers.
[a] "IMF" is Katsiaryna Svirydzenka, "Introducing a New Broad-Based Index of Financial Development," IMF Working Paper WP/16/5, Washington, DC: International Monetary Fund, January 2016.
[b] "WEF" is World Economic Forum, *Global Competitiveness Report 2015 - 2016*, Geneva, Switzerland: World Economic Forum, 2015.
[c] "WB" is World Bank, *Doing Business 2016: Measuring Regulatory Quality and Efficiency*, Washington, DC: World Bank, 2016.

---

① 国际货币基金组织的数据集采用了与表 2.3 所用的世界银行数据集大部分相同的基本数据，而表 2.4 所用的世界银行和世界经济论坛数据集则是基于对国际商人的调查。

（引自标示为"金融发展"的复合分析）和世界经济论坛（WEF，判断结果基于"金融市场发达程度"）对整个金融体系的评估。不出所料，G5 的得分高于金砖国家，美国傲视群雄，英国则紧随其后。然而，世界经济论坛将南非的金融体系（发达程度）排在世界第十二位，高于除美国之外的任何 G5 成员国。

中间两列根据国际货币基金组织（对"金融机构"的排名）①和世界银行（通过"贷款易得性"的调查指标）对银行体系进行评估。同样，G5 的得分普遍高于金砖国家。然而，也有一些例外：国际货币基金组织的评价体系给巴西的评级高于德国，而世界银行的被调查对象认为，在日本获得信贷支持比在印度、俄罗斯或南非更难。

最后一列统计的是股票和债券市场的排名，两者合并称为资本市场。这些排名反映了国际货币基金组织（对于"金融市场"）和世界银行基于诚信度和透明度的研究结果（"对少数投资者的保护"）所做出的总体评价。我们在此发现了预想中的新兴中等收入国家模式，其中仅有几处例外。例如，按照世界银行的标准，印度和南非的得分低于除英国以外的任何 G5 国家。即使在金砖国家组织内部，中国保护中小投资者的声誉也不佳，其国内金融行业财务报告颇受质疑。尽管如此，金砖国家国内金融部门的架构和良好表现，显然足以支撑其领导人发挥更大国际作用的雄心。

关联：金砖国家的对外贸易与金融开放

表 2.5 统计了金砖国家与 G5 贸易和金融开放度数据。通常认为，经济自由化是经济增长以及在国际金融市场上发挥影响力的先决条件。卡拉·诺洛芙（Carla Norrlof）等学者指出，国际贸易和金融市场的对外开

---

① IMF 的数据集区分了"金融机构"（主要是指商业银行）和"金融市场"（指股票和债券市场）。

放，对一个有志于在国际金融和货币领域扮演重要角色的国家而言，不仅是大有裨益的，而且从本质上来说是不可或缺的。①同样，引入外国金融机构和竞争机制，同时逐步开放国内金融市场，有助于缓解国内利益集团的压力，并加速金融改革与创新。特别是对于中等收入经济体而言，这些举措有助于改善金融服务和提升资源配置效率。②

然而，金砖国家领导人以及许多西方知名学者都对经济全面对外开放的益处持怀疑态度。③依据他们的判断，资本账户自由化和全球金融治理参与度之间的关系并非是直线性的，而是曲线性的；最低限度的开放无疑是必需的，但更大程度的开放并不会随之带来更多的实施国际金融治略的可能性，特别是对于目前尚未处于全球权力层级架构顶端的国家而言更是如此。相对封闭的金融关联可能会保护新兴经济体免受外部金融风险传导，但这并不一定意味着这些经济体无法在国际金融治理中发挥重大影响。此外，转型中的金融体系可能会出现监管盲区和碎片化，就像在中国的那样，导致 IMF 建议不要过快开放资本账户，以免金融体系和经济"因资本流动而失衡"。④

中国和俄罗斯的经济学家指责说，西方衡量金融开放的标准本身就存在偏见。⑤举例来说，尽管其非正式的政治风险不可忽视，但俄罗斯市

① Carla Norrlof, "Dollar Hegemony: A Power Analysis," *Review of International Political Economy* 21, no. 5 (2014): 1042-1070.

② Raghuram G. Rajan and Luigi Zingales, "The Great Reversals: The Politics of Financial Development in the Twentieth Century," *Journal of Financial Economics* 69, no. 1 (2003): 5-50; and idem., *Saving Capitalism from the Capitalists: Unleashing the Power of Financial Markets to Create Wealth and Spread Opportunity* (Princeton, NJ: Princeton University Press, 2004).

③ See, for example, Dani Rodrik, *The Globalization Paradox: Democracy and the Future of the World Economy* (New York: W. W. Norton, 2011).

④ Quoting Markus Rodlauer, deputy director of the IMF's Asia-Pacific department. "China Regulatory Fragmentation 'Dangerous,' Says IMF," *Global Capital*, October 11, 2016.

⑤ For example, International Monetary Institute (IMI), *RMB Internationalization Report 2015*, Renmin University, Beijing (July 2015); and the discussion of Justin Yifu Lin's speech and other Chinese economists in Eswar S. Prasad, *Gaining Currency: The Rise of the Renminbi* (New York: Oxford University Press, 2016), 175-176.

场没有形式上的资本管制并鼓励外国投资。以中国为例，一些经济学家质疑 IMF 的《汇率安排与外汇管制年度报告》是否过于宽泛和静态守成，对资本管制正在放宽的渐进变化缺乏足够的敏感度。①然而，正如表 2.5 所做的那样，对 G5 和金砖国家在贸易和金融自由化方面的差异进行评估是非常必要的。

表 2.5

对外开放度指数：G5 和金砖国家

	贸易开放度	投资开放度	对国外投资者的非歧视	资本账户全面开放度	一国公司债券持有者中非居民的比例(%)
G5					
英国	0.88	0.90	1.00	0.80	55.8
法国	0.83	0.70	0.70	0.95	63.4
德国	0.88	0.60	0.60	0.82	52.3
日本	0.83	0.70	0.91	0.90	7.0
美国	0.87	0.70	0.40	0.82	29.3
金砖国家					
巴西	0.69	0.55	0.00	0.40	11.1
中国	0.73	0.30	0.00	0.09	0.7
印度	0.71	0.35	0.10	0.02	1.7
俄罗斯	0.72	0.25	0.50	0.70	2.0
南非	0.77	0.45	0.50	0.32	11.4

Note: 0 = fully closed; 1 = fully open.
资料来源：Data columns 1 - 2：Heritage Foundation, *2016 Index of Economic Freedom*, at www. heritage.org, measures labeled "trade freedom" and "investment freedom," accessed June 2016, Data columns 3 - 4：Jahan and Wang (forthcoming), 2016. *New Index on Capital Account Liberalization*, Washington, DC：International Monetary Fund. Data column 5：World Bank. *Global Financial Development Report 2015/2016：Long-Term Finance*. Washington, DC：World Bank, Appendix B.

---

① 普拉萨德表示，人民币国际化的政策已经放宽了许多对跨境资本流动的限制。Prasad, "China's Efforts to Expand," 11 - 13。

表 2.5 统计了一项贸易开放度指标和四项衡量金融对外开放度的评价指标。在传统基金会(Heritage Foundation)测评的贸易自由化指数上，G5 似乎比金砖国家更为开放，但这两个组织各自平均值之间的差距并不大。相比之下，在该表的第二列数据中，传统基金会对 G5 国家在"投资开放度"上的评分却比金砖国家高不少。这是因为，这个保守智库认为，无论是资本管制本身，还是给予本国企业相对于外商的任何优惠(例如税务课征方式、信贷或政府合同的准入等方面)，都会有损投资开放。

表 2.5 的第三列和第四列显示的是"非歧视"和"资本账户全面开放度"指数。这一评分是基于对正式的法律和法规，或管理跨境交易的法律限制进行研判而得出的。①按照这些标准，G5 对国际资本流动的开放程度明显高于金砖国家，尽管俄罗斯和南非在金砖五国中的监管最为宽松。该表最后一列转而审视一个重要的结果指向性维度：一国公司债券所有持有者中非居民的比例。此处的差别是一目了然的。在中国、印度和俄罗斯，外资持有的公司债比例不足 2%。然而，金砖国家组织的另外两个国家，巴西和南非，外资持有的公司债比例上升到 11% 左右。在发达经济体中，人们看到的分化程度甚至更大。日本的公司债市场要么禁止外资准入，要么极其缺乏吸引力：2013 年外资持有的公司债仅占总额的 7%。而其他发达经济体的这一比例则在一半以上，除了美国只达到总量的三分之一，这可能反映了美国公司债市场本身规模太大，而不是潜在的外国投资者不感兴趣或者阻挠他们参与(投资)。

因此，至 21 世纪初，金砖国家组织每个成员国的银行业和资本市场的国内发展水平，已足以使它们作为一个整体，在全球所有国家中排在大致前三分之一的靠后位置。就金融相对开放度而言，金砖国家在全球范围内的相对开放程度低于许多较小或较贫穷的发展中国家，这至少部

---

① 相比之下，中国的资本账户"在事实上正变得越来越开放"，这表现在，2014 年境外资产总额(约为 6.4 万亿美元，占 GDP 的 62%)和境外负债总额(约为 5 万亿美元，占 GDP 的 44%)之间的比值很高，超过了 100%。中国的总体境外投融资活跃度超过了其他新兴市场，但在 GDP 中所占的比例却落后于储备货币经济体。简而言之，中国的开放程度"相对较高，超过了巴西和印度等国的水平"。Ibid.，11-12。

分归因于前者的领导人有选择的权力。相比之下，相对弱小的新兴经济体的决策者们往往更无力抵制来自美国和国际金融机构如国际货币基金组织的压力，直到最近，后者还坚称资本账户开放对于国内金融发展和经济持续增长是绝对必要的(见第三章)。

实力：国际资产和全球金融中心

金砖国家每个成员国依然实施的资本管制，并未阻碍它们在全球金融资源中所占份额的增长，近几十年来，全球金融资源总量也在持续增加中。正如金砖国家在全球生产中所占份额不断攀升一样，它们作为国际金融和货币资源的国家所有者的相对权重也有所提升。国际经济和政治经济影响力最终取决于一国的经济增长率及其产生经济盈余的能力，而该国执政当局则主导决定了经济盈余的配置。国际影响力可以通过税收和国家监管体系间接行使；也可以通过行政或法律举措，如实施资本管控或国际金融制裁来直接行使。本节依据并采用的公开来源的比较数据表明，2012 年或 2013 年间，包括中国在内的金砖国家在潜在有影响力的国际金融、货币和与之密切相关领域的控制力方面，明显仍逊于 G5。然而，自 1990 年代中期以来，这一变化的明确趋势就是金砖国家的实力在不断增强。

表 2.6 的第一列数据栏显示了比较贸易能力，以一个国家在世界贸易总额中所占的份额来衡量，采用的是其商品进出口总额占世界总额的百分比的标准评价方式。①贸易往来与许多国际金融实力密切相关，并有可能是其先决条件。金砖国家贸易规模大幅增长，从 1995 年占世界贸易总额的 6.3% 攀升至 2013 年占世界贸易总额的 16%，其中单中国一国就贡献了涨幅中的 7.2 个百分点。同一时期 G5 国家份额的下降幅度与之大致相

---

① 表 2.6 中使用的基础数据来自各种公开来源，主要是世界银行的《世界发展指标》(*World Development Indicators*)，可在 www.worldbank.org 上查阅。

同,从 1995 年的 41.8%下降到 2013 年的 30.1%。也就是说,政治和经济上占主导地位的五个国家在世界贸易总额中的权重在不到二十年的时间里下降了 10 个百分点多一点,其中大部分丢失份额由金砖国家,尤其是中国承接。

此外,在同一时期,在全球经常账户盈余总额中所占比例的变化(通过将所有盈余国的盈余总额相加,然后按百分比计算所占份额的比例来衡量)则更为引人注目。①尽管人们可能会说,自由贸易为双方都提供了更物美价廉的商品,但对将国际政治和经济关系定义为相对权势和实力的国家决策者而言,确实更偏爱于贸易顺差或经常账户盈余,而非赤字。这些盈余为一国提供了缓冲余地,使其能够在出口出现意料之外的、无法控制的下降(比如由于全球大宗商品周期的长期变化或主要贸易伙伴国的经济衰退)时进口基本商品。盈余还能使一个国家积累外汇储备或购买海外资产②——这对于无论是防御性还是进攻性的金融治略而言都是重要的资源。

1995 年,金砖国家的经常账户盈余仅占全球经常账户盈余总额的 3.2%,而 G5(主要是日本)的经常账户盈余占全球经常账户盈余的近一半,即 45.6%。但是,美国在这一经常账户盈余中份额为零,自 1980 年代初期起,美国经常账户就陷入永久结构性赤字。至 2013 年,金砖国家,但绝大多数是中国的经常账户盈余占全球经常账户总盈余的 14.8%,而 G5 的份额已降至 20%以下,所余份额几乎全部来自德国。

---

① This measure follows that in Arvind Subramanian, "Renminbi Rules: The Conditional Imminence of Reserve Currency Transition," *Working Paper #11/14*, (Peterson Institute for International Economics (PIIE), Washington, DC: Peterson Institute, September 2011). Countries with a current account surplus hold zero percent.

② 此处没有讨论汇率水平(即故意低估汇率)在产生巨额经常账户盈余方面所起的作用。问题在于,确定一国货币"正确"的估值极具争议。大量观点——尤其是在近几十年长期赤字的美国——声称,出现巨额经常账户盈余或赤字本身就是汇率失衡的充分证据。参见,William R. Cline, "Estimating Consistent Fundamental Equilibrium Exchange Rates," *Working Paper No. 08/6*, (Peterson Institute for International Economics, Washington, DC: Peterson Institute, July 2008)。

另一类型的国家金融实力则体现在一国的国内信贷和资本市场规模占世界总量的比例。诚然,一国的国际一体化程度非常重要,因为对外资参与设置高壁垒的大型国内市场与对外资进出更为开放的国内金融市场相比,前者对全球金融市场的影响力显然较小。[①]随着金砖国家经济的增长,其国内金融部门的产值也随之增长,从 1995 年占世界总额的 2.4%上升到 2013 年的近 11%。这一发展变化再次主要(尽管不完全)归因于中国所占份额的增加。与此同时,G5 的份额从三分之二以上(77.7%)下降到一半以下(47.8%)。不过,美国本土市场的权重略有上升,这反映出在任何国际金融或政治危机期间,美国依然是全球的安全避风港。

然而在 21 世纪,中国在外商投资的新增流量上日益占据主导地位,特别是在国外贷款和外国直接投资方面。尽管中国国内金融市场尚未得到国际投资者的充分信任,但与拥有全球最大可投资资源库的国家的本土市场开展贸易并在此进行交易金融业务所带来的(便利性)优势,已经极大地提升了人民币的使用,这将在本章的最后一节中讨论。

表 2.6 的倒数第二列数据表明,国际金融或货币实力新近也发生了意义深远的转变,从主要的守成大国转向重要新兴大国,尤其是中国。如表所示,从 1990 年代中期到 2013 年,中国在全球外汇储备中所占的份额从象征性的 5.5%增长到占主导地位的 32.6%,并在 2006 年超过了日本,后者此前曾是世界上最大的官方外汇储备持有国。其他金砖国家的外汇储备占全球外汇总储备的比例也从约 6%增至近 10%。同时,G5 国家(主要是相互持有他国的货币)的总持有份额在同一时期从30%下降到 14%。

---

① Armijo 等人将"国内金融市场"的统计口径设定为: 商业银行贷款余额、股票市值、公司和政府存量债务之和。See Leslie Elliott Armijo, Daniel C. Tirone, and Hyoung kyu Chey, "Global Finance Meets Neorealism, and a Dataset," unpublished paper and dataset, January 2017。

表 2.6

全球贸易、金融与货币能力的转变:G5 和金砖国家

		比较贸易能力	经常账户盈余	国内金融市场(截至2012)	外汇储备	货币占已分配外汇储备总额
G5						
美国	1995	13.9	0.0	32.2	5.4	68.1
	2013	11.4	0.0	33.4	1.1	62.9
G4	1995	27.9	45.6	45.5	24.5	31.7
	2013	18.7	19.5	14.4	12.7	33.1
金砖国家						
中国	1995	2.3	0.6	0.4	5.5	0.0
	2013	9.5	12.5	5.9	32.6	0.0
其他金砖国家	1995	4.0	2.6	2.0	6.1	0.0
	2013	6.5	2.3	4.9	9.7	0.0

Note: Country shares in global totals, in percent.
资料来源: Leslie Elliott Armijo, Daniel Tirone, and Hyoung-kyu Chey. "Global Finance Meets Neorealism, and a Dataset," Unpublished paper and dataset, indicators TST, CAS, FWD, FWFX, and CDSRA.

许多新兴经济体央行的大规模外汇储备,在很大程度上是对 1990 年代重创拉美、东亚和东欧新兴经济体的金融危机蔓延冲击波所做出的防御性反应,这一点已被广泛关注。特别引发经济学家们争议的是,这种主要投资于硬通货币国家(尤其是美国)的低收益国债的官方储备,是否是对宝贵的国家资源的低效使用。正如在第三章中所阐明的那样,自1980 年代初肇始的金融全球化带来了资本流动的急剧波动,无论是新开发银行还是亚洲基础设施投资银行,其设立的一个动因就是来自中国和其他金砖国家决策者的担忧,这一担忧在于为保护自身免受这一急剧波动的冲击而采取相应对策的代价。

将巨额外汇储备界定为一种国际金融权势能力当然存在争议。正如人们经常察觉到的那样,这类储备不仅成本高昂(例如,就错失投资

于收益率更高的海外资产的机会成本而言），而且还会给持有者带来隐患。假如中国决定大量抛售美国国债，美元汇率肯定会暴跌，而美元国际价值的下降将导致中国政府官方储备同等幅度地贬值，这将使他们在世界市场上的潜在购买力大幅下降。因此，直接明确的结论就是僵局：只要中国持有大量美元，美国和中国都有强烈的动机来维持美元的高价。然而如前所述，各种贸易、金融和货币实力的根本性变化——从新兴大国（尤其是中国，但也包括其他金砖国家）在全球经常账户总盈余中的占比不断扩大开始——而且还一直在持续。美国和英国都显现出正在衰落中的金融大国和（最终）也会衰落的货币大国的国际形象，而中国则为一个可能提升其全球金融和货币影响力的国家地位而感到自豪。①

　　然而，表2.6的最后一列表明，中国主导硬通货的时刻尚未到来：目前，美元仍是世界各国央行行长的明确首选。如果仅考量已分配外汇储备，表2.5所统计的数据很清晰地表明，美元的份额近二十年来有所缩小，由约占全球储备总额68%下滑至63%，而以欧元、英镑和日元形式持有的已分配外汇储备的占比略增至33%。至2013年，G5货币占所有已分配外汇储备总额的96%，其他发达工业国家的货币，包括加拿大、澳大利亚和瑞士，占据了大部分剩余份额。截至该时间点，外国央行官方持有的金砖国家任何一种货币的数量都几乎可以忽略不计。因此，认为美国及其他西方大国的货币霸权地位可以维持至未来很长一段时间的观点，似乎有足够的证据支持。不过，值得注意的是，官方储备资产总额中以货币形式配置并上报至IMF的比例一直在稳步下降，这表明美元在国际储备资产总额中的实际比例越来越不透明。

　　表2.7给出了判定金砖国家在全球金融市场重要性的决定性方式。该表对比了两个国际金融中心的排名：第一个来自自称为"商业智库"的伦敦投资研究机构Z/Yen，第二个是中国官方新闻机构新华社和美国道琼

---

① Cohen, *Currency Power.*

斯公司(Dow Jones Corporation)的联合研究项目。①2014 年的新华-道琼斯指数在"最重要的全球金融中心"排名中将上海和香港并列第五,该评估基于判断未来增长潜力,以及在投资者信心、资本吸引力、金融创新和投资吸引力评级等方面获得的高分,而欧洲城市,比如斯德哥尔摩、日内瓦和哥本哈根,排名则大幅下滑。

表 2.7

G7 及金砖国家全球金融中心排名

	GFCI19 2016		GFCI14 2013		GFCI1 2007		新华-道琼斯指数 2014
金砖国家	排名	评分	排名	评分	排名	评分	排名
香港	4	753	3	759	3	684	5
上海	16	693	16	690	24	576	5
深圳	19	688	27	660	…	…	15
北京	23	682	59	598	36	513	9
圣保罗	43	639	38	643	…	…	35
里约热内卢	44	637	31	654	…	…	
孟买	42	640	72	570	39	460	24
莫斯科	67	611	69	580	45	421	33
约翰内斯堡	51	628	61	592	…	…	34
G7 前 5 名							
伦敦	1	800	1	794	1	756	2
纽约	2	792	2	779	2	760	1
东京	5	728	5	720	9	632	3
巴黎	32	667	29	656	11	625	7
法兰克福	18	689	9	702	6	647	8

Xinhua – Dow Jones International Financial Centers Development Index (2014), National Financial Information Center Index Research Institute, Standard and Poor's Dow Jones Index Co. (November 2014).
Global Financial Centres Index 19, GFCI no. 14, and GFCI no. 1, Long Finance Z/Yen Group (April 2016).

---

① See http://www.longfinance.net/global-financial-centreindex-19/976-gfci-19-the-overall-rankings.html for the GFCI 2016; and http://www.sh.xinhuanet.com/shstatics/zhuanti2014/ zsbg/ en.pdf for the Xinhua-Dow Jones 2014 Index.

与之相似的是，"道琼斯全球金融中心指数"（GFCI）将金砖国家中的三国——中国、印度和巴西——的主要城市列入排名前五十位的国际金融中心，而约翰内斯堡（排名第五十一位）和莫斯科（排名第六十七位）则刚好名落孙山。美国和欧洲仍然在前十排名占据显著位置，此外，欧洲的国际金融中心地位正在衰落，而北美和亚洲的金融中心正在崛起，这印证了本章所得出的另一结论。相比之下，除了莫斯科，金砖国家金融中心城市的排名要么保持稳定，要么还在上升。从 2013 年到 2014 年，俄罗斯的排名下降了五位，反映出国际制裁以及货币和金融动荡的负面影响。

本节认为，主要的发达工业化国家，特别是美国，在可计量的金融和货币指标方面仍然占主导地位，至少根据主要的公开数据来源分析确是如此，而这些公开数据的时效性很遗憾地滞后于专有金融数据集数年。有理由表明，这种情形在未来可能会发生改变。本章的第五节将转而讨论有关人民币（也被称为"元"和"红币"①）所获增益的最新进展。

"红 币" 崛 起

尽管经济学家们对人民币是否注定会成为区域或全球主导货币存在争议，但引述斯蒂芬·廖（Steven Liao）和丹尼尔·麦克道威尔（Daniel McDowell）的观点，从多个指标来分析，"人民币正在崛起"是毫无疑问的。②人民币国际化是一个自然形成的市场化进程和中国政府政策推动相糅合的产物，抑或如斯蒂芬·廖和丹尼尔·麦克道威尔所称是一个涉及

---

① "绿币"是美元的另一种称呼；为与之对应，作者根据人民币背面的颜色创造了"红币"这一提法。——译者

② Steven Liao and Daniel McDowell, "Redback Rising: China's Bilateral Swap Agreements and Renminbi Internationalization," *International Studies Quarterly* 59, no. 3 (2015): 401 - 422. 有关人民币未来成为区域或全球货币的讨论，请特别参见 Barry Eichengreen and Domenico Lombardi, *RMBI or RMBR: Is the Renminbi Destined to Become a Global or Regional Currency?* NBER Paper No. w21716. National Bureau of Economic Research (NBER), 2015。

"供给和需求"的进程。①这一演进首先将人民币作为贸易货币的使用流通纳入其中。人民币现在是第三大贸易结算货币,这反映出需求应该与全球产出、贸易商品和资产最大份额(所有国地位)相关联匹配的观点。②第二,中国通过引入货币互换额度和发展离岸市场,创造出进行投资交易的新方式。第三,直到最近,中国一直在放宽对投资资本流入和流出的管控,以此作为开始协同在岸和离岸市场、开放资本账户的手段。尽管人民币目前在经常账户项下可自由兑换,但为防止中国居民和企业将资金转移至海外致使自 2014 年以来人民币对美元汇率加速下跌,放松资本账户管制的趋势已经逆转,至少暂时如此。③

中国现在是世界第二大经济体(也是按购买力平价计算的最大经济体),还是主要的贸易国,进出口总额约为 4 万亿美元。中国还提供了越来越多的对外直接投资(OFDI),并利用其不断扩充的贸易和货币实力将人民币融入全球金融体系。截至 2015 年底,中国约 30% 的贸易量以人民币结算,高于 2012 年的 8% 和 2010 年的 0。除了用于跨境贸易和融资之外,人民币在国际支付和外汇交易中的使用量在所有货币中排名第五。④2015 年,汇丰银行预测,至 2020 年,人民币作为贸易支付货币的使用额将飙升至中国贸易总额的 50% 以上。⑤目前,中国约 60% 的对外直接投资以人民币计价,高于 2013 年的 15%。2014 年,中国对外直接投资超过了

———————

① Liao and McDowell, "Redback Rising"; Steven Liao and Daniel McDowell, "No Reservations: International Order and Demand for the Renminbi as a Reserve Currency," *International Studies Quarterly* 60, no. 2 (2016), 272–293; IMF, *RMB Internationalization Report*.

② Benjamin J. Cohen, *The Future of Sterling as an International Currency* (London: Macmillan, 1971); C. Fred Bergsten, *The Dilemmas of the Dollar: The Economics and Politics of United States International Monetary Policy* (New York: New York University Press, 1975).

③ James T. Areddy and Lingling Wei, "Foreign Companies Face New Clampdown for Getting Money out of China," *Wall Street Journal*, December 1, 2016; Keith Bradsher, "China Tightens Controls on Overseas Use of Its Currency," *New York Times*, November 29, 2016; and Lucy Hornby, "Beijing Battles to Close Capital Flight Loopholes," *Financial Times*, November 29, 2016.

④ Prasad, *Gaining Currency*, 104.

⑤ "Half of China's Total Trade To Be Settled in Yuan by 2020," *Reuters*, March 26, 2015.

非金融类外商在华直接投资。一些专家甚至预测，到 2020 年，中国可能
会成为全球最大的跨境投资者之一，其离岸资产将从 6.4 万亿美元增长两
倍至近 20 万亿美元。①

　　人民币作为跨境金融交易清算交割支付货币的地位和作用不断提
升，但人民币汇率下行压力和资本管制收紧则带来了负面影响。据环球
同业银行金融电讯协会（SWIFT）统计，2015 年，人民币取代日元成为全
球第四大支付货币。随后，人民币和日元分别跌至第五位和第六位，仅
次于占比为 1.9% 的加元。就在 2011 年，SWIFT 还将人民币列为世界货币
使用量排行榜的第十七位。尽管如此，人民币使用量最近的实际增长还
是相当引人注目，不仅在亚洲，人民币已经成功跻身为一种支付货币，
而且在欧洲也是如此，2013 年年中至 2015 年 1 月期间，德国的人民币使
用量增长了 151%，瑞典增长了 1 050%，尽管欧元的使用量仍然高出其
十倍。②

　　中国在世界各地，包括在七国集团国家，比如美国，进行了大量投
资。2016 年，中国当年的对美直接投资增长了两倍达到 460 亿美元，这
通常是通过并购现有企业实现的。③然而，中国并没有将关注的焦点从亚
洲移开，最近通过能提升人民币使用量的"一带一路"倡议反映了中国
成为亚洲领先经济体和全球海上强国的双重雄心。④这些对变动的投资标
的的简要描述是否仅仅是冰山一角难以得知。2015 年 8 月，人民币在全

---

① Thilo Hanemann and Mikko Huotari, "Chinese FDI in Europe and Germany: Preparing for a New Era of Chinese Capital," Mercator Institute and Rhodium Group (June 2015), 5. For current OFDI figures, see People's Bank of China (PBOC), State Administration of Foreign Exchange (SAFE); CEIC.

② Society for Worldwide Interbank Financial Telecommunication (SWIFT) data. Andrew Capon, "Inside Investment: Rights and Responsibilities of the Renminbi," *Euromoney*, July 15, 2015. Kimberley Long, "Trade Finance: RMB Expansion Catches up with China GDP," *Euromoney*, January 23, 2015.

③ Thilo Hanemann, "New Neighbors 2017 Update: Chinese FDI in the United States by Congressional District," Rhodium Group and the National Committee on U.S.-China Relations, (April 2017).

④ James Kynge, "China's Ambitions for Asia Show Through in 'Silk Road' Lending," *Financial Times*, April 1, 2016. See also the discussion in Chap. 4.

球支付中所占比例达 2.79%，但与其他主要货币相比仍有较大差距，其中美元占 44.8%，欧元占 27.2%。

上述这些进展最终可能会削弱美元的霸权地位，尤其是在货币三个重要功能中的两个功能，即作为交易媒介和记账单位。例如，尽管美国经济在全球贸易流量中所占比例不到 15%，但在 SWIFT 网络中，43% 的跨境支付和 86% 的贸易融资都使用美元。国际货币基金组织追踪的七十个主要原材料价格体系中，只有五个不是以美元计价的。大约 53% 的国际银行贷款以美元形式发放，约 64% 的已认定官方外汇储备以美元资产的形式持有。①

这些进展是否会产生更大的地缘经济影响，取决于本章开头讨论的其他因素是否也会导致美元霸主地位的动摇。一些政治经济学家认为以本国货币为计价货币只有经济收益而无政治得利，如果人民币以美元（地位下降）为代价发挥更大作用的趋势发展下去，只会增加交易成本和降低租金，但并不会影响美国自主性或削弱其政策影响力。②即使他们的观点错了，中国领导人似乎也在致力于尝试达成这一目标，科恩对此表示，"中国'创制'一种顶级货币的雄心似乎是显露无遗的"。③

这不仅仅是如罗伯特·蒙代尔（Robert Mundell）所言的"伟大的国家需要有伟大的货币"。④更应像巴里·埃森格林（Barry Eichengreen）所指出的那样："美元作为一个不再占全球工业生产主要份额的经济体的货币，为何还能在全球大部分的国际贸易中被用作为计价及清算货币？这一内在机制并不明确。"⑤金砖国家寻求多元化的储备货币体系。然而，国际货币的第三个功能，即作为一种价值储藏手段，恰恰是人民币最为

①　Qu Hongbin et al., *Rise of the Redback V*, HSBC Global Research（March 2016）；and Prasad，"China's Efforts to Expand."

②　Cohen，*Currency Power*；see also Norrlof，"Dollar Hegemony：A Power Analysis."

③　Cohen，*Currency Power*, 244.

④　Robert A. Mundell，"EMU and the International Monetary System：A Transatlantic Perspective，" Working Paper 13（Vienna：Austrian National Bank，1993），10.

⑤　Eichengreen，*Exorbitant Privilege*, 121；Cohen，*Currency Power*；Jonathan Kirshner，*American Power After the Financial Crisis*（Ithaca，NY：Cornell University Press，2014）.

欠缺的领域。①中国的资本账户还没有充分开放，其金融市场也缺乏足够的深度和流动性，尚未构建起一个能培育投资者和他国政府所需信任的透明的法治体系。②

正如国际货币基金组织将人民币纳入特别提款权以及其他此类进展所表明的那样，中国货币并不需要先实现完全可兑换然后才能推动国际化进程。李克强总理在 2015 年 3 月的全国人大报告中再次强调，中国将实现人民币资本项目可兑换。大会期间，中国人民银行行长周小川随后表示，中国致力于资本账户的开放，但将采用"有管理的可自由兑换概念"，而不再是基于"完全或可自由兑换这样的传统概念"，这一表态显示，政府准备在放宽人民币管控上能走多远还存在一些不确定性。③不管细节如何，现在就把人民币视为对美元作为全球避险货币地位的严重威胁还为时过早。

这些扩大人民币作用的进程和机制，将国内目标与国际目标交织糅合在一起，但并不顺利。④随着中国经济更多地转向民营部门，拓宽消费领域，政府减少无效投资，清理地方政府债务和影子银行，并向更现代化、可持续的发展路径转型，这种情形尤为如此。⑤减少对金融部门的国家管控与再平衡是相辅相成的，而再平衡能使市场在决定货币价值上发挥更大的影响力。这一进程转而又为中国拥有主要国际货币并成为国际金融的全球玩家奠定了基础。⑥这一路上的颠簸起伏、跌跌撞撞不胜枚举，以下事例就是明证：中国政府尽力减少资本管制，但每当资本外流激增时又转而担心人民币贬值，这一过程循环交替。

---

①　Cohen, *Currency Power*, Chap. 1.

②　Prasad, *Gaining Currency*；and Prasad, "China's Efforts to Expand."

③　Charles Clover, "Trade Propels Renminbi on Route to Global Reserve Currency," *Financial Times*, July 29, 2015.

④　For an insightful account, see Yu Yongding, "Revisiting the Internationalization of the Yuan," in Shao, *The World in 2020 According to China*, 231–258.

⑤　IMF, China Economic Update 2016；World Bank, *China 2030*；Prasad, "China's Efforts to Expand."

⑥　IMF, China Economic Update 2016；and Ming Zhang, "Internationalization of the Renminbi：Developments, Problems, and Influences," Paper prepared for conference at American University, Washington, DC, October 8, 2014. See also Chap. 4.

　　尽管其他金砖国家支持人民币在国际上的使用，也支持 SDRs 的扩容以纳入新兴市场货币，但 IMF 将人民币纳入储备货币的决定，引致了一些竞争者的嫉妒。观察到人民币的崛起，以及中国游说加入 SDR 货币篮子的过程，印度的许多专家和市场分析人士都被激发起一个梦想，梦想着有朝一日卢比也能成为一种主要的全球货币。时任印度储备银行（RBI）行长的拉古拉姆·拉詹（Raghuram Rajan）对任何"大撞击"的提法都不以为然，他认为卢比国际化将是一个持续数年的渐进过程。不过，印度已开始用卢比结算双边交易，发展自己的货币互换协议，并鼓励外国投资者购买印度债券。印度储备银行还放宽了企业发行以卢比计价的离岸债券的规定，创建了一个模仿中国首发的熊猫债券的咖喱债券市场（尽管在定价和税收方面存在争议）。虽然印度自身也面临着需要克服的障碍，而且与以低估汇率实现经济工业化的中国情况不同，但从其规模庞大且不断增长的经济推导出来的逻辑，金融市场发展和外国直接投资也会同样遵循。①

　　由于在金砖国家中稳居领先地位，中国政府通过帮助增加人民币的流动性或货币供应量，提升获批开展清算交易业务的离岸中心使用人民币的便利性等举措，一直在稳步推进人民币的国际使用。到 2015 年年中，中国人民银行已与三十三个国家和地区的有关部门以及欧洲央行签署了货币互换协议，这反映出中国是欧盟第二大出口市场的现实。尤其与金砖国家相关的是，中国增补了与金砖国家应急储备安排（CRA）的双边人民币互换协议，如第三章所述，中国在 CRA 中的初始承诺出资份额最大，为 410 亿美元。

　　能扩大人民币国际使用的另两个体制基础是：引入新的中国国际支付体系，以及扩大和改革投资于中国本币权益类市场的配额（即 RQFII，人民币合格境外机构投资者的配额）。2015 年 10 月，中国启用了一套分阶段实施的国际支付系统——人民币跨境银行间支付系统（CIPS），这一系统基本符合国际标准，但由官方掌控，相比之下，其他的类似系统都由

---

　　①　Elliot Wilson，"India：Globalizing the Rupee，" *Euromoney*，March 2016.

民营部门运营。中国人民银行首席经济学家马骏对此表示，跨境人民币结算的整体框架有望"必然激发市场参与者对人民币的更大需求"。①

据报道，俄罗斯已经试运行了类似于 CIPS 变体的本国初级版的跨境银行间支付系统，但有迹象显示为了便于未来的系统连接，2016 年 3 月，俄罗斯第二大银行加入其他外国银行的行列一起接入了 CIPS，但同时仍然与 SWIFT 保持连接，因为 CIPS 的运营时间仍然有限。同月，CIPS 和 SWIFT 同意在各自领域开展合作，SWIFT 是一个银行间通信系统（而不是支付系统），在全球金融机构之间快速共享金融信息。如果 CIPS 全面采用国际标准并实现必要的功能来降低运营风险，达到与先进的竞争对手相当的支付效率，比如纽约清算所银行同业支付系统（CHIPS）可支持每天约 1.5 万亿美元的支付额，那么 CIPS 的使用可以扩展到全球范围内的贸易伙伴。一些专家还建议，中国政府应寻求更大的自主性，并最终创建自己的专用通讯线路，在由美国和欧洲银行掌控的 SWIFT 之外独立运营。所有金砖国家（特别是俄罗斯）都有着与中国一样对于自身隐患暴露的担忧，即担忧美国利用其金融和货币实力来制裁他国并通过美国情报机构可以接入的支付系统暗中监视，后者已由爱德华·斯诺登（Edward Snowden）和其他专家泄密的美国国家安全局（NSA）文件披露。②

最后，RQFII 的额度变化也为判断开放资本账户的进展提供了另一个指标。这一额度的限额不断提升，并扩展至中国香港以外的欧洲和其他地区的新离岸中心，包括英国、德国、新加坡、法国、韩国和加拿大等西方国家。2016 年 6 月，中国政府批准了美国资产管理公司 380 亿美元的额度，用于投资以人民币计价的中国证券（第二大额度，仅略低于中国香港③）。

---

① PBOC；Michael Vrontamitis，"CIPS a 'Game Changer' But Needs Careful Planning，" Standard Chartered.

② Gabriel Wildau，"China Launch of Renminbi Payments System Reflects Swift Spying Concerns，" *Financial Times*，October 8，2015；and "'Follow the Money'：NSA Spies on International Payments，" *Spiegel Online*，September 15，2013.

③ 2019 年 9 月 16 日，国家外汇管理局宣布，经国务院批准，决定取消 QFII/RQFII 额度限制。同时，RQFII 试点国家和地区限制也一并取消。——译者

正如本节所指出的那样，所有金砖国家都意识到，持有大量非营利性的应急外汇储备所带来的安全感，与将这些资金配置于营利性的并且也能服务于其地缘经济战略的投资之间，需要权衡利弊。中国是金砖国家中最大的债权国，拥有极其庞大的净国际投资头寸。2016年底，中国的银行业也超过欧元区，成为世界上资产规模最大的银行体系，其资产规模为33万亿美元，而欧元区为31万亿美元，美国则为16万亿美元。[1]然而，矛盾的是，中国金融业的崛起也反映了它对银行投融资的过度依赖，并掩盖了其危险的债务水平。此外，由于中国政府的海外投资配置主要在低收益率的外国政府债券，而鲜见于股票权益类市场，较低的海外资产投资回报率导致其损失了数百亿美元。鉴于中国的银行信贷总额与国内生产总值的比例至少是中国股市市值与国内生产总值比例的三倍（美国的情况正好与之相反），中国政府有强大的动力继续开放资本市场，发展金融服务业。结合中国的其他举措，如"一带一路"、新开发银行、亚洲基础设施投资银行、中国的主权财富基金（SWFs），以及转向进一步开放其股票和债券市场，专注于保守的、防守性、低回报策略的投资定位似乎正转向将资本配置于能在区域和全球经济及地缘政治上得到高回报的领域。如果利润、增长和影响力确实是重要的动因，那么外部观察人士将发现，中国领导人会平衡国内和国际风险，小心翼翼地摸着石头过河。

结　论

本章从几个维度评估了正在进行中的全球权力变迁，这意味着从冷战后美国占绝对主导地位的单极格局开始向（最终的）多极或两极—多极全球国际关系体系演进，在这一体系中美国和正在崛起的中国明显强于

---

① Gabriel Wildau, "China Overtakes Eurozone as World's Biggest Bank System," *Financial Times*, March 5, 2017.

其他传统地区大国。本章的论述首先简要回顾了传统国际关系中关于如何准确界定国家"权力"概念的争论。国家的权力可以被理解为：因为一国的能力而迫使或者劝导另一国改变先前选择的行动方案（影响力）；或因体制、规范，或系统治理的地位和资源，使强大的国家能设定议程，不然就塑造他国行事所处的国际环境，而不管后者是否意识到这一点（即结构性权力）。尽管这些更精妙复杂的阐释确有其价值，但如果不借助于第三种主要概念（即相对权力的概念），那就几乎不可能评估一个崛起中国家的实力水平。因此，本章的第二节研究了经济实力的分布格局，关注了各国经济的相对规模和增长率，并将七国集团作为守成大国的一方，与金砖国家俱乐部作为另一方进行了对比。这些数据表明，金砖国家相对于七国集团的进步是毋庸置疑的，尽管这主要反映在了中国（最终是印度）的相对崛起，以及西欧和日本的相对衰落上。

如果物质能力仅代表潜在的实力，那么金砖国家无论是作为一个俱乐部还是单个国家，其经济权重的提升是否实际上意味着国际格局向多极化的转变？本章第三节讨论了将经济能力转化为实际影响力的一些复杂性因素。所有金砖国家都增加了军费开支，尽管巴西和南非因其所处区域发生冲突的可能性较小故其军事支出的增幅也相对较小，但有几个成员国，尤其是中国和俄罗斯，都一直渴望扩展它们在本地区的地缘政治主导地位。然而，金砖国家俱乐部不是一个军事联盟，在未来也没有任何成为军事联盟的潜在可能；从这个意义上说，金砖国家作为一个整体不会对全球稳定构成安全挑战。

当本章第四和第五节的主题转而讨论金融和货币资源的全球分布格局及其未来影响时，权力变迁的图景就变得更加混杂不清。与20世纪末相比，当今的金砖国家无论作为一个整体还是单个国家，都拥有更深厚、更成熟的国内银行和资本市场，对国际贸易和金融资本流动的开放程度更高，作为全球金融资产发行人和购买者的地位也相对更重要。尽管如此，中国对于金融实力全球分散传播的承接程度以及储备货币和其他货币能力向中国的转移程度，特别滞后于其相对经济能力的大规模跃升水平。尽管人民币作为一种贸易计价货币取得了令人瞩目的进展，并于近期被纳入国际货币基金组织的记账单位（SDRs，即特别提款权），但人民币作为一种全球储备货币的地位仍然相对无足轻重。与此同时，中国政府，特别是在习近平主席任内，一直致力于积极加强和扩大其国际货币地位和金融影响力。"一带一路"倡议是中国雄韬伟略的又一例证，该倡议旨在提升为全球约75%的人口服务的基础设施建设水平，如果取得成功将促进经济相互依存和人民币的广泛使用。它还必然会使中国在与金砖国家伙伴印度和俄罗斯的竞争过程中占据优势。①

总体而言，本章的研究结果表明：中国正在崛起，金砖国家组织作为一个实体也在崛起，至少在经济领域及其后的金融领域确是如此。如果金砖国家能够继续齐心协力（这是第四章将会论及的问题），那么它们最终将拥有挑战美国全球经济和金融主导地位以及布雷顿森林体系的必要能力，尤其是中国在某些权力维度方面有潜力赶上美国。

此外，中国和金砖国家无需与美国和西方平起平坐，就能提升自身的影响力，与美国在某些问题上针锋相对，并对现状产生颠覆性的改变。鉴于金砖国家的能力，尤其是中国的金融影响力与日俱增，它们已经拥有独立于美国和布雷顿森林体系（如国际货币基金组织）之外采取行动的资源，塞瑟（Setser）称其为"自愿的金融联盟"。②但是，它们依然严重欠缺结构性权力。如果人民币无法崛起以真正取代美元的地位，那么惯性力量和守成思维以及潜在替代货币目前的弱点，都将有利于美元继续维持霸权地位。因此，在未实施非常有效的自由化改革的前提下，将人民币视为一个切实的全球挑战者只能说为时过早，更别说作为一种避险货币了。③

尽管本章的大部分篇幅都在强调有形能力的洲际分布格局，但对国

---

① Simeon Djankov, "Introduction," in Djankov and Miner, *China's Belt and Road Initiative*, 4.

② Setser, "China Can Now Organize Its Own (Financial) Coalitions of the Willing."

③ Prasad, *Gaining Currency*；Cohen, *Currency Power*.

家权力的洞悉并非无关紧要。中国一再强调，自全球金融危机以来，美国日渐衰落而自身则愈发强大。①同时，美国的特朗普政府已经表示了对美国外交体系的质疑，这一体系由二战后美国签订的条约、开展的贸易和对全球治理的承诺交织而成，尽管随后又发生了反转，尤其是在重新重视北约、选择性的贸易协议、进出口银行等事件上以及将中国视为一个潜在的有价值合作伙伴而不是一个汇率操纵国。正如本文列举的数据所显示的那样，尽管美国联合其盟国仍占主导地位，但欧洲和日本等西方盟国的客观能力正在相对下降，就像欧元的事例一样承受重压。正如我们将在第三章中所讨论的那样，这种能力上的变迁使美国的这些主要盟国与其目前在国际秩序中约定俗成的地位不相称。美国依旧维持其占支配地位的结构性力量，但金砖国家的崛起表明，新的竞争对手将寻求尽其所能地反制美国的影响力。

---

① See, for example, several chapters in Shao, *The World in* 2020 *According to China*; and Suisheng Zhao, "A New Model of Big Power Relations? China-US Strategic Rivalry and Balance of Power in the Asia-Pacific," *Journal of Contemporary China* 24, no. 93 (2015): 377–397.

第三章

金砖国家集体金融治略： 四个案例

鉴于金砖国家(巴西、俄罗斯、印度、中国和南非)不断增长的实力，以及它们在现存体系中遭遇相似的挫折，无论是对单个国家而言，例如中国，还是对集体而言，金砖国家新兴的经济力量必将影响全球经济治理。许多学者与决策者质疑，这一分散在世界范围内、仅仅因高盛公司经济学家的设想而联系起来的五个不同国家的集团能否建立一个有效的联盟。①如同下述讨论所要证明的一样，在过去的十年间，金砖国家政府已经在它们的金融治略中采取了明显成功的集体行动，以进一步实现共同的外交政策目标。

集体金融治略的界定

国际金融治略(international financial statecraft)的定义是： 一国政府运用货币或金融的法规、政策或手段以实现外交政策的目标。②大部分金融治略的分析者以一系列有关如何界定这一主题的假设为起点(见表3.1)。在金融治略传统的概念建构中，有如下五个假设。第一，假定施动者或创始人是单一的国家，在一个由志同道合的国家所组成的联盟中，单独采取行动或成为主要的行动者。第二，假定行动的对象也是单一的国家。第三，就施动者而言，其采取行动的意志是坚定的，或其行动具有进攻性的目的，利用的手段具有强制性。③第四，鉴于上述假设，显而易见的是传统的金融治略文献将权力主要界定为影响力，其中，一国试图迫使他国改变其先前决定的行为方向。最后，从这五个标准的概念建构中可以得出，作为施动者的国家必将成为一个主要的大国，因为实力较弱的国家难以产生这样的影响。

表 3.1　国际金融治略概念的建构

维　度	传统的概念建构	扩展的概念建构
施动者	单一国家	联合行动的国家集团
对　象	单一国家	国家集团 国家间互动中的社会体系（例如多边制度、全球监管机制或全球市场）
手　段	进攻性方式 （通过强制性手段）	积极诱导或说服 防御性方式（通过保护或替换的手段）
"国家间"权力的理解	影响力	自治 结构性权力
施动者回归	主要的大国	新兴大国或中等国家

　　在金融治略传统概念形成的过程中，通过有用的途径，每一种维度

---

　　① 迈尔斯·凯勒（Miles Kahler）（722）指出："在四次峰会之后，几乎没有证据可以显示，在全球性的论坛上，金砖国家政府已经形成了任何的共同集体行为；考虑到在许多重要的协商中，它们的国家利益存在分歧，这一组织不可能精心设计一个有效的行动计划。"详情参见 Miles Kahler, "Rising Powers and Global Governance: Negotiating Change in a Resilient Status Quo", *International Affairs*, Vol.89, No. 3 (2013): 711 - 729。

　　② Benn Steil and Robert E. Litan, *Financial Statecraft: The Role of Financial Markets in American Foreign Policy* (New Haven, CT: Yale University Press, 2006); Leslie Elliott Armijo and Saori N.Katada (eds.), *The Financial Statecraft of Emerging Powers: Shield and Sword in Asia and Latin America* (New York: Palgrave Macmillan, 2014); David M. Andrews, "Monetary Power and Monetary Statecraft", in *International Monetary Power*, ed. David Andrews (Ithaca, NY: Cornell University Press, 2006); Benjamin J. Cohen, Currency Power: *Understanding Monetary Rivalry* (Princeton, NJ: Princeton University Press, 2015)。

　　③ 于是，金融治略最常被理解为经济治略的一部分，赫希曼（Albert O. Hirschman）将其描述为利用"配额、外汇管制、资本投资（capital investment）及其他手段"作为经济战的手段。Albert O. Hirschman, *National Power and the Structure of Foreign Trade* (Berkeley: University of California Press, 1945)。也请参见 David A. Baldwin, *Economic Statecraft* (Princeton, NJ: Princeton University Press, 1985); Gary C. Hufbauer, Jeffrey Schott and Kimberly Ann Elliott, *Economic Sanctions Reconsidered*, 3rd ed. (Washington, DC: Peterson Institute for International Economics, 2009)。

都可以被扩展。施动者可以是单一的国家，也可以是由国家组成的集团。对象可以是单一的国家、国家集团，或是国家间互动中的社会体系，就像在国际货币基金组织这样的多边机构中，对象还可以是一种全球监管机制，例如各个巴塞尔银行监管委员会（Basel bank regulatory committees）及其广泛的跨国网络，或者就只是全球市场本身。通过金融和货币治略来实现国家目标的手段不一定具有进攻性或强制性。当采用劝诱或说服的方式时，施动者也可以针对外部的其他行为体积极采取行动。①例如，劝诱的方式可以包括主权贷款的补贴，以及提供享有盛誉的金融监管组织成员的身份，如金融稳定委员会（Financial Stability Board, FSB）或巴塞尔委员会。每当在国际金融具有争议的议题上，一国决策者试图说服外国同仁采纳某一观点时，就会产生说服型的金融治略，例如资本控制或金融服务贸易。当然，发展中国家经常（有时正确地）认为多边金融机构提出的政策建议构成了具有强制性的经济治略，而这一经济治略由体系中的金融大国所推动。如此一来，由特定监管机构所提供的优势将得以巩固，这样的监管机构对金融大国有利。②在概念建构的发展过程中，金融治略不仅具有攻击性的目的，也可具有防御性的目的。例如，施动者—国家（agent-state）（或国家集团）为了保护自身免受来自国外实际或想象的威胁，可以改变其国内的行为或更改监管的概况，例如通过引入资本控制的方式。正如治略的其他形式一样，"安全困境"可以适用于：当处于现状的国家采取防御性的行动以保护自身时，这样的行动却不能与进攻性行动相区分，结果也许是无意形成的升级螺旋，以及更

---

① 关于消极和积极的制裁或劝诱之间的差异，参见 Baldwin, *Economic Statecraft*, 20–42。

② Leslie Elliott Armijo and John Echeverri-Gent, "Absolute or Relative Gains? How Status Quo and Emerging Powers Conceptualize Global Finance," in *Handbook of International Monetary Relations*, ed. Thomas Oatley and William Winecoff (Cheltenham, UK: Edward Elgar, 2014), 144–165; Rawi Abdelal, *Capital Rules: The Construction of Global Finance* (Cambridge, MA: Harvard University Press, 2007); Beth A. Simmons, "The International Politics of Harmonization: The Case of Capital Markets Regulation," *International Organization* 55, no. 3 (2001): 589–620.

少而非更多的安全。①

表 3.1 中的第四行记录了金融治略的传统概念假定施动者—国家追求影响力。然而，本书对金融治略的界定更具包容性，这符合第二章中有关其他国家权力概念构想的讨论，包括权力是在国际制度或市场体系中对自治或结构性权力的防御性需求。表 3.1 中的第五行回到了有关施动者—国家的身份问题上。一旦国家考虑到集体或防御性的行动，或试图通过劝诱或说服的方式来实施金融治略，那么显而易见的是，新兴国家、中等国家以及主要的大国将能够参与这一类型的外交政策活动。

本书检验了一个新兴大国集团的集体金融治略，其中包括四种类型的案例。这四种类型的案例在两种分析维度上存在变化，由此产生了金砖国家对现有强国采取的四种基本类型的集体金融治略。表 3.1 水平方向呈现了集体金融治略的第一个维度，并区分为两类行为。发生叛乱的国家或新兴大国可能忙于"内部改革"，或通过在既定范围内采取行动，参与联合施压的活动，以改变守成国家在当前结构与体系中所占据的主导地位。或者，不满的国家可以利用事实上或法律上的规则与程序来建立新的、具有竞争性的结构和体系，通过集体金融治略来行使它们的"外部选择"。这些事实上或法律上的规则及程序更加符合新兴大国的偏好。在表格中的第二个维度或垂直方向上，实施集体金融治略的背景被分为两类，一类关注国际"制度"，另一类则关注全球"市场"。制度与市场可能都属于国家运用金融治略来行使其内部或外部选择的尝试。

集体金融治略的四种类型

正如第二章所示，在最近这些年间，主要的新兴大国——显然包括

---

① Robert Jervis, "Cooperation under the Security Dilemma," *World Politics* 30, no. 2 (1978): 167–214.

金砖国家在内，已快速提升其在金融和货币领域的实力，成为战后全球经济秩序中新的重要参与者，而战后全球经济秩序是由现有的主要大国所建立。因为战后的自由经济秩序反映了这些现有强国的偏好与声音，因此新兴大国的决策者们希望通过挑战这一经济秩序中的重要领域，以确保它们自身的实力与偏好能够在盛行的全球秩序中得到更好的反映。

在第一章的讨论中，集体国际行动主要通过俱乐部机制实现，这一类型的行动已成为金砖各国追求彼此重合目标的主要手段之一。在金砖国家跨政府高级别官员会议中，这些国家的政府发现了它们共同利益的重点。金砖国家的协作包括外交、财政、经济以及其他与财政和经济问题无关的政府部门的部长和副部长，还有协调人和副协调人。他们在一系列议题上协调共同的立场，这些议题涉及本章将详细论述的四个案例。在近十年的联合公报、领导人和官员的其他公开声明以及学者对官员进行的采访中，可以发现金砖国家之间进行协作的证据。例如，2015年至2016年，俄罗斯在担任金砖国家主席国期间，安排了10次以上的部长级会议和20次左右的专家会议以及其他事项。在俄罗斯乌法市举行的金砖国家领导人第七次会晤中，正式的宣言包含了77项峰会议题。①2016年，由印度在果阿主办的金砖国家会晤中，共开展了95项活动，并且《果阿宣言》（Goa declaration）以金砖国家领导人第八次会晤涵盖了110项议程为荣。

当金砖国家达成共同的立场，或彼此的立场相重合时，它们便抓住机遇同其对于美国及G7达成协议。在2008年全球金融危机期间，G20被视为推动全球经济治理最重要的组织，此后，金砖国家和其对手之间的较量通常发生在多边组织的非正式会议期间或G20的背景中。②金砖国家政府间也通过开展协作以推动并行使其外部选择，尤其是成立的新开

---

① Moscow *Interfax* September 30, 2015; and author's interviews.

② 令人惊讶的是，在2002—2009年危机之后，其他许多有关G20及其在改变国际金融监管中作用的精彩学术讨论，并没有提及金砖国家的作用。例如，参见 Tony Porter (ed.), *Transnational Financial Regulation After the Crisis* (New York: Routledge, 2014)。

发银行以及应急储备安排。即使当中国和其金砖国家伙伴在新开发银行的组织原则上达成妥协时，它还选择行使其外部选择，建立了亚洲基础设施投资银行，毋庸置疑，中国将成为这一银行的领导者。在寻求来自西方大国及其金砖国家伙伴支持的过程中，中国邀请印度和俄罗斯成为亚投行中位列中国之后的主要股东。排在这三国之后的，是欧洲大国以及包括巴西在内的其他国家。

本章将检验从 2008 年至 2016 年中期，四个（直至 2010 年）以及之后的五个金砖国家政府尝试在它们各自国家政府所采取的国际金融治略上进行协调的四个案例。这些案例的挑选建立在两个标准的基础上。第一，作为一组案例，它们代表了表 3.2 总结的有关集体金融治略的每一种类型。第二，在这些案例中，金融治略行动的实施是有关金砖国家作为一个追求成员国共同利益的俱乐部这一主张实质性的、重要的"硬性试验"，与仅仅是一个虚夸的或象征性的集团相反，后者不具备长期采取重要集体行动的能力。[1]从中期来看，这些集体金融治略行动中的成功协作，显示出金砖国家在影响全球金融治理或市场中的规则、规范以及影响力分配上所付出的巨大努力。

表 3.2 集体金融治略的种类：行动的类型与地点与现有强国相关的行动类型

行动的地点	内部改革	外部选择
制度	加入并改革现存全球治理的制度	建立新的多边金融制度
市场	反对占据支配地位的国家利用市场权力达到其政治目的	推动金融市场与货币权力进行新的分配,以挑战现有强国的支配地位

---

① Harry Eckstein, "Case Study and Theory in Political Science," in *Strategies of Inquiry*, ed. Fred Greenstein and Nelson Polsby (Reading, MA: Addison-Wesley, 1975), 79-138; Gary King et al., *Designing Social Inquiry: Scientific Inference in Qualitative Research* (Princeton, NJ: Princeton University Press, 1994)。广而言之，这些是有关金砖国家问题观点的"重要案例"。

这些案例并没有构成这一时期所有可能在金砖国家间进行国际金融互动的代表性样本，其中，本章所涉及的情景也包含了明显失败的协作。此章最后一节会简要论述在集体金融治略中一些最重要的非协作情形，以在更大领域中探索案例的范围，而这些案例有助于进一步研究调查。研究设计的第二个挑战是这些案例的持续性，即金砖国家"成功"合作的现有水平可能会发生变化。一些案例——例如新开发银行的建立，代表了相对较新的倡议，而其他案例——例如国际货币基金组织的改革，则代表了更长久的共同关切。

研究者可将金砖国家集体金融治略的具体案例放进表 3.2 中的四个方格中。其中，左上角的方格代表了当前由现有强国主导的现存制度的内部改革。案例 1 检验了金砖国家为改革国际货币基金组织和世界银行所付出的共同努力。左下角的方格对应影响非市场利益的内部改革选择，这归于国家所处的市场地位，包括抵制占据支配地位的国家利用以市场为基础的金融或货币权力，以达成其政治目的。案例 2 展现了金砖国家联手共同反对西方国家对俄罗斯干预乌克兰所采取的金融制裁。右上角的方格表示国家为了创立新的制度或手段而行使其外部选择的情形，如案例 3 所示，金砖国家决定建立新开发银行和应急储备安排，这与它们及其他发展中或新兴经济体所推动并为之服务的金融和货币制度相似。最后，右下角的方格展现了影响塑造国际市场的外部选择。主要的案例（案例 4）讨论了金砖国家通过集体支持中国在推动并加强人民币在国际交易中的使用上所采取的行动，为挑战美元在全球货币秩序中的主导地位所做的共同努力。

其他适合第四种类型活动的例子包括初期金砖国家为了支持与现存西方主导的支付、清算以及结算体系相似的结构所付出的努力，例如，针对发达工业国家一旦将限制准入作为制裁的一部分，它们提出了环球同业银行金融电讯协会之外的选择。为了与美国主导的信用评级机构相竞争，如控制全球市场 80% 的穆迪投资者服务公司（Moody's Investors Services）与标准普尔（Standard & Poor's, S&P），金砖国家也同意对建立它们自己的信用评级机构的优势进行评估。重要的是，在 2016 年举行的金砖国家果阿峰会上，由于担忧这一倡议的"可靠性"以及"可靠数据"的获取，金砖国家对这一倡议的浓厚兴趣有所降低。紧接着，金砖国家政府要求它们的专家团队检验部分"行动计划"的可能性，而正式的《果阿宣言》则强调"为了进一步巩固全球治理的结构，建立独立的金砖国家评级机构"必将"以市场为导向的原则为基础"。①

内部改革： 金砖国家追求在国际货币基金组织和世界银行中发挥更大影响（案例 1）

通过奋力争取巩固"席位与份额"，金砖国家继续在布雷顿森林体系中推动内部改革，呼吁公开竞争领导职位的过程（或至少确保它们自己的地位），同时也要求政策与经济的理念应较少偏向于美国及西方世界。这些为金砖国家在金融治略上的合作提供了第一个案例，即表 3.2 左上角方格所说明的内容。

国际金融机构中的"席位与份额"之争

国际货币基金组织和世界银行是维护全球经济和金融治理机制的机构，在过去七十年，这些机构由主要的现有强国领导。自第二次世界大战结束以来，同盟国抱着建立更强、更稳定的国际经济关系有助于防止未来爆发经济危机与战争的希望，建立了国际货币基金组织和世界银行。这两个机构的治理结构反映出在战后初期的数十年间，国家间权力

---

① "No Consensus on Immediate Setting up of BRICS Rating Agency," *Business Standard*, October 16, 2016; "Goa Declaration," 8th BRICS Summit, Ministry of External Affairs, Government of India, October 16, 2016, http://mea. gov. in/bilateral-documents. htm? dtl/27491/Goa_Declaration_at_8th_BRICS_Summit。有关所有金砖国家峰会，也参见 BRICS Official Documents and Meetings（BRICS Information Centre, University of Toronto; accessible at www.brics.utoronto.ca）。

在全球范围内的平衡。第二章证明了在最近数十年间，相较于快速发展的新兴经济体，主要西欧国家占世界经济的百分比在显著下降。即使从稍好一点的欧盟视角来看，这一权力转移致使欧洲国家在全球治理机构中所占比例过高，由此成为自诩为改革者的金砖国家的眼中钉。图 3.1 和 3.2 显示了金砖国家、G7 以及欧盟在国际货币基金组织中的份额比重，这与它们各自在世界 GDP 中的占有率相关，第一个是用市场汇率来测量，第二个是用购买力平价来测量。通过使用这两种测量手段，欧盟国家所占比例过高，而美国在市场汇率的比例过低，在购买力平价上所占比例稍微偏高。在这些图中，1 相当于是公平价（fair value），当比例大于 1 时，表示占比过高；当比例小于 1 时，表示占比过低。

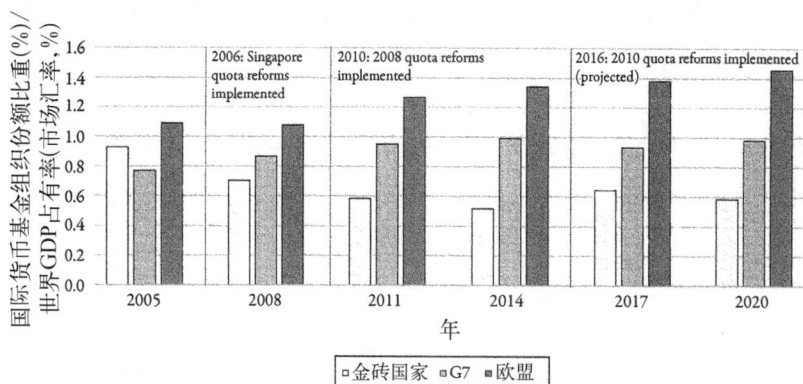

图 3.1　国际货币基金组织份额比重（％）与世界 GDP 占有率（市场汇率,％）之间的比例·金砖国家、G7 与欧盟（2005—2020）

资料来源：国际货币基金组织《世界经济展望》，更新于 2016 年 4 月；C.罗伯茨计算。

　　图 3.3 展现了金砖国家、G7 及欧盟之间的实际份额比重，这关乎在当前国际货币基金组织采用的计算公式，其中 GDP 的计算结合了 60％的市场汇率和 40％的购买力平价。这些占有率按时间先后顺序绘制而成，从国际货币基金组织自 2006 年以来推行的三种份额改革，到 2008 年的改革（于 2011 年 3 月 3 日施行），再到最近的一揽子计划，也就是实施第十

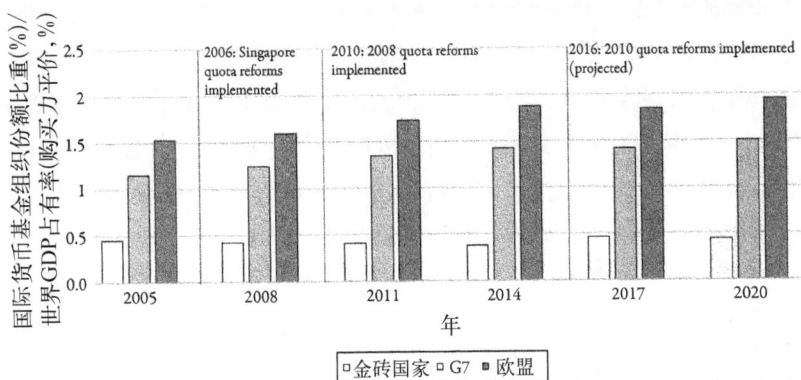

图 3.2　国际货币基金组织份额比重(%)与世界 GDP 占有率(购买力平价,%)之间的比例：金砖国家、G7 与欧盟(2005—2020)

资料来源：国际货币基金组织《世界经济展望》,更新于2016年4月；C. 罗伯茨计算。

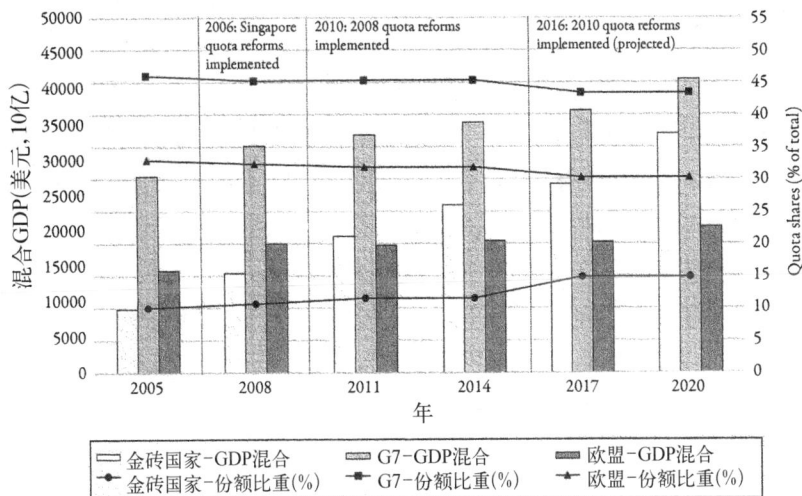

图 3.3　混合 GDP 与国际货币基金组织份额比重：金砖国家、G7 与欧盟(2005—2020)

资料来源：国际货币基金组织《世界经济展望》,更新于2016年4月；C. 罗伯茨计算。

四轮份额总检查(14th General Review of Quotas)。2010 年 11 月在首尔举行的 G20 会议采用了这一总检查,而美国国会则推迟到 2015 年 12 月才批准这一总检查,国际货币基金组织于 2016 年 1 月 26 日开始执行。如图 3.3 所示,在最近这些年,金砖国家的总体经济规模飞速增长,其中中国的 GDP(购买力平价)占总体的 55.8%(按市场汇率计算则为 67.8%),然而,金砖国家份额比重的调整只从总数的 10% 上升至 15%。相比之下,欧盟占总份额的比例大约只下降了总数的 3%。作为一个整体,发达工业国家所占份额比例过高的事实让发展中国家耿耿于怀。[1]

最终,第十四轮份额总检查在 2016 年得以执行,这是一次针对上述不平衡现象的重大再调整,但许多新兴经济体认为还远远不够。在这一调整中,超过 6% 份额占有率从占比过高的成员国转移至占比过低的成员国,同时超过 6% 的份额占有率转给了发展中的新兴市场和发展中国家(EMDCs)。在新一轮的排列中,中国在国际货币基金组织中的排名从第七跃升至第三,紧跟在美国和日本之后,而巴西、印度与俄罗斯则进入排名前十的最大股东行列。[2]同样,将国际复兴与开发银行(IBRD)的股权和当前国际货币基金组织计算公式中按 60∶40 比例混合的经济加权值进行比较,可以表明在较大的成员国之间存在持有量不足的情况,这些国家不仅包括最大的金砖国家——中国(按经济加权值的 33% 计算)、印度(72%)以及巴西(74%),同时也包括美国(83%)。[3]

虽然进行了周期性调整,且最近的这一次调整是 2010 年改革的一部分,但美国在世界银行中仍然占有 15% 的份额(表示它的资本认购和投票权所占比重)并享有否决权,在国际货币基金组织中,美国占有 17.41% 的

① Devesh Kapur and Arvind Subramanian, "Wanted: A Truly International Monetary Fund," *Forbes*, March 29, 2009.

② IMF, "Historic Quota and Governance Reforms Become Effective," January 27, 2016; IMF Quotas Factsheet, July 13, 2016; IMF Finance Department, "Quota and Voting Shares Before and After Implementation of Reforms Agreed in 2008 and 2010," Table, March 3, 2011, https://www.imf.org/external/np/sec/pr/2011/pdfs/quota_tbl.pdf.

③ World Bank Group, "2015 Shareholding Review: Report to Governors," DC2015-0007, September 28, 2015, 5.

份额。尽管美国所占比重会逐渐下降，但在重要的决议中，两个机构的程序规则都要求采用绝大多数制（从 70% 到 85%），包括批准份额的调整、改变协定中的条款以及特别提款权的分配，这使得美国可以单独行使否决权，或者与一个伙伴国共同行使否决权。

除了过去二十年间在调整表决权份额上存在滞后现象以外，新兴经济体已向领导职位的任命以及所谓的"份额与席位"谈判中"席位"的分配发起挑战。当前，拥有 24 位成员的执行董事会（EDs）被授权监督国际货币基金组织的活动，席位的分配或者国家的代表比例也涉及政治和权力考量。①在两个重要的案例中，上述情况有利于金砖国家，例如，当中国与俄罗斯回归布雷顿森林体系之后，两国所拥有的单一选区席位（single-constituency seats）是由它们各自政府挑选的（见第一章和第四章）。

在现有的规则中（经第十四轮份额总检查修订之后），由所占份额最多的五个国家（当前主要的西方大国：美国、日本、德国、英国与法国）来任命国际货币基金组织董事会中一位成员的做法应当终止。最终，至少将由两个国家选出执行董事会所有成员。同时，等到份额改革生效时，鉴于欧洲发达国家在世界经济中的地位有所降低，它们应当失去九个席位中的两席。②在选出的执行董事会中，其他十七席被归为非均衡选区，它们的机运涉及某种限度的议价，而成员国不能够形成跨选区联盟来共同投票。③

份额和席位也都由包含了重要指标的计算公式决定，鉴于西方国家在国际权力分布中的传统主导地位，这些指标的选择（或排除）及加权长

---

① Edwin M. Truman, "Rearranging IMF Chairs and Shares: The Sine Qua Non of IMF Reform," in *Reforming the IMF for the 21st Century*, ed. Edwin M. Truman (Washington, DC: Peterson Institute, 2006), 201–232.

② IMF, "IMF Quota and Governance Reform: Elements of an Agreement," October 31, 2010.

③ Robert H. Wade and Jakob Vestergaard, "Why Is the IMF at an Impasse, and What Can Be Done About it?" *Global Policy* 6, no. 3 (2015): 290–296. See also Ngaire Woods, *The Globalizers: The IMF, the World Bank, and Their Borrowers* (Ithaca, NY: Cornell University Press, 2006), Chap. 1.

期偏袒这些国家。然而，欧洲的衰落和亚洲的崛起，以及金砖国家的出现，是导致在诸如计算公式这类非正式规则上产生分配矛盾的一部分因素。例如，当前的计算公式给予"开放度"或融入世界经济的程度30%的权重。这依赖于欧洲委员会支持的一套特殊的方法，包括了进出口列表中欧洲内部的贸易。金砖国家和其他国家的专家对这种惯例提出了批评，认为这导致了一种奇怪的结果，即较小的欧洲国家，如比利时，相比庞大的新兴经济体，如中国，享有同等的表决权。①总之，金砖国家抵制这种为贸易或金融开放度，或采取更多新自由主义政策且具有优势地位的国家提供特权的计算公式。国际货币基金组织的工作人员会定期参与份额计算公式的统计分析，因为执行董事会利用统计分析对现有的份额计算公式进行定期检验。②2013年，工作人员完成了一项公式的检验，但他们并没有在新的公式上达成一致。因此，这些审议遵从第十五轮份额总检查，由国际货币基金组织总裁克里斯蒂娜·拉加德（Christine Lagarde）于2016年批准在第十四轮份额总检查实施之后执行。③

金砖国家要求份额改革以修正在国际货币基金组织和世界银行中不公正的投票权均衡度，这一要求在全球金融危机发生前就已提出，但在危机快要结束时才重新变得紧迫。2007年，美国国内爆发的次贷危机演变为一场全球性的金融恐慌，随着2008年9月雷曼兄弟的破产，这一恐慌开始蔓延，包括欧洲在内，向国际货币基金组织提出贷款

---

① Bob Davis, "Developing Nations Try to Build Long-Term Leverage at the IMF," *Wall Street Journal*, April 27, 2009.

② "IMF Quota and Governance Reform: Elements of an Agreement, Updated Tables," 2010; "Quota Formula Review—Data Update and Further Considerations—Statistical Appendix," from the Secretary to Members of the Executive Board, SM/12/163, Supplement 2, for Official Use, July 2, 2012; IMF, "Quota Formula: Data Update and Further Considerations," Policy Paper (August 2014). additional updates of the statistical appendix, prepared by the IMF staff on June 19, 2015; and "IMF Quotas," July 13, 2016.

③ IMF, "Outcome of the Quota Formula Review—Report of the Executive Board to the Board of Governors," Policy Paper (January 2013); IMF, "Historic Quota and Governance Reforms Become Effective," Press Release No. 16/25, January 27, 2016.

的需求大幅度增加。①2009 年初，国际货币基金组织总裁多米尼克·斯特劳斯－卡恩声称，他希望计划在 2009 年 4 月举行 G20 第二届领导人峰会时，国际货币基金组织的财力可为过去的两倍或三倍，达到 5 000 亿或 7 500 亿美元。2009 年 3 月中旬，金砖国家发布一项联合声明，将它们增长的贡献同增加在国际货币基金组织和世界银行中的投票权相联系。自 2003 年起，世界银行开始推进其"发言权改革"的进程，当 2010 年 4 月改革的进程完成时，世界银行在将其下属三个机构——国际复兴与开发银行、国际开发协会（International Development Association， IDA）以及国际金融公司（International Finance Corporation， IFC）中的表决权股份重新分配给金砖国家这一方面，只取得了小小的成功。②同时，2008 年，国际货币基金组织承诺对股份重新进行分配，但在此后三年，这一举措未得以实现，同时，有关第十四轮份额总检查的磋商从 2009 年一直持续到 2010 年初。

在全球金融危机期间，美联储提供了贴现窗口贷款，目的是为了同外国中央银行建立流动资金与双边货币互换的渠道，以及采取量化宽松的政策，而奥巴马政府利用备选的借款新安排（NAB）确保为国际货币基金组织提供资金。奥巴马总统也得到相应的承诺，即国际货币基金组织会增加其提供的资金总额以应对危机正在造成的影响。基于此，美国向其他西欧国家施压，以使它们同意付出一部分代价来增加发展中国家——包括金砖国家在内的份额。③最后，所有的国家都同意增加 100%的多边资本，以此作为 2010 年国际货币基金组织一揽子计划

---

① Johan A. Lybeck， *A Global History of the Financial Crash of* 2007–10 （Cambridge， UK：Cambridge University Press， 2011）； Jonathan Kirshner， *American Power After the Financial Crisis* （Ithaca， NY：Cornell University Press， 2014）.

② 通过改革，中国的表决权从 2.78%增长至 4.42%，而印度的表决权从 2.78%增长至 2.92%。Jakob Vestergaard and Robert H. Wade， "Establishing a New Global Economic Council：Governance Reform at the G20， the IMF， and the World Bank，" *Global Policy* 3， no. 3 （2012）：257–269。

③ 奥巴马政府的承诺逐渐减弱，而且奥巴马政府不愿意在推动改革上花费政治资本，甚至在 2011 年之后该行政当局没有向国会递交增加资本的请求。

的一部分，其中也包括世界银行将 3.3% 的份额从发达工业国家重新分配给发展中国家，在大致相同的集团之间，国际货币基金组织也对 6% 的份额再次进行调整。中国、巴西、墨西哥、印度及其他较大的新兴经济体获益最多。

2008 年的"份额和发言权改革"最终于 2011 年执行，这使得股份得以暂时（仅有过一次）转移，其中 54 个国家的股份有所增加，包括金砖国家中股份所占百分比最高的中国、印度和巴西，以及发达国家中的韩国、日本与美国。股份所占百分比受损最多的成员包括英国、法国、沙特阿拉伯、加拿大、俄罗斯、荷兰及比利时。如图 3.4 所示，在历年金砖国家的份额比重中，自国际货币基金组织的《新加坡协定》执行以来，南非在该机构的每一次改革中都会受损，其份额比重减少了 21%（从 0.867 下降至 0.634）。俄罗斯的份额比重从 2.734 下降至 2.386，但在 2010 年的

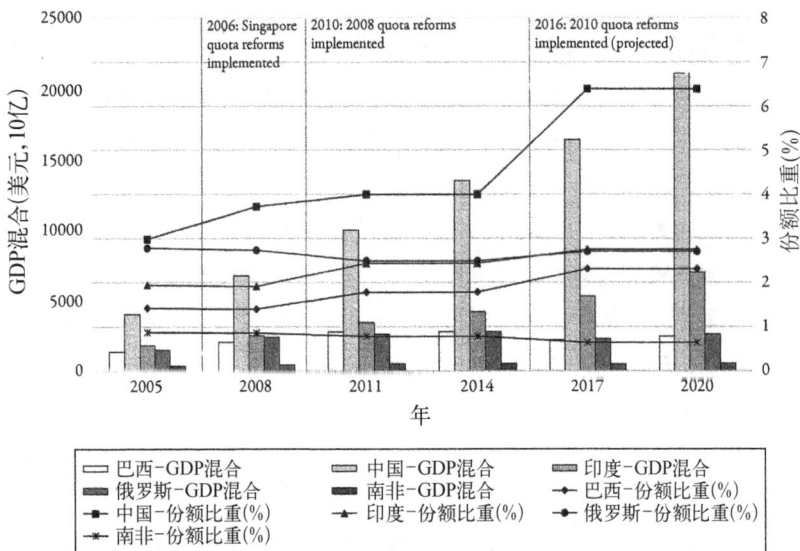

图 3.4　混合 GDP 与国际货币基金组织份额比重：单一金砖国家（2005—2020）

资料来源：国际货币基金组织《世界经济展望》，更新于 2016 年 4 月；C. 罗伯茨计算。

一揽子计划中又增加了 8%，达到 2.587。①

然而，2008 年的临时股份转移仍然使欧洲所占股份比重过高，德国、英国和法国均排在中国之前，欧洲作为一个整体在执行董事会中控制着三分之一的席位。在现行的 2010 年一揽子计划中，欧盟成员（包括英国）的总体份额与表决权股份从 2008 年一揽子计划中的 31.9%和 30.9%分别下降至 30.4%和 29.4%。2008 年，欧洲人也同意减少欧洲发达国家在董事会中的两个席位，但这些席位必须给予欧洲的发展中国家或者欧洲-大西洋机构中的成员国。这样，比利时的席位就由土耳其取代。

由于俄罗斯不满意其地位略微下降，因而，2008 年俄罗斯在理事会有关改革的投票上选择了弃权。莫斯科继续坚定支持金砖国家的集体地位，但是和沙特阿拉伯一样，俄罗斯拒绝支持 2010 年的协议，除非在国际货币基金组织中，针对所占比重过低的国家而进行的再分配，是让除俄罗斯之外的国家付出代价，即欧洲发达的工业民主国家。②另一方面，在世界银行为达成 2010 年临时协议的谈判中，中国做出了慷慨的选择，其得到的份额少于附加的份额，这一附加的份额原本是中国可以依据其经济规模所要求获得的。③

在推迟批准与实行改革的长时间里，金砖国家主要在 G20 和类似的多边机构的会议期间广泛进行协调。④尽管在某种程度上，金砖国家将欧洲视为国际货币基金组织中一个联盟的观点被夸大了，但鉴于它们并未在所有重要的议题上采取协调（更不用说达成一致），在这种情况下，相

---

① IMF Dataset, http://www.imf.org/external/np/sec/pr/2011/pdfs/quota_tbl.pdf; IMF Quota and Governance Publications, http://www.imf.org/external/np/fin/quotas/pubs/index.htm.

② Robert H. Wade, "Emerging World Order: From Multipolarity to Multilateralism in the World Bank, IMF, and G20, " *Politics & Society* 39, no. 3 (2011): 362; Marina V. Larionova et al., "Vozmozhnosti sotrudnichestva v BRIKS dlya formirovaniia reshenii BRIKS i 《dvadtsatki》po klyuchevym napravleniiam reformy mezhdunarodnoi finansovoekonomicheskoi arkhitektury v interesakh Rossii, " *Vestnik mezhdunarodnykh organizatsii* 4 (2012): 199-238.

③ Wade, "Emerging World Order".

④ Larionova et al., "Vozmozhnosti sotrudnichestva v BRIKS, " 199-238.

比起现有强国，俱乐部的态势在金砖国家中明显更为普遍，保持现状比从尝试建立共识以改变现状中获益更多。金砖国家开展协调的程度不同，从非正式和临时的形式——例如在国际货币基金组织执行董事会中进行协调，到更加集中和具体的形式，例如在金砖国家峰会中的协调，以及高级部长在 G20 会议及其他多边会议期间举行会晤等方式。①

这一案例也表明，金砖国家间的协作如何从专家在金砖国家政府和学界所做的大量研究中获益，这些专家致力于提出建议，以修改国际货币基金组织决定份额比重的现有计算公式，从而打破西方国家的非正式权力。例如，来自俄罗斯科学院和独立的俄罗斯经济学院（Russian Economic School，RESh）的杰出经济学家公开发表他们的研究，批评了当前在总体上偏向欧洲与现有强国的计算公式。俄罗斯财政部长安东·西卢安诺夫（Anton Siliuanov）对现有的计算公式不屑一提，他指出该公式并没有反映出世界经济的真实情势，并且明显表现出与真实情势的不一致。俄罗斯经济学院院长兼前欧洲复兴与开发银行（the European Bank for Reconstruction and Development，EBRD）首席经济学家谢尔盖·古里耶夫（Sergei Guriev）认为，金砖国家提出的"国际货币基金组织改革建议"还"不够彻底"。古里耶夫提出，"国际货币基金组织中权利的限制应该与净债权国紧密相连"。这一观点在俄罗斯得到了广泛支持，但在美国却遭到批评，②因为一些金砖国家的成员如巴西是债务国，尽管这一情况在金砖国家内部并不普遍，而许多西方国家如日本和德国则是债权国。根据这一观点，相对于西方国家在全球经济中的实际占有比例，国际货币基金组织分配给它们的份额比重不仅过高，同时低估了像中国这

---

① Joachim A. Koops and Dominik Tolksdorf，"The European Union's Role in International Economic Fora，Paper 4：The IMF，" *European Parliament Think Tank* （October 2015）；and Author's interviews.

② Sergei Guriev，"BRICS Proposals for IMF Reforms Are Not Radical Enough，" *East Asia Forum*，July 20，2012；and L.M. Grigoriev and A. K. Morozkina，"Reformirovanie mirovoi finansovoi arkhitektury，" in *Strategiia Rossii v BRIKS：Tseli i Instrumenty*，ed. V.A. Nikonov and G. D. Toloraia（Moscow：2013），287 – 301.

样的债权国，而未来国际货币基金组织需要这样的国家增加资金的注入。在古里耶夫看来，"如果金砖国家不能掌控它们的资金是如何被花费的，那么，未来它们也许会直接拒绝为国际货币基金组织增加提供资金的额度"。①

除了国家的研究之外，计算公式修订的过程还揭示了在不同方法中成员国的成本与收益，成员国可通过运用不同的方法来维护其各自的地位。2008 年，现有的份额计算公式替换了此前使用的五种计算公式，它指定了决定份额比重的四个变量：（0.50×GDP+0.30×开放度+0.15×波动性+0.05×外汇储备）^K（GDP 由结合了 60%的市场汇率与 40%的购买力平价汇率计算得出；压缩系数 K 为 0.95）。②为了使现有强国在经济实力转移过程中获得优势，国际货币基金组织的规则包含了一项模糊的条款，即在份额比重的重新分配中，确保遭受损失的成员国所占份额比例不会减少至 30%的最低限度以下。

但是，金砖国家内部更加支持俄罗斯关于份额的观点，因它挑战了现有的份额计算公式，认为要减少给予经济开放水平的权重（目前是30%），当前这一权重可说是不合理地偏向欧洲国家。同时，增加国家占世界经济比例（目前占计算总公式的 50%）以及占官方国家外汇储备比例（目前占计算总公式的 5%）的权重。金砖国家也意识到，鉴于在发展中经济体内存在的价格差异，如果颠倒当前 GDP 计算中 60%（市场汇率）比40%（购买力平价）的比率，或者两者所占比例相同，那么它们可以从中获益。购买力平价的计算增加了发展中国家的权重，因为它们的 GDP 远高于按市场汇率得出的 GDP。③图 3.5 和 3.6 划分了使用这两种测算方式得出的金砖国家在国际货币基金组织中的份额比重，两个图也表明按市场汇率算，南非所占份额比例严重过高，按购买力平价计算则轻微过

---

① Guriev, "BRICS Proposals for IMF Reforms".

② IMF, "Quota Formula Review—Initial Considerations".

③ Mick Silver, "IMF Applications of Purchasing Power Parity Estimates," IMF Working Paper, WP/10/253, Washington, DC, November 2010.

高，而除俄罗斯外的其他金砖国家基本上所占份额比重过低，俄罗斯的
地位随其变化中的经济财富而处于波动状态。

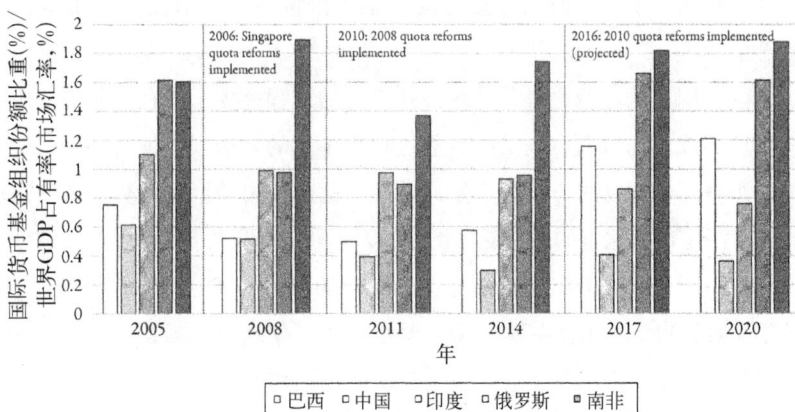

图 3.5　国际货币基金组织份额比重(%)与世界 GDP 占有率(市场汇率,%)之
间的比例：单一金砖国家(2005—2020)

资料来源：国际货币基金组织《世界经济展望》，更新于 2016 年 4 月；C. 罗伯茨计算。

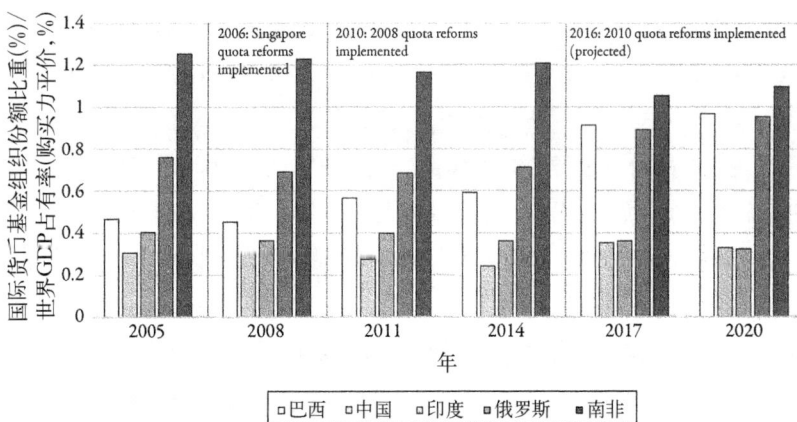

图 3.6　国际货币基金组织份额比重(%)与世界 GDP 占有率(购买力平价,%)
之间的比例：单一金砖国家(2005—2020)

资料来源：国际货币基金组织《世界经济展望》，更新于 2016 年 4 月；C. 罗伯茨计算。

　　当国际货币基金组织在第十五轮份额改革中讨论改变计算公式时，金砖国家为追求自身的利益做好了游说的准备。俄罗斯的经济研究表明，给予国家占世界经济的比重和国际外汇储备更多的权重，将使金砖国家比从 2010 年份额改革一揽子计划中得到更多的股份。在 2010 年的一揽子计划中，金砖国家整体股份只从 10.71% 上升至 14.8%。一个由杰出的政府专家计算得出的结果表明，在有关份额的计算中，如果将外汇储备的比重增加至 30%，同时相应减少开放度的比重，那么金砖国家的份额比重将在总体上增加至 25.41%。然而，在这种情形下，美国将失去其否决权，欧洲国家的份额比重从 30.01% 减少至 22.8%。[1]其他金砖国家普遍支持更改突出这些因素的计算公式的方法。[2]西方的分析家也做出了类似的观察，写了许多关于改革表决权股份及计算公式的分配效应的研究报告。[3]当然，如果金砖国家经济下滑，那么这些调整将没多大用处。

　　同样值得注意的是，国际货币基金组织很少举行投票；决定通常是经过达成对"有关会议的理解"或共识来做出，而这是由执行总裁来确定的。这一传统旨在限制责任和透明度（除非可以对立场进行概括），并证明非正式规则在美国领导的治理机构中普遍盛行。西方学者也注意到这一惯例允许美国"通过说服其他国家，使它们承认参与的规则是合理公平的，或至少比完全没有规则要好，从而掩饰其权力"，同时，这一惯例依旧偏向于拥有更多权力资源的成员。[4]

---

① Grigoriev and Morozkina, "Reformirovanie," 292.

② Larionova, "Vozmozhnosti sotrudnichestva v BRIKS".

③ Truman, "Rearranging IMF Chairs and Shares," Edwin M. Truman, "What Next for the IMF？" Policy Memo No. PB15-1, Peterson Institute for International Economics（January 2015）. See also Vijay Kelkar, Vikash Yadav, and Praveen Chaudry, "Reforming the Governance of the International Monetary Fund," *The World Economy* 27, no. 5（2004）：727 - 743.

④ Miles Kahler, "The United States and the International Monetary Fund：Declining Influence or Declining Interest？" in *The United States and Multilateral Institutions：Patterns of Changing Instrumentality and Influence*, ed. Margaret P. Karns and Karen A. Mingst（London：Routledge, 1990）, 91 - 114, at 97；and Ngaire Woods, "Good Governance in International Organizations," *Global Governance* 5, no. 1（1999）：39 - 61.

在华盛顿批准第十四轮份额改革之后，金砖国家政府开始强调需要加快已经推迟的第十五轮份额改革的进度。为了执行国际货币基金组织下一次的股权检查，拉加德将时间表推至 2017 年 10 月。印度总理纳伦德拉·莫迪(Narendra Modi)承认，长期没有得到解决的份额修订最终会生效，但他也抱怨"即使在当下，国际货币基金组织的份额并没有反映全球经济的现实"。①

据印度财政部长阿朗·杰特利(Arun Jaitley)所言，一个新的份额计算公式将增加发展中国家的发言权、作用及表决权股份。2016 年，在世界银行和国际货币基金组织春季年会间隙，杰特利也推动了另一个关于世界银行投票权股份及基础设施投资中附加优惠融资检查的开展，这几乎是世界银行年度资金提供额度的两倍。并且，他认为应该增加印度在世界银行最高管理机构中的代表比例。②2016 年，金砖国家在中国杭州举办的 G20 峰会期间也举行了会议。会上，弗拉基米尔·普京赞赏金砖国家的整体份额占 14.89%，"接近 15% 这一能够采取阻挡行为的临界值"，但他又指出各国需要进一步推动国际货币基金组织的改革。③

作为债权国的金砖国家：为推动改革而讨价还价

鉴于固有的分配矛盾会随着治理机构中变革的压力而产生，因此，改革现行的秩序被认为是困难的。即使当金砖国家进行协作时，它们也只能在大部分时候依靠说服这一方式，直到它们准备好行使其外部选择（案例 3）。在没有明显的威胁或威胁程度不足的情况下，金砖国家不具备足够讨价还价的能力来迫使他国分享领导者的角色，同时放弃特权与地位——至少在全球金融危机发生前，它们不具备这样的能力。那时，发达国家需要为国际货币基金组织增资，并且指望金砖国家和其他较大的

---

① *Indian Express*，March 14，2016.

② *India Today*，April 17，2016.

③ *Interfax*，September 4，2016.

新兴经济体也能提供帮助。2008 年，国际货币基金组织低估了自身对重要金融资源的需求，发现在 7 万亿美元的救助和数万亿美元的跨境资本流动中，仅有 2.5 万亿美元的借贷能力是不够的。国际货币基金组织份额和永久性贷款安排所需的可用资源增加了三倍以上，截至 2011 年初达到 7.5 万亿美元。①

由于金砖国家试图改革体系，它们领会到了增加资源的需求，但同时也有自己优先考虑的事项、顾虑和不满。大约自 2002 年以来，中国已表明对国际货币体系稳定性的担忧，并表达了它倾向于多极化和通过外汇储备的多元化来获得更大自主性、免受美元支配的立场。②同时，中国领导人和央行行长意识到，随着美国及其他对全局有重要影响的经济体实施更加严格的监管，世界经济会陷入危机并需要流动性。为了证明本国是负责任的利益攸关方，有兴趣维护现存体系而不仅仅是对其进行改革，中国同意增资 5 000 亿美元以支持国际货币基金组织。然而，北京也同其他金砖国家进行了协调，充分利用其贡献，以公开的方式，试图为更迅速的改革预先提供资金，同时在如何安排所增资金的问题上设置了条件。③

作为债权国，金砖国家并没有准备好为国际货币基金组织提供无限期资金。它们想让国际货币基金组织发行首份以特别提款权计价、短期到期的债券，以暗示它们倾向于将所需资金用来调整国际货币机制，并停止过度依赖单一国家货币作为世界唯一储备的做法。④同时，四个金砖

① Truman，"What Next for the IMF？" 3.
② Gregory Chin，"China's Rising Monetary Power，" in *The Great Wall of Money：Power and Politics in China's International Monetary Relations*，ed. Eric Helleiner and Jonathan Kirshner（Ithaca，NY：Cornell University Press，2014），184–212. See also Jin Renqing（then-governor of the People's Bank of China），speech at the World Bank/IMF Annual Meeting，September 24，2005.
③ Chin，"China's Rising Monetary Power." 为了特别提款权，他讨论了对中国人民银行的支持以及对美元的担忧，颇具洞察力。
④ 金砖国家甚至寻求为了以特别提款权计价的贷款而建立第二个市场，为它们自己提供市场权力以平衡它们微弱的制度权力。

国家计划将部分外汇储备转成国际货币基金组织的债券，表明它们在全球市场中具有较大发言权。这一行动导致部分知名经济学家预测，美元作为世界唯一储备货币的地位将会逐步恶化。①实际上，一些金砖国家已在鼓动修改特别提款权的货币篮子，以纳入它们自己的货币。

于是，在俄罗斯举办首届金砖国家峰会之前，一名中国官员解释这一集团"要求增加新兴经济体的发言权与代表比例"。中国国家外汇管理局表示它会"积极"考虑买入多达 5 000 亿美元的国际货币基金组织债券，俄罗斯银行(Bank of Russia)宣布它将卖掉其 1.4 亿美元美国国债中的一部分，用来购买国际货币基金组织的债券。印度也宣布将"完全能够为"国际货币基金组织的债券计划"作出贡献"，而在巴西利亚，巴西财政部长吉多·曼特加(Guido Mantega)强调，如果国际货币基金组织的债务以特别提款权来计价，那么将向美国国债支付同样的利润。尽管很大程度上，将美元债券转移至特别提款权的做法仍是对美元的投资(当时为特别提款权的44%)，但这是一个重要的信号，即金砖国家想增加它们在国际金融机构中的发言权。②

在令人瞩目的转变过程中，2009 年伦敦 G20 峰会前夕，美国财政部长蒂莫西·盖特纳提出与金砖四国举行会晤，因为他们要讨论是否以及如何为国际货币基金组织增资。一名来自俄罗斯代表团的人士告诉记者，"金砖国家的发言权变得更强了，证据就是美国财政部长盖特纳要求参加金砖国家的会议并讨论一系列议题"。③然而，这一过程进展依旧缓慢，一年后，金砖国家仍在努力，争取获得有关增加它们在国际货币基金组织中代表比例的明确承诺。2010 年 10 月，在韩国 G20 峰会召开之前，七国集团获得了与金砖国家进行协商的又一个机会。协商的结果取得了突破，有助于达成 2010 年份额改革的一揽子计划，尽管这些内容仍

① Lester Pimentel and Valerie Rota, "BRICs Buy IMF Debt to Join Big Leagues, Goldman Says," *Bloomberg*, June 11, 2009; Chris Giles, "Ministers Back Boost for IMF," *Financial Times*, March 15, 2009.

② Ibid.

③ *Reuters*, September 3, 2009.

需要各方批准，尤其是享有否决权的美国。据与中国和印度官员有着密切联系的前国际货币基金组织官员、康奈尔大学教授埃斯瓦尔·普拉萨德所言，金砖国家想传递一个"双重信息"——它们"愿意为国际货币基金组织增资，但直到这个世界性组织大大增加它们的投票权份额后，它们才会大力提供更长期的资金来源"。普拉萨德又说："它们决定在其份额增加以前，不会提供更多的钱。"①

此后，在2012年G20墨西哥洛斯卡沃斯峰会举行前，金砖国家明确承诺，它们愿意帮助提供一个金融安全网。西方的金融和经济危机，以及对金融资源的需求为金砖国家提供了渐入佳境的希望。这标志着向被认为的多极化前进了一大步，同时也提出了有关美国和G7国家是否还是"负责任"管家的问题，而毫无疑问的是，金砖国家在现行秩序中日益成为主要的利益攸关方。②

回顾过去，值得一提的还有，当欧元区寻求通过直接双边救助以帮助其应对主权债务危机时，金砖国家坚持通过现存制度架构即国际货币基金组织，而非通过一种具有欧洲特殊目的的途径，这一途径将允许欧洲的债务国变得更加灵活，避免硬性的限制，并令国际货币基金组织的计划蒙羞。印度、俄罗斯和巴西的官员排除了向欧元区提供贷款的可能，除非是通过国际货币基金组织的渠道。尽管如此，国际货币基金组织准备在几乎不设限的条件下，选择为诸如西班牙、意大利这样寻求重塑形象的国家增加其"灵活信贷的额度"。然而，印度及其他金砖国家公开抱怨国际货币基金组织采取双重标准，在没有附加任何耻辱的情况下，给予欧元区国家更宽松的条件。③

---

①　Davis, "Developing Nations."

②　Author's interviews with unnamed senior officials in the Ministry of Foreign Affairs of the Russian Federation, Moscow, June 2012 and June 2013.

③　Alan Beattie and Amy Kazmin, "BRICS Ready to Pay EU Loans Only via IMF," *Financial Times*, October 31, 2011.

金砖国家寻求领导地位

自国际货币基金组织和世界银行成立以来，国际货币基金组织的总裁一向来自西欧国家，世界银行的行长则总是美国人，[1]尽管在这些组织中，来自金砖国家和其他新兴经济体的高层管理人员的数量在过去十五年间有显著增加。在主要的国际金融机构中，金砖国家所具有的另一方面影响是它们渴望看到杰出的非西方经济学家能够有领导这些机构的机会。[2]2011年4月，金砖国家承认，在任命两大机构领导职位的问题上，它们有意愿结束西方采取的事实垄断行为。当国际货币基金组织总裁多米尼克·斯特劳斯-卡恩在5月突然辞职时，金砖国家提前有机会围绕一个候选人而团结在一起。2011年5月24日，它们重申了共同的愿望，即遴选应该是公平的并且以才能为基础，而不是以国际货币基金组织执行总裁总是来自欧洲这一惯例为基础。[3]

已公布的候选人包括前国际货币基金组织副总裁、拥有美国与以色列双重国民身份的斯坦利·费希尔（Stanley Fischer），他具有优秀的技术资质，在非洲和发展中世界拥有众多支持者，但他的双重国籍身份却不是金砖国家或许多其他国家希望推广的。俄罗斯支持哈萨克斯坦国家银行行长

[1] Benn Steil, *The Battle of Bretton Woods*；*John Maynard Keynes*，*Harry Dexter White*，*and the Making of A New World Order* (Princeton， NJ： Princeton University Press， 2013)。鉴于国际货币基金组织更加重要，起初美国计划领导国际货币基金组织，当发现其指定的候选人——美国在布雷顿森林会议上的协商者哈利·怀特（Harry Dexter White）是苏联的代理人时，美国最终只能与欧洲人一起领导国际货币基金组织。

[2] Arvind Subramanian and Devesh Kapur， "Who Should Lead the World Bank？" *Project Syndicate*， February 17， 2012， www.project-syndicate.org.

[3] 该声明的第五点是："我们相信，如果基金组织具有可靠性和合法性，那么应该在董事会及成员国之间进行商议之后选出常务董事。最终被任命为常务董事的应该是最具竞争力的人，无论他/她的国籍是什么。我们也相信，在基金组织的管理中，新兴市场同发展中成员国适当的代表比例对基金的合法性和有效性至关重要。" IMF Executive Directors， "Statement by the IMF Executive Directors Representing Brazil， Russia， India， China， and South Africa on the Selection Process for Appointing an IMF Managing Director，" IMF， May 24， 2011， http：//www.imf.org/external/np/sec/pr/2011/pr11195.htm。

格里戈里·马尔琴科，俄财政部长阿列克谢·库德林（Aleksei Kudrin）将他
具备候选资格一事称为"有所助益"，同时他也注意到其他金砖国家成员
"已有它们自己支持的候选人，我们也将对他们做出评价"。①尽管俄罗斯
媒体总体上对这一次发展中国家候选人将获胜的情形持怀疑态度，但政府
的日报《俄罗斯日报》（*Rossiyskaia Gazeta*）则针对美国和欧盟试图"按老规
矩玩"的做法提出了警告，提醒它们不要忘记之前承诺要"公平地"选择
斯特劳斯-卡恩的继任者，而不是建立在候选人是欧洲公民的基础上。②

　　两位重要的候选人分别是墨西哥中央银行行长阿古斯丁·卡斯滕斯
（Agustín Carstens），在国际媒体上他多次被认为是发展中世界最优秀的候
选人，另外一位是法国财政部长克里斯蒂娜·拉加德。与之前选举进程
具有的秘密协商特征不同，卡斯滕斯和拉加德都是公开竞选这个职位，
拉加德相继迅速飞往巴西、中国、印度与俄罗斯进行访问——这些国家
都没有早早地支持任何一位候选人。最后，巴西和俄罗斯公开支持拉加
德。巴西总统卢拉·达席尔瓦（Luiz Inácio Lula da Silva），这位左翼劳工党
主席领导的政府不满意卡斯滕斯正统的金融观点，同时可能也受本国长
期与墨西哥争夺拉丁美洲领导国地位的影响。

　　2011年5月27日，在G8峰会之后召开的记者招待会上，时任俄罗
斯总统的德米特里·梅德韦杰夫认为，非欧洲国家有权利提名候选人，
"如果不是提名总裁职位的候选人，那至少可以提名副总裁职位的候选
人"，对此，俄罗斯外交部长谢尔盖·拉夫罗夫称这"非常合乎常理"，
指出创建这样的"新职位"需要一个"原则上的决定"。③俄罗斯财政部

　　① Interfax, May 18, 2011. 马尔琴科的名气源自他作为一名成功的技术官僚，支持
建立收支平衡，遵守国际金融标准，打击腐败，从而使得哈萨克斯坦经济多样化。Sebastien
Peyrouse, "The Kazakh Neopatrimonial Regime: Balancing Uncertainties Among the Family,
Oligarchs, and Technocrats," in *Kazakhstan in the Making: Legitimacy, Symbols, and Social
Changes*, ed. Marlene Laruelle (Lanham, MD: Lexington Books, 2016), 48。

　　② *Rossiyskaia Gazeta*, May 25, 2011.

　　③ News conference with Medvedev, May 28, 2011, http://www.kremlin.ru; and
Sergei Lavrov, interview, June 3, 2011, Ministry of Foreign Affairs of the Russian Federation,
http://www.mid.ru.

长库德林称拉加德具备这一职位所要求的才干和资格，并将表现出对新兴经济体的支持，作为俄罗斯财政部副部长同时也是一位关键人物的谢尔盖·斯托尔恰克（Sergey Storchak）认为，再没有其他的候选人具备相同的"水平、知识及教育"。①拉加德积极游说以确保金砖国家对她作为候选人身份的支持。为了回报中国对拉加德——这位来自欧洲候选人的支持，如同梅德韦杰夫公开要求的，国际货币基金组织设立了第四个副总裁的职位，由中国经济学家朱民担任。②

莫斯科提名马尔琴科并非本国第一次拿领导者议题做赌注。据国际货币基金组织俄罗斯执行董事阿列克谢·莫任（Aleksei Mozhin）所言，此前俄罗斯以缺乏"工作的技术资质"为由反对斯特劳斯－卡恩。相反，莫斯科提名捷克前总理、前央行行长约瑟夫·托索夫斯基（Josef Tosovsky）来领导国际货币基金组织，托索夫斯基也在国际清算银行（Bank for International Settlements，BIS）的金融稳定研究所（financial stability institute）担任了七年的主席。③当时，莫任强调俄罗斯不仅要尝试"建立一个具有竞争性的过程。我们坚定地相信拥有相关经验最多的托索夫斯基先生是最佳候选人"。④

国际货币基金组织巴西执行董事保罗·诺盖拉·巴蒂斯塔（Paulo Nogueira Batista）为人坦率，熟知华盛顿事务，自2007年初起，他便是国

---

① RIA Novosti, June 7, 2011.

② Ren Xiao, "A Reform-Minded Status Quo Power? China, the G20, and Reform of the International Financial System, " *Third World Quarterly* 36, no. 11 (2015): 2023–2043.

③ 据悉，托索夫斯基得到了其他国家的支持，尽管斯特劳斯－卡恩得到了包括捷克共和国在内的欧盟的支持。Vidya Ram, "Josef Tosovsky: Caught up in Controversy, " *Forbes.com*, August 22, 2007。

④ 在一次《金融时报》的采访中，莫任宣称："选拔国际货币基金组织常务董事的做法存在严重问题。"他接着说："我们相信国际货币基金组织正在面对一个严重的合法性危机，如果你们想要使得国际货币基金组织和发展中国家的需求相关，那么我们必须选择最好的候选人……如果发展中国家没有感觉到它们在选拔的过程中发挥了作用，那么它们就将抛弃国际货币基金组织。"Edward Luce, "Russia Says IMF Candidate Lacks Key Skills, " *Financial Times*, August 25, 2007。在2011年莫任因丑闻风波突然离开国际货币基金组织的两年后，斯特劳斯－卡恩被委派至俄罗斯地区开发银行监理会，这家银行归石油生产商俄罗斯石油工业公司所有。

际货币基金组织中两名拉丁美洲执董的其中一位，直到 2015 年 6 月，他又被任命为新开发银行巴西副行长。巴蒂斯塔也抱怨拉加德"是第十一位接连领导国际货币基金组织的欧洲人——保护欧洲人的总裁身份是一种过时的观点"。他还向《新闻周刊》（Newsweek）发表评论，认为应该由来自金砖国家的一名代表领导国际货币基金组织。①同时，国际货币基金组织第一副总裁大卫·立普顿（David Lipton）在 2015 年 7 月的一次采访中说到，一旦拉加德让位，她的继任者将可能是一名非欧洲人士，并且此人的任命将"严格地以功绩为基础"。然而，这将是新一届美国政府的决定。②

　　2012 年，世界银行新一任行长遴选的进展与国际货币基金组织的选择相似。原则上，金砖国家希望共同支持一名来自发展中国家的候选人，但实际上它们却无法做到。有关国际货币事务和发展的政府间二十四国集团（G24），是 1971 年由当前及以前的发展中国家财政部官员成立的一个低调的协调委员会，该集团雇用哥伦比亚前财政部长何塞·奥坎坡（José Antonio Ocampo）来负责运行。巴西的国际货币基金组织执行董事巴蒂斯塔担任了奥坎坡的竞选经理。③当奥坎坡将得到来自西半球的许多支持时，各方从一开始就明白他的观点可能过于左倾以致美国难以接受。南非强烈支持新古典经济学家（并且现在是尼日利亚财政部长）恩戈齐·奥孔约-伊维拉（Ngozi Okonjo-Iweala），而美国则提名美籍韩裔大学校长、公共卫生专家金镛（Jim Yong Kim）。尽管在正式投票快要开始前，奥坎坡公开退出以支持奥孔约-伊维拉，希望促进支持多样选区的各方之间的团结，但俄罗斯支持金镛，他获得了这个职位。最后，在世界银行董事会的正式投票中，金镛获得了 80% 的支持，尽管非洲执董们仍旧支持奥孔约-伊维拉。

　　2016 年，当到了考虑金镛的第二个五年任期时，尽管有关于他任期

① Mirren Gidda, "The Trials of an IMF Powerplayer," *Irish Examiner*, January 23, 2016.
② "Next IMF boss likely to come from outside Europedeputy head," *Reuters*, July 25, 2015, http://www.reuters.com/article/imf-leader-idUSL5N10504H20150725.
③ Interview with José Antonio Ocampo, San Juan, Puerto Rico, May 2015.

和管理上的争议，美国仍仓促提出对他的提名，而且他并没有遇到对手。包括来自美国前高级银行官员在内的批评者们警告，缺乏选择余地"是许多大型新兴经济体——例如中国，正在转向关注它们自己新机构的征兆"。据前世界银行官员同时也是一名学者的南希·伯德索尔（Nancy Birdsall）所言，美国"正在将世界银行的长期重要性、有效性及合法性置于危险的境地"。具有影响力的管理人员要求银行董事会进行一项有关继任者的全球招聘，但奥巴马政府并没有接受这一要求在领导者问题上做出改变的倡议。①

金砖国家不能在支持同一名来自发展中国家的候选人问题上团结一致。②它们无法协调各自在金融治略上的立场，同时，在影响遴选的过程上，它们也找不到任何清晰的方向：于是，在国际货币基金组织和世界银行所得到的结果注定被视为是失败的。然而，随着时间的推移，一些金砖国家能够从现有强国中抖出一些幕后补偿的交易。印度是最早抱怨在布雷顿森林体系机构中来自发展中国家的高级管理人员代表比例过低的发展中国家之一，其抱怨的途径大多是非官方的，同时近些年，来自金砖国家的管理人员在某种程度上比过去做得更好。印度人拉古拉姆·拉詹担任过国际货币基金组织首席经济学家（2003—2006），中国人林毅夫曾担任世界银行首席经济学家（2008—2012）。出身于印度的康奈尔大学教授考什克·巴苏（Kaushik Basu）接替了林毅夫的位置（2012年至今）。罗伯特·维德（Robert Wade）报告称，关于巴苏和曾担任世界银行私营部门国际金融公司（IFC）首席执行官（2012—2015）的中国经济学家蔡金勇的任命，在某种程度上是居支配地位的西方大国回报中国、印度在世界银行和国际货币基金组织最高职位的协商中所表现出的灵活与耐心。③

---

① Shawn Donnan, "Jim Yong Kim Heading for a Second Term as World Bank President," *Financial Times*, September 15, 2016.

② 真实的情况是第一次出现国际货币基金组织的总裁和世界银行的行长不是一名白人男性——这是某种突破。

③ Robert Wade, "The Art of Power Maintenance: How Western States Keep the Lead in Global Organizations," *Challenge 56*, no. 1 (2013): 29.

2011 年 7 月，设立了一个新的副总裁职位，该职位由朱民担任，为期五年，这反映出拉加德从一开始就试图示好中国，同时她也坚定支持将人民币纳入特别提款权的储备。2016 年 8 月，张涛接替朱民的职位。作为中国人民银行前副行长，张涛具有多年在世界银行和亚洲开发银行工作的经验，同时也于 2011 年至 2015 年担任国际货币基金组织中国执行董事。①拉加德也再次任命大卫·立普顿，并将高级管理职位给予一名日本人（加藤隆俊）以及拥有巴西和意大利双重国籍的卡拉·格拉索（Carla Grasso）。在世界银行，截至 2016 年 7 月末，两名执行董事（直接从属于总裁）分别是巴西前财政部长若阿金·莱维（Joaquim Levy）与中国财政部前高级官员杨少林。

金砖国家俱乐部在资本控制与全球失衡上的协调

围绕布雷顿森林体系机构的内部改革，金砖国家合作的最后一个部分旨在改变国际货币基金组织的经济理念与政策。例如，新兴大国对国际货币基金组织推动资本自由化的政策和该组织监管活动中存在的新自由主义偏见久已感到受挫。②从 1980 年代到 21 世纪，从拉丁美洲到亚洲再到俄罗斯，在许多中等收入国家经历数次金融危机时，这些机构保护了新自由主义和金融利益，给债务国强加先决条件和结构调整，重整其经济以支持经济自由化。国际货币基金组织的监管活动紧跟美国经济治理的模式，即所谓的华盛顿共识。③许多发展中经济体接受来自国际货币

---

① Xinhua News Agency, July 9, 2016.

② Kevin Gallagher, *Ruling Capital: Emerging Markets and the Reregulation of Cross-Border Finance* (Ithaca, NY: Cornell University Press, 2015); Armijo and Echeverri-Gent, "Absolute or Relative Gains?," 144-165; Cornel Ban and Mark Blyth, "Dreaming with the BRICS? The Washington Consensus and the New Political Economy of Development: Special Issue," *Review of International Political Economy* 20, no. 2 (2013).

③ John Williamson, "What Washington Means by Policy Reform," in *Latin American Adjustment: How Much Has Happened?* ed. John Williamson (Washington, DC: Institute for International Economics, 1990), 5-20; John Williamson, "A Short History of the Washington Consensus," in *The Washington Consensus Reconsidered: Towards a New Global Governance*, ed. Narcis Serra and Joseph E. Stiglitz (New York: Oxford University Press, 2008).

基金组织的仔细检查，并根据国际货币基金组织对经济开放度和审慎宏观经济管理的偏好来发现其中的不足，然而，美国及其他一些发达经济体却逃避了系统的监管。全球金融危机后，金砖国家在 G20 会议及其他类似会议的联合公报中，不断强调国际货币基金组织需要"在该组织所有成员国之间执行更加集中、公平的监督，尤其是针对那些拥有主要国际金融中心和大规模跨边界资本流动的发达经济体"。①

最近，一些金砖国家(尤其是俄罗斯、中国，某种程度上还包括印度)已逐渐取消，或在俄罗斯一例中，消除资本控制。对中国而言，在保持管控的情况下，金融资本自由流动的持续发展与推动人民币国际化的计划相连接。然而，所有的金砖国家都对来自国际货币基金组织的压力感到厌烦，它们倾向于通过经由慎重决定的国家政策来保护自身的自主权和金融稳定。像许多其他新兴经济体一样，金砖国家相信资本的控制是受外部金融影响的新兴经济体所能采取的一部分必要措施。1990 年代，国际货币基金组织推动修订其协议的条款，以促使成员国批准最终全部资本账户自由化，但这一行动被 1997 年至 1999 年亚洲金融危机扰乱，自此之后，国际货币基金组织对资本控制进行的评价好坏兼有。②

在全球金融危机后，对于大多数观察家而言，金砖国家利用资本控制来缓解危机带来的影响是显而易见的。然而，金砖国家在国际货币基金组织的执行董事担心会回到资本账户自由化的争论中，尤其是在 2011

---

① 例如，"Joint Communiqué of the II Meeting of BRICS Finance Ministers," Horsham, UK, March 14, 2009。

② 艾儒蔚挑战了"认为将美国霸权和自由国际金融体系的出现相连接的观点"，在欧盟与经合组织内的欧洲规则制定者中，探索资本流动性，而不是一种"华尔街—财政部复合体"(Wall Street-Treasury Complex)，很大程度上它是体制的"被动受益者"。Abdelal, *Capital Rules*, 25. 但是和下列文献中的观点相反：Kirshner, *American Power After the Financial Crisis*, especially 56–58 and 62–66。See also Ethan Kaplan and Dani Rodrik, "Did the Malaysian Capital Controls Work?" in *Preventing Currency Crises in Emerging Markets*, ed. Sebastian Edwards and Jeffrey A. Frankel (Chicago: University of Chicago Press, 2002), 393–440; Leslie Elliott Armijo, "The Terms of the Debate: What's Democracy Got to Do with It?" *Debating the Global Financial Architecture*, ed. Leslie Elliot Armijo (Albany, NY: SUNY Press, 2002); Ilene Grabel, "The Rebranding of Capital Controls in an Era of Productive Incoherence," *Review of International Political Economy* 22, no. 1 (2015): 10–11。

年 G20 峰会召开前,这次峰会由法国保守派总统尼古拉斯·萨科齐主持,并通过二十四国集团(G24)使得 G20 内部及其与新兴经济体之间进行协调。①

总体上,金砖国家政府在重组资本控制上取得了实实在在的成功,资本控制的重组是国际货币基金组织成员国的合法政策选择——这一结果与它们在 G20 扮演的关键角色有关,也与它们为支持国际货币基金组织的欧洲救助计划所做出的巨大金融贡献有关。如同凯文·加拉格尔(Kevin Gallagher)所言,在金砖国家和其他新兴经济体的推动下,国际货币基金组织内部原本出现分歧的意见竟转向支持对资本的流入与流出进行有限的资本控制。②其结果是国际货币基金组织比以往更为公开地讨论资本控制。③并且,就像俄罗斯近期的经验所表明的,金砖国家渴望在政策制定上具有灵活性,因为它们认为考虑到自身所处特殊环境,这是合适的。于是,在 2014 年至 2015 年的危机期间,俄罗斯依赖于弹性的货币和管理手段,而不是严格的资本控制,来限制其资本的流动。俄罗斯的净资本流出在 2014 年达到了 1 521 亿美元的记录,2015 年减少至 575 亿美元,并在 2016 年上半年降至 106 亿美元。④在国际货币基金组织内部,另一项政策的矛盾关系到指出"全球失衡"的根本原因。这些失衡的现象是指持续的国家商品贸易顺差,例如中国和德国,或是贸易逆差,例如美国与南欧。该讨论也设法解决所谓的汇率操纵,汇率操纵是为了获得所谓不公平贸易的优势以及源自宽松货币政策的外溢效应。在这场解释的争辩中,主要的参与者是美国和中国。在这一讨论中,美国

---

① Gallagher, *Ruling Capital*, 146.

② Ibid. IMF staff papers on this topic; e.g., Jonathan D. Ostry et al., "Managing Capital Inflows: What Tool to Use," IMF Staff Discussion Note, SDN/11/06, April 2011.

③ Jonathan D. Ostry, Prakash Loungani and Davide Furceri, "Neoliberalism: Oversold," *Finance & Development* 53, no. 2 (2016): 38-41; Maurice Obstfeld, "Evolution not Revolution: Rethinking Policy at the IMF," *IMF*, June 2, 2016, http://www.imf.org/external/pubs/ft/survey/so/2016/POL060216A. htm; and IMF, "The Liberalization and Management of Capital Flows: An Institutional View," November 14, 2012.

④ *Bloomberg*, September 2, 2016.

的立场是指责中国为了保护该国的出口并维持快速的经济发展，坚持有意使其货币对美元贬值。①在另一转化中，中国异常高的公共储蓄投资到以美元计算的资产中(最明显的是美国国债)，推高美元，由此产生美国贸易的逆差。②相反，中国政府经济学家和决策者声称，他们与美国之间稳定的贸易顺差是由于美国缺乏竞争性。在中国看来，美国的储蓄率一贯处于低位，该国的宏观经济与财政政策是不负责任的，尤其是自2009年初开始实行量化宽松以来。③

美国与中国都尝试着说服其他主要国家和国际组织支持它们各自提出的解释。于是在2007年8月，国际货币基金组织宣布了由美国推动的一项监督全球失衡的政策。那些汇率被显示为"基本失调"的国家将被国际货币基金组织进行查账。中国对此予以反对，但它缺少足够的支持以改变这一进程。中国便在金砖国家中寻找盟友：2009年初，四位财政部长要求国际货币基金组织将其监督活动扩展至各富裕国家。

到2009年年中，国际货币基金组织回应了金砖国家提出去除其新的第四条指导原则中关于汇率水平的评判性语言的要求。2010年9月，国际货币基金组织宣布了针对"具有系统重要性国家"的强制监管活动，包括G20中所有的大型经济体成员。④到2010年后期，G20成员巴西、中国、德国和俄罗斯(之后还有印度和南非加入)等国分别批评了美国的货币膨胀或量化宽松政策，认为这倾向于助长货币与贸易的不稳定。

---

① Morris Goldstein and Nicholas R. Lardy (eds.), *Debating China's Exchange Rate Policy* (Washington, DC: Peterson Institute for International Economics, 2008).

② Ben S. Bernanke, "The Global Savings Glut and the U.S. Current Account Deficit," Sandridge Lecture, Virginia Association of Economists, Richmond, VA, March 10, 2005.

③ Gregory T. Chin, "Understanding Currency Policy and Central Banking in China," *Journal of Asian Studies* 72, no. 3 (2013): 519 – 538; Rosemary Foot and Andrew Walter, *China, the United States, and Global Order* (Cambridge, UK: Cambridge University Press, 2010), Chap. 3, 79 – 132.

④ Christian Brütsch and Mihaela Papa, "Deconstructing the BRICS: Bargaining Coalition, Imagined Community, or Geopolitical Fad?" *Chinese Journal of International Politics* 6, no. 3 (2013): 17 – 18; BRIC Finance Ministers' Communiqué, March 13, 2009, Horsham, UK.

2013 年南非德班金砖国家峰会公报也指出，"非传统的货币政策行为增加了全球范围内资金的流动"，该公报注意到"非故意的结果……可能对其他经济体，尤其是发展中国家产生负增长效应"。①在某一层次上，这种国际争论并不是非常重要的：　随后，国际货币基金组织及其他国际组织常规发布的公报被忽视。但事实是，在金砖国家的支持下，中国已然加入到有关多边指导原则的经济意识形态的微妙争论中，这一事实是潜在的全球权力转移的一个重要标志。

内部改革：　抵制金融市场大国以实现美国/西方政治目标为目的的操纵（案例 2）

位于表 3.2 左下角方格中的是金砖国家在金融治略合作上的第二个案例，包含了成员国选择集体反对现有大国尝试利用其金融市场优势来推动实现其政治目标。这一案例包括其他四个国家，它们均支持俄罗斯抵制美国和欧盟因俄罗斯自 2014 年 2 月起处理乌克兰和克里米亚问题而实施的金融制裁。

美国同欧盟继续采用经济及其他具有针对性的制裁形式，通过强加在中期阶段逐渐升高的成本，来改变俄罗斯在国际上的行为。②美国的制裁并非是通过针对俄罗斯的主权而摧毁其经济，而是旨在表现出一种可以产生巨大成本的可持续、可升级的能力，同时避免多余的外溢效应，例如破坏全球金融市场或招致克林姆林宫停止对欧洲的天然气供应。奥巴马政府相信制裁会影响普京的算计（奥巴马政府视普京为风险可接受者和修正者）并阻止俄罗斯扩大战争，同时也给予乌克兰改革其军事和经济

---

① BRICS, "BRICS 5th Summit Declaration," last modified March 23, 2013, http://brics5.co.za/about-brics/summitdeclaration/fifth-summit/.

② 这一部分利用了前美国官员和其他了解情况的参与者所提供的背景。有关美国自 2014 年起对俄罗斯实施制裁的文件记录汇编，可参见 "Ukraine-/Russia-related Sanctions," Office of Foreign Assets Control, U.S. Department of the Treasury, https://www.treasury.gov/resource-center/sanctions/Programs/pages/ukraine.aspx。

的时间。这些制裁是欧洲—大西洋政治妥协的产物，并被许多支持武装乌克兰的美国决策者看作次佳选择。这些制裁会间接导致一场更加复杂的战争，而且并不总是按恰当的顺序发生。事实上，在第一次停火协议和交换俘虏期间增加了一些制裁，而其他制裁未能影响分裂主义者控制下的领土扩张，包括顿涅茨克机场和杰巴利采韦市。

鉴于西方国家仍不愿意采用军事力量来帮助乌克兰，制裁就成了能够进行威胁与约束的最重要手段，同时也向克林姆林宫传递出一个代价高昂的信号，即西方国家认为俄罗斯在国际上的行为是不可接受的并可能愿意提高代价。2014 年 3 月克里米亚并入俄罗斯之后，华盛顿迅速加快了制裁的生效，试图避免乌克兰的局势不断恶化。自 2014 年 6 月中旬以来，油价暴跌50%，与之相关联的卢布崩溃，制裁已对俄罗斯的经济产生了负面影响，但在政治上，西方却没有获得明显的成功。这一结果与制裁有关的重要研究相一致，就实现渴望的政策转移而言，这些研究显示它们只在不到30%的案例中产生效果。①有针对性的金融制裁可以让遭受制裁的对象吃尽苦头，并实现让步，例如可以有助于延缓伊朗追求其核目标。制裁也可以进一步威慑讨厌的行为，但制裁仍然会带来不确定而且可能是意外的结果。②此外，伊朗和俄罗斯是两个非常不同的案例，因为俄罗斯是更大的经济体，并且更加能够融入全球经济。③

为了避免扰动全球经济，或者中断流向欧洲的油气，考虑到欧洲依赖于俄罗斯的能源进口，2014 年 3 月开始的金融制裁首先将目标对准与普京关系密切的个人，冻结他们在西方的金融资产并施加旅游限制。随后有关部门的制裁开始集中向俄罗斯的财政部、能源部，以及与政府有密切关系的防务公司施加压力。美国的制裁限制了它们获得西方市场、贷款(尤其是美元融资)及技术，包括期限超过三十天的权益或债务工

① Hufbauer et al., *Economic Sanctions Reconsidered*.
② Ibid.; and Daniel W. Drezner, "Targeted Sanctions in a World of Global Finance," *International Interactions* 41, no. 4 (Aug. 2015): 755–764.
③ Robert D. Blackwill and Jennifer M. Harris, *War by Other Means: Geoeconomics and Statecraft* (Cambridge, MA: Harvard University Press, 2016), 197.

具，有效地关闭了俄罗斯公司的资本市场；同时，阻断美国公司与俄罗斯在深水、北极外洋或页岩项目上签订协议。①7 月 17 日，马航 MH17 航班坠毁，机上多为欧洲乘客，这一事件刺激了欧盟在实施更严厉的部门制裁上同美国展开协调，禁止为所针对的俄罗斯公司提供期限超过九十天的融资。②11 月，在北约公布俄罗斯的军事装备和军队已进入乌克兰东部地区的消息之后，随之而来的是附加的资产冻结与旅行禁令。定期增加的新制裁暗示着和俄罗斯做生意的潜在代价(特别是对欧洲和中国的金融部门)。由于不能再对其外部债务提供资金，许多俄罗斯公司被迫偿债，这导致 2014 年私人资本净流出大幅增加。在被制裁的领域，俄罗斯和欧盟间的贸易显著下滑，由于国家施加的限制占俄罗斯外国直接投资的 80%，俄罗斯近期前景暗淡无光。

　　然而，普京连眼睛都没眨一下。俄罗斯经济并没有崩溃，制裁没有减少当前俄罗斯碳氢化合物的生产，进口替代给那些"聚集在这一旗帜周围"的重要的保护主义选区带去了利益，同时克林姆林宫帮助受到制裁的公司摆脱困境。③随着制裁"削弱了俄罗斯经济相对独立和现代的部分"，并使得俄罗斯以西方为导向的经济界精英和国际主义者变得优柔寡断，普京获得了更大的控制力，同时壮大了俄罗斯的民族主义和孤立主义势力。④俄罗斯政府通过允许卢布浮动，保持信贷市场开放，回购外汇

---

①　有关官方指示和正式的美国政府对制裁的指导，参见美国财政部网站上发布的文件，https://www.treasury.gov/resource-center/sanctions/Programs/pages/ukraine.aspx。

②　有关欧盟理事会监管针对俄罗斯的制裁参见 the document No. 833/2014, July 31, 2014, http://eur-lex.europa.eu/legal-content/EN/TXT/? uri=uriserv: OJ.L_.2014.229.01.0001.01.ENG; 也可参见 the documents contained in "EU sanctions against Russia over Ukraine crisis," http://europa.eu/newsroom/highlights/special-coverage/eu-sanctionsagainst-russia-over-ukraine-crisis_en。

③　Richard Connolly, "The Impact of EU Sanctions on Russia," in *On Target? EU Sanctions as Security Policy Tools*, EU Institute for Security Studies, Report No. 25 (2015), 29–38.

④　Clifford G. Gaddy and Barry W. Ickes, "Can Sanctions Stop Putin?" *Brookings Brief*, 2014; Igor Yurgens, "Targeted Sanctions with an Unclear Target," in *Costs of a New Cold War: The U.S.-Russia Confrontation over Ukraine*, ed. Paul J.Saunders (Washington, DC: Center for the National Interest, 2014), 45–47.

债务等方式避免了严重的收支失衡和银行业危机。在确保危机没有加深且俄罗斯的储备没有耗尽的情况下，这些行动有助于恢复宏观经济的稳定。并且，通过阻碍俄罗斯进入债券市场，这些制裁也自相矛盾地限额收取外币债务，同时向与克林姆林宫有联系的公司施加更大的金融处罚，例如针对俄罗斯石油公司（Rosneft）的。两年后，在 2016 年 5 月，尽管西方政府警告投资者离开，但俄罗斯重新进入了欧洲债券市场。此后，俄罗斯转向公司议题，表明该国能够逐步瓦解金融制裁。①

从 2014 年至 2016 年，欧美国家在支持制裁上的团结一致是令人惊讶的，尽管德国在历史上和俄罗斯有着密切的经济关系，但德国总理默克尔（Angela Merkel）在欧盟内部展现出惊人的领导力。然而，随着匈牙利、捷克共和国、希腊和保加利亚等国开始反对，与此同时意大利及其他国家不赞成自动延长制裁，分歧是明显的。②德法的商业界以及芬兰的农民也不断反对，尽管值得注意的是欧盟制裁是由单个欧洲国家而不是布鲁塞尔来执行的，同美国公司相比，这给予欧洲公司在与俄罗斯的交易中更多的弹性和自行决定监管的自由，北溪 2 号（Nordstream II）、英国石油公司和俄罗斯石油公司之间的合资企业等可资证明。自始至终，俄罗斯都在试图利用西方国家间的分歧以对自身有利。其他西方国家，包括日本、韩国和土耳其，在制裁上表现出不情愿，它们要么是有限参与要么就是不参与的伙伴国，尽管奥巴马政府进行了积极的游说。即使不是回避制裁条文而只是回避制裁的精神，日本也表明愿意为俄罗斯诺瓦泰克公司（Novatek）在北极圈生产液化天然气提供资金，以建立新的伙伴关系。③

---

① Ben Aris, "Russia Bond Boom Gathers Pace," BNE Intellinews, August 24, 2016.
② "EU Renews Sanctions on Russia, but Kremlin Hopes to Break Europe's Unity," Russia Direct, March 10, 2016; "German Minister Aims to Get Russian Sanctions Lifted," Radio Free Europe, Radio Liberty, March 18, 2016; "EU Should Drop Russia Sanctions, Slovak PM Says After Meeting Putin," Reuters, August 26, 2016.
③ "U.S. Seeks Asian Backing for Sanctions on Russia," Wall Street Journal, July 30, 2014; and Anna Andrianova and Elena Mazneva, "Japan Makes Arctic Gas Move With $400 Million Yamal LNG Loan," Bloomberg, September 1, 2016, https://www.bloomberg.com/news/articles/2016-09-02/japan-makesarctic-gas-move-with-400-million-yamal-lng-loan.

　　金砖国家集团面对其成员国遭遇的强制性压力，在反对制裁上坚定地站在一起，但毫不意外的是，金砖国家并没有积极支持俄罗斯的外交政策。2014 年 3 月，巴西、印度、中国和南非加入其他 54 个国家在联合国大会有关谴责俄罗斯兼并克里米亚决议（已通过的 100∶11∶58）的投票中选择弃权。俄罗斯已经否决了一项西方支持的联合国安理会决议（13∶1∶1），该决议谴责提议在克里米亚举行公投以脱离乌克兰，加入俄罗斯。在那次投票中，中国弃权。

　　所有金砖国家都拒绝加入到制裁的机制中，正如它们断然拒绝未经联合国批准的针对伊朗的单边制裁。在 2014 年 7 月于巴西福塔莱萨（Fortaleza）举行的第六届金砖国家峰会和 2016 年 10 月于印度果阿举办的第八届金砖国家峰会上，普京均受到同伴们的共同欢迎。他也于 2015 年 7 月在俄罗斯乌法主持了第七届金砖国家峰会，所有成员国的元首均出席。在乌法，印度总理莫迪强调："单边制裁正在损害全球经济。所以，金砖国家经济体深化其合作尤为关键。"2014 年至 2016 年的峰会宣言坚持强调金砖国家反对违反国际法的单边经济制裁。①

　　尽管中国商业银行在无视制裁上没有发声，但政府为同俄罗斯签订经济协议铺平了道路。随着油价暴跌，中俄贸易 2015 年减少近 30%，在 2016 年前三个季度，中俄贸易逐步恢复。实际上，俄罗斯的石油出口量有所增长，这使得俄罗斯成为中国最大或第二大的原油供应者（大致与沙特阿拉伯相当）。并且，尽管克里姆林宫此前对准许外资在战略部门如石油和天然气公司的股权超过 25% 的问题上保持沉默，但考虑到制裁的影响、油价下跌以及俄罗斯石油公司受到的金融限制等，克里姆林宫认为必须放宽这些限制。于是，随着两家中国银行将信用额度增加 120 亿美元，中国石油天然气集团公司（CNPC）和中国的丝路基金（Silk Road Fund）共同在俄罗斯的亚马尔（Yamal）液化天然气项目中获得了 30% 的股份。同样，一印度财团在俄罗斯石油公司旗下子公司万科尔石

---

① 例如，第八届金砖国家峰会中的《果阿宣言》。

油公司(Vankorneft)中获得了 26% 的股份。俄罗斯先进武器的军售激增,例如向中国和印度出售 S－400 地对空导弹及苏－35 战斗机。2015年,中国成为俄罗斯最大的外国资本来源(除俄罗斯的资本再次从塞浦路斯流进以外)。①这是表明华盛顿不能对一个大国施加外交孤立的强烈信号。

正如第四章将会讨论到的,逐步升级的制裁和威胁是否会阻止俄罗斯在乌克兰采取比实际更危险的行动,尚不清楚。奥巴马政府的一些高级官员争辩说,制裁升级会阻遏俄罗斯在两周内攻占基辅的赌博,并促使俄罗斯回到谈判桌前。在这一案例中,最明显的例子是美国和欧盟认真考虑切断俄罗斯使用 SWIFT 金融信息系统,以回应俄罗斯对乌克兰和克里米亚问题的应对,这对部分金砖国家产生了影响。在这方面,美国的方式类似于托马斯·谢林(Thomas Schelling)的冒险战略,即在施加重大惩罚的同时,威胁对方还会付出高得多的代价,以致屈服成为最好的选择。然而,华盛顿在制造胁迫性威胁上的可信性也许会因其更担忧全球金融市场的反应而受到削弱。

此外,正如丹尼尔·德雷兹纳所指出的,制裁可产生负面、适得其反的作用,即可能让实施制裁的行为体在未来付出更大的代价。②其他分析者也暗示,美国的单边主义由"金融武器化"(weaponization of finance)

---

① Alexander Gabuev, "Russia's China Dreams Are Less of a Fantasy Than You Think, " Carnegie Moscow Center report, June 28, 2016; John C. K. Daly, "Russian-Chinese Joint Ventures in Russia's Far East, " *Eurasia Daily Monitor* 14 no. 48, April 7, 2017; "ONGC signs deal to acquire additional 11% stake in Russia's Vankorneft, " *LiveMint*, April 18, 2017, http://www. livemint. com/Industry/U9I5hhLVbaq7QiFM8DxzyI/ONGCsigns-deal-to-acquire-additional-11-in-Russias-Vankor. html; and Olesya Astakhova, Denis Pinchuk and Oksana Kobzeva, "UPDATE 1-Russia plans to produce more than 70 mln tonnes of LNG a year in Arctic, " *Reuters*, March 29, 2017, http://uk. reuters. com/article/russia-novatek-lng-idUKL5N1H65GQ.

② 关于这两点,参见 Drezner, "Targeted Sanctions in a World of Global Finance"; and Elizabeth Rosenberg et al., "The New Tools of Economic Warfare: Effects and Effectiveness of Contemporary U.S. Financial Sanctions, " Center for a New American Security report, April 15, 2016。

支撑，这会刺激他国以摆脱美元的多元化形式来制衡美国。①俄罗斯总理梅德韦杰夫则威胁，万一 SWIFT 中止，将逐步升级至武力的"无限制"使用。②2014 年，在巴西举行金砖国家峰会前夕，普京暗示迫切需要减少俄罗斯面对制裁时的脆弱性，他告诉采访者："我们（金砖国家）应该一起思考一套措施，以有助于阻止美国及其盟友侵扰不同意其外交政策决定的国家 ……"③

　　美国的制裁中断了俄罗斯境内维萨卡（Visa）和万事达信用卡（MasterCard）的运营，这意味着俄罗斯银行所发行的信用卡不能在海外使用，因为它们与受到制裁的银行间的支付得不到处理，普京抱怨这些"非政治化的经济实体""受到政治压力的巨大影响"。④维萨卡和万事达信用卡拥有最大的市场份额，甚至能够中断俄罗斯官员在海外使用它们的信用卡，这对克里姆林宫来说是一个震慑。结果，俄罗斯政府迅速要求俄罗斯银行从零开始，建立一套国家支付卡系统。在与许多国际支付系统签订共同品牌协议后，俄罗斯表明了要发展一套切实可行的全球系统的承诺。这些品牌包括维萨卡及万事达信用卡；日本国际信用卡公司（Japan Credit Bureau［JCB］International），这是一种日本国家支付系统；银联（Union Pay），中国的国家支付卡系统；还有其他的品牌，尽管制裁仍在进行中。⑤

---

① 关于这两点，参见 Drezner，"Targeted Sanctions in a World of Global Finance"；Ian Bremmer and Cliff Kupchan，"Top Risks 2016，" Eurasia Group，3；and Rachel Evans，"Russia Sanctions Accelerate Risk to Dollar Dominance," *Bloomberg Business*，August 6，2014。

② "Russia to respond to possible disconnection from SWIFT—PM，" *TASS*，January 27，2015.

③ Vladimir Putin，Interview with ITAR-TASS，July 15，2014，http://en.kremlin.ru/events/president/news/46218.

④ Excerpts from transcript of the plenary session of the First Media Forum of Independent Regional and Local Media with Vladimir Putin，April 24，2014，St. Petersburg，http://special.kremlin.ru/events/president/transcripts/20858.

⑤ Alexey Parshin，"Russia's National Payments System：The Journey So Far，" *Finance Digest*，June 3，2016；Charles Clover，"Western Sanctions 'Pushing Russia Towards Closer ties with China，'" *Financial Times*，April 17，2016.

2015 年，鉴于对主权的保护，以免在 SWIFT 中成为美国情报机构的目标，中国加快推动自己的跨境银行间支付（例如，没有信息发送）系统（Cross-border Interbank Payment System， CIPS）。①中国也利用财政刺激为清算和结算服务提供独立的基础建设，以促进人民币在不断增长的跨境贸易及投资中的使用。国内外参与者的人数不断增加，2016 年 3 月，管理跨境银行间支付系统的机构签订了与 SWIFT 的全球用户共同体连接的合同，再次显示中国对满足市场激励的关注，同时中国也在建立类似的机构。最终，预期当前有关运营时间、流动性和连通性等的限制将会得到克服，从而帮助跨境银行间支付系统成为人民币跨边界和离岸资本清算和结算的主要平台。②从这个意义上讲，跨境银行间支付系统能够成为有助于逐渐削弱美元主导地位的另一个外部选择。

最后，在由莫斯科和北京提出、莫迪总理随后加入的倡议中，金砖国家同意在果阿峰会上考虑推动建立它们自己独立的信用评级机构，以初级国家机构的经验为基础。关注这一倡议反映了对于评级机构受一系列利益冲突支配的担忧，以及担忧西方评级公司偏向于支持发达国家，而对发展中的新兴经济体则悲观，正如过度乐观的信用评级导致了全球金融危机一样。③

在这一案例中，金砖国家团结一致抵制针对俄罗斯的金融制裁，同时，一些成员国也利用其外部选择来减少它们日后面对华盛顿和布鲁塞尔采取强制行动时的脆弱性。并且，在俄罗斯干预美国 2016 年选举后，

---

① Gabriel Wildau， "China Launch of Renminbi Payments System Reflects SWIFT Spying Concerns，" *Financial Times*， October 8， 2015.

② Paul Golden， "China Looks Forward to Second Phase of CIPS，" *Euromoney*， September 8， 2016.

③ "BRICS May Set up Ratings Agency for Emerging Markets，" *Economic Times Online*， May 16， 2016； Kathrine Hille， "Russia and China Plan Own Rating Agency to Rival Western Players，" *Financial Times*， June 3， 2014。至于有所助益的学术讨论，参见 Rawi Abdelal and Mark Blyth， "Just Who Put You in Charge? We Did：CRAs and the Politics of Ratings，" in *Ranking the World*， ed. Alexander Cooley and Jack Snyder（New York：Cambridge University Press， 2015）， 39 – 59。

2017 年美国国会以压倒性的投票结果将制裁升级，并将其列入法案，要求必须经国会批准才能减轻惩罚，这使得特朗普总统及未来的行政当局打算废除制裁机制变得极为困难。这一行动显著扩大了美国在疆界外的限制，并且与欧盟在输油管道及其他和俄罗斯相关的协议问题上决裂，表明美国在金融治略上仍有优势。金砖国家内部的团结依然牢固，但俄罗斯有关结束制裁的希望则显得更为遥远。

外部选择：建立由金砖国家控制的
平行金融机构（案例 3）

围绕增加在世界银行和国际货币基金组织中的影响力问题，尽管金砖国家不断取得进步，但它们已发现要从内部改变现存机构是缓慢且费力的。另一项战略是实施其外部选择：它们可以在西方控制的机构之外建立新机构，这些新机构只对它们自己负责。本章有关集体金融治略的第三个案例，是追求建立新制度的外部选择，这位于表 3.2 中的右上角方格内。正如来自金砖国家的巴蒂斯塔及其他官员所言，建立新机构的重要动机是"设在华盛顿的机构"在治理改革上长期的不作为。[1]一些美国官员也担心会失去上升中的大国，但他们只是少数，在行动问题上两党间没有达成共识。[2]到 2015 年，前美国高级官员——包括美联储前主席本·伯南克（Ben Bernake）、前财政部长劳伦斯·萨默斯在内，指责美国国会阻挠 2010 年的国际货币基金组织协议，并在美国应对中国想要在国际经济中扮演更重要角色的问题上处理不当。

---

① "IMF Governance," Bretton Woods Project, February 8, 2016.

② 2006 年，财政部负责掌管国际事务的副国务卿观察到，"刚才我们突然想到这样的观点，即如果我们不能采取行动以承认新兴经济体不断增长的作用，国际货币基金组织会变得无足轻重，并且我们的情况都将变得更糟"。Statement by the Hon. Clay Lowery, Temporary Alternate Governor of the Fund and the Bank for the United States, Boards of Governors, 2006 Annual Meetings of the IMF and World Bank Group, Singapore, Press Release No. 59, September 19 - 20, 2006.

　　通过这些平行机构进行投资的优先选项将是基础设施，如同金砖国家决策者发现，当前基础设施建设的资金供给处于低水平——低于来自世界银行贷款的 10%①——属于极度缺乏。②亚洲开发银行估计仅在亚洲地区，在 21 世纪的前十年中，基础设施的资金需求为 8 万亿美元③，而世界银行预测在这十年间，非洲基础设施的融资需求每年约为 930 亿美元。④

　　建立一个不受西方国家掌控的多边金融机构的动力已持续若干年。在 1990 年代末的亚洲金融危机期间，日本（当时是世界最大的债权国）尝试建立一个亚洲货币基金组织（Asian Monetary Fund），不料这一计划却遭到美国的反对。⑤在接下来的十年间，在发展中国家决策者和支持者中间传出了许多全球金融改革计划。2006 年，委内瑞拉启动了一项计划，旨在建立替代世界银行和国际货币基金组织的南美机构：南方银行（the Bank of the South）。⑥2009 年，前世界银行首席经济学家、从知情人转变为批评者的约瑟夫·斯蒂格利茨（Joseph Stiglitz）在联大主持了一个围绕更新全球金融结构议题而特别召集的名人小组，这个小组产生了一份由"南方"多边和跨国核心组织——例如七十七国集团（G77）和 G24——积

①　Gregory T. Chin, "The BRICS-Led Development Bank: Purpose and Politics Beyond the G20," *Global Policy* 5, no. 3 (2014): 368.

②　Otaviano Canuto, "Liquidity Glut, Infrastructure Finance Drought, and Development Banks," *Capital Finance International*, September 19, 2014, http://cfi.co/africa/2014/09/liquidity-glut-infrastructure-finance-drought-and-developmentbanks/.

③　Asian Development Bank (ADB), *Infrastructure for a Seamless Asia* (Tokyo: Asian Development Bank Institute, 2009).

④　Vivien Foster and Cecilia Briceño-Garmendia (eds.), *Africa's Infrastructure: A Time for Transformation* (Washington, DC: World Bank Publications, 2010). 这些评估以它们各自推测出的假设为基础而变化。根据联合国贸易和发展会议投资与企业司近期的评估，每年，整个新兴市场基础设施投资的需求在 1.6 万亿美元到 2.5 万亿美元之间。James Zhan, "Investment, Infrastructure, and Financing the Sustainable Development Goals." Workshop on Aid for Trade and Infrastructure: Financing the Gap, WTO, February 16, 2015。

⑤　Henry Laurence, "Japan and the New Financial Order in East Asia: From Competition to Cooperation," in *Debating the Global Financial Architecture*, ed. Leslie E. Armijo (Albany, NY: SUNY Press, 2002), 214–235.

⑥　到 2009 年，南方银行已拥有包括巴西在内的 7 个成员国，尽管其重要推动者的经济恶化，表明银行将不能提供任何贷款。

极推动和讨论的报告。①

斯蒂格利茨委员会（Stiglitz Commission）的报告为发展中国家能够更多地参与到国际金融治理中提出了具体的建议，并且明确地将全球金融监管（对发达工业国家而言很重要）、发展融资（对发展中国家而言是关键）、粮食安全（这是印度的一个主要关切）、环境可持续的发展以及使发展中国家可获得资金以缓解气候变化等问题联结了起来。委员会会议也为高水平的多边讨论提供了一个论坛，这些讨论是关于穷国将储蓄投资于低收益证券如美国国债，从而为富国提供资金，因此实际上就为美国政府提供了廉价贷款这一历史反常现象。

印度在斯蒂格利茨委员会中的代表是印度储备银行（Reserve Bank of India）前行长雷迪（V.K.Reddy），确保了它的讨论在委员会中能被广泛接收。2011 年，斯蒂格利茨连同伦敦杰出的经济学家尼古拉斯·斯特恩（Nicholas Stern）一起分发了一篇非正式的文章，为南方国家运营一家多边银行提出了具体建议。②以来自世界范围内的资深学者和决策者给予的反馈为基础，这篇文章经过了多次修订，随后被援引以作为新开发银行的具体激励。③印度资深经济决策者直接在其金砖国家同仁间推广建立金砖国家发展银行的理念，在 2012 年的新德里金砖国家峰会上，印度总理辛

---

① United Nations General Assembly, "Report of the Commission of Experts of the President of the United Nations General Assembly on Reforms of the International Monetary and Financial System," United Nations, September 21, 2009, http://www. un. org/ga/econcrisissummit/docs/FinalReport_CoE.pdf.

② 这一集体文本从来没有公开发表；这是巴西利亚财政部一名高级官员将标记为"版本 16"（version 16）的电子文件提供给本书其中一位作者的。Nicholas Stern and Joseph Stiglitz, "An International Development Bank for Fostering South-South Investment: Promoting the New Industrial Revolution, Managing Risk and Rebalancing Global Savings," September 2009。

③ Tang Lingxiao, Ouyang Yao, and Huang Zexian, "The Foundation for the Establishment of the BRICS New Development Bank: Immediate Impetus and Theoretical Rationale," *Social Sciences in China* 36, no. 4 (2015): 40-56; and Mzukisi Qobo and Mills Soko, "The Rise of Emerging Powers in the Global Development Finance Architecture: The Case of the BRICS and the New Development Bank," *South African Journal of International Affairs* 22, no. 3 (2015): 277-288.

格（Manmohan Singh）正式提出了这一理念。

金砖国家银行——许愿需谨慎

经过 2013 年的德班峰会，提议的新银行有了一个名字——新开发银行——2015 年，这一银行开业，认缴启动资本为 500 亿美元，法定资本为 1 000 亿美元。第二家预期的多边机构应急储备安排加入其中，承诺提供总额达 1 000 亿美元的资金。①同部分金砖国家的外汇储备相比，这些数额不算巨大，更别提与中国其他的筹资手段所得相比。并且，金砖国家展现出的团结掩盖了金砖国家内部存在的一些重大分歧，尤其是在银行的规模上。印度和巴西极其强调初期的认缴资本及表决权股份应在五个国家之间进行平等分配，除中国外，其余四国均同意这一点，中国则想通过投票权股份反映经济权重，这将给予北京主导的地位。

中国承诺金砖国家这一组织不只是服务于中国的利益，也使所有成员受益，这一承诺对其伙伴来说是最为重要的信号。这也表明在全球强国的传统里，北京不仅是主要资金的来源，也会保持公平。然而，平等代表原则的成功有两个消极面：第一，中国从其更大的亚投行中获得了最大的声望和影响力，这在金砖国家内部引起了一些不满。第二，更重要的是，这意味着新开发银行——凭借给予金砖国家在投票权股份上 55% 的永久持股比例的协议条款——是在五个成员国之间最小公分母的基础上成立的。因此，新开发银行不可能获得有意义的规模及发展的影响，除非创始国重新协商有关新开发银行的首要原则。

在新开发银行的位置和领导者的问题上，印度和中国之间存在分歧。印度考虑到新开发银行的理念由本国提出，并且暗自认为就国内财政管理者的老练及专业知识而言，它比中国或俄罗斯具有更好的资质，

---

① "BRICS and Africa: Partnership for Development, Integration, and Industrialisation." [eThekwini Declaration], March 27, 2013, http://www.brics5.co.za/about-brics/summit-declaration/fifth-summit/.

因此希望提议的金砖国家银行能设在印度。然而，印度被迫让步于中国更大的经济影响力和金融资源——尤其是更多的外汇储备——并且同意将新开发银行设在上海。俄罗斯与巴西也想成为银行的东道国，但没有奋战到底。①中国为其自身主张支持新开发银行设立永久性的行长职位，而不是最终被选定的轮值行长职位，但中国被说服撤回了这一主张。②

此外，印度被授予任命新开发银行第一任行长的权利，而其他国家均能任命一位副行长。新开发银行于 2014 年 6 月在巴西福塔莱萨举行的金砖国家峰会上正式成立。

当新开发银行于 2015 年 7 月 22 日在上海投入运行时，印度私人银行家卡马特（K. V. Kamath）指出："我们的目标不是挑战现存的体系，而是以我们自己的方式对这一体系进行改善和补充。"③中国财政部长楼继伟也出席了这一活动，他补充说："这一银行将更多关注发展中国家的需求，对发展中国家的国情给予更大的尊重，同时更加充分体现发展中国家的价值。"楼继伟进一步发现"并没有所谓的'最佳实践'"，他指出新开发银行愿意通过超越现存中"很僵硬、不灵活和迟钝的"多边开发银行来推动开发性金融（development finance）"从最佳实践走向下一次实践"。④

楼继伟并不是指新开发银行能够承担忽视从开放的市场获得贷款的成本和支持未来贷款所需要的利润水平。相反，卡马特及其他人士强调的重点是合理化、低成本、不太官僚和"没有附加条件"的运作（更多地关注项目而不是塑造国内政策）。金砖国家寻求优先实现比笨拙的世界银

① Simon Romero, "Emerging Nations Bloc to Open Development Bank," *The New York Times*, July 15, 2014.

② Theresa Robles, "A BRICS Development Bank: An Idea Whose Time Has Come?" *Rajaratnam School of International Studies*, November 14, 2012, http://www.rsis.edu.sg/rsispublication/cms/1872-a-brics-development-bank-an-i/#.WB6BjeErJok.

③ Aditya Tejas, "BRICS Nations Open New Development Bank in Shanghai as 'Alternative' to IMF, World Bank," *International Business Times*, July 21, 2015.

④ Gabriel Wildau, "New Brics Bank in Shanghai to Challenge Major Institutions," *Financial Times*, July 21, 2015.

行更快处理贷款的目标，世界银行的优势在于能够以较低的利率借钱，因为世界银行拥有信誉的最佳等级。①然而，新开发银行在一系列决定中表现出对最佳实践较为敏感，从雇用西方国家的业务顾问来起草协议条款到与世界银行过去和当前工作人员在运营模式和项目上展开合作，以及对在资本市场筹集资金感兴趣。新开发银行也同亚投行展开协调，并于2016年9月9日签署了一项谅解备忘录，新开发银行还和世界银行在基础设施项目上开展合作，尽管尚不清楚这样的合作是否将影响新开发银行在国际资本市场具有更高的借贷成本或标准。新开发银行将从与金砖国家国有开发银行的共同筹资中获益，例如中国国家开发银行（China Development Bank，CDB）和巴西国家经济和社会发展银行（Brazilian Development Bank，BNDES），同时，新开发银行和其他地区银行——包括拉丁美洲开发银行（Development Bank of Latin America）——签订了合作协议。②

应急储备安排是金砖国家自己的小型货币基金，相关条约于2015年7月15日由五个金砖国家成员国签署，和国际货币基金组织一样，应急储备安排的法定作用是在危机期间，为短期、支付平衡的贷款提供一个框架。与新开发银行不同，它的初期资本认缴是由五个金砖国家成员均摊，中国承诺为1 000亿美元的应急储备安排提供大部分资金。中国承担410亿美元，俄罗斯、印度和巴西各承担180亿美元，南非为了其股份则保证承担50亿美元。

如同东亚与之相似的金融安排"清迈倡议多边化"（Chiang Mai

---

① Stephany Griffith-Jones, "A BRICS Development Bank: A Dream Coming True?" Discussion Paper No. 215, UNCTAD, 2014; Chris Dixon, "The New BRICS Bank: Challenging the International Financial Order?" *Policy Paper* No. 28, Global Policy Institute, 2015.

② Helmut Reisen, "Will the AIIB and the NDB Help Reform Multilateral Development Banking?" *Global Policy* 6, no. 3 (2015): 297 – 304; Article 19 of the Agreement on the New Development Bank specifies the possibility of cofinancing (July 15, 2014, Fortaleza, Brazil)。也可参见 New Development Bank (NDB), "CAF and New Development Bank Sign Cooperation Agreement," NDB Press Release, September 9, 2016; NDB, "New Development Bank and China Construction Bank Signed Memorandum of Understanding on Strategic Cooperation," NDB Press Release, June 8, 2016。

Initiative Multilaterization， CMIM），应急储备安排和国际货币基金组织存在一种联系： 在此前没有和国际货币基金组织签署协议的情况下，各国有权可获得最多 30%的资金。可以说这是一种担保偿还紧急资金支出的方式，但也代表实际承认了当前金砖国家自身在监测和监督能力上存在不足。①然而，一些批评者质疑应急储备安排是否具有"必要的火力"，因为它相当于中国外汇储备的 1%或者印度 2013 至 2014 财年预算赤字的80%。然而，应急储备安排可能帮助南非、巴西将在 2002 年所受紧急援助的金额增加至 304 亿美元。②

金砖国家这些新机构使得这一组织在全球经济治理中获得了可信度，成员国渴望将这些机构投入运营。2016 年 4 月，在世界银行/国际货币基金组织春季会议期间，金砖国家召开了核心会议，此后新开发银行董事会宣布新开发银行的第一笔贷款将提供给五个金砖国家中的四个(即除了俄罗斯外的其余四国)，并且这笔贷款将全部用于可再生能源领域，"支持 2 370 兆瓦"的容量。③随后，7 月召开的董事会会议批准了一笔贷款，以支持在俄罗斯联邦卡累利阿共和国建设两座水力发电厂，其总装机容量为 49.8 兆瓦。④

这些贷款会以美元进行发放，同时将转入每个国家已经成立且在基础设施项目的资金提供上具有长期经验的银行中，之后这些贷款会被发放至它们最终的借贷人手中，尽管俄罗斯的贷款将同欧亚开发银行(Eurasian Development Bank)进行协调。这些贷款的额度相对较小，四项贷款的总额度只有 9.11 亿美元，但在多个层次上，它们的重要性都具有鲜明的象征性，某种意义上包括它们被认为是支持实现新开发银行在基础设施和"可持续发展"上的双重目标，其中第二个目标对巴西和印度

---

① Nicolette Cattaneo， Mayamiko Biziwick and David Fryer， "The BRICS Contingent Reserve Arrangement and Its Position in the Emerging Global Financial Architecture，" *Policy Insight* 10 (2015).

② Sid Verma， "BRICS Bank：Requiem for a Dream，" *Euromoney*， September 2014.

③ "The BRICS Bank Announces First Set of Loans，" *BRICS Post*， April 16， 2016.

④ News and reports for the NDB are available on its website：http://ndb.int/index.php.

国内的支持者来说尤其重要。

然后，2016 年 6 月下旬，新开发银行行长卡马特采取了另一项可以说更为重要的措施：他宣布发行国家货币的债券，以在金砖国家内部吸引私人资本。①第一期绿色金融债券（Green Financial Bond）在中国境内债券市场上发行，发行规模为 30 亿元人民币，名义利率为 3.07%。新开发银行南非籍首席财务官莱斯利·马斯多普（Leslie Maasdorp）预计，新开发银行将成为中国银行间市场上频繁的发行方。中国两家评级公司——中国诚信信用评级公司（China Chengxin Credit Rating Group）和中国联合资信评估有限公司（China Lianhe Credit Rating Co.），将新开发银行定为最高（AAA）评级，但来自美国"三大"评级公司（穆迪、标普、惠誉）的评级在此书写作期间尚未确定。②然而，鉴于标普对中国的主权评级为 AA，对其他几个金砖国家的主权评级在 BBB 范围之内，因此新开发银行的评级将不会是 3A。总之，尽管偏好不同，金砖五国之间保持合作的起步是成功的。

中国利用亚投行和"一带一路"追求其外部选择

这里值得强调的是，中国在金砖国家新的多边金融机构和在金砖国家内部的总体地位具有三个显著特征。第一，中国可以比其他四国使用更多的资金。此外，国内过剩的产能要求中国在其他地方寻找需求以吸收如钢铁和制造业等工业的超额生产能力。③尽管新开发银行代表金砖国家成员之间的集体金融治略，但在没有中国政府充分的财政支持下，新开

① Atya Golubkova, " 'BRICS Bank' Says to Issue Bonds in Members' Local Currencies," *Reuters*, June 20, 2016, http://www. reuters. com/article/us-russia-forum-brics-bankidUSKCN0Z61FF.

② Han Yi, "NDB to Issue Yuan-Denominated Bond in Its Maiden Fundraiser," *Caixin Online*, July 15, 2016.

③ 这样，北京将"一带一路"描述为"促进中国经济重构和加快国家放缓的经济增长"。Li Qiaoyi, "Making It Work：High Hopes for 'One Belt, One Road' Initiative," *Global Times*, March 10, 2015, http://www.globaltimes.cn/content/911258.shtml。

发银行的建立是不可行的，中国的外汇储备在2014年6月达到最高值，刚好超过4万亿美元，但这之后下降至3.17万亿美元(截至2016年9月)。

自21世纪初以来，在为全世界发展中国家提供贷款的问题上，中国国有银行及其主权财富基金变得更为积极。例如，中国国家开发银行承诺，截止到2015年12月，为大约3 300亿美元的海外贷款投入其1.9万亿美元证券投资组合的17%以上。每年，中国进出口银行提供给海外的贷款比国家开发银行少大约5/6。①海外开发研究所(Overseas Development Institute, ODI) 估计，到2025年，亚投行将有约1 000亿美元的证券投资组合，和亚洲开发银行相同，而新开发银行本来会有650亿美元。其他评估更为乐观，但与中国国家开发银行相比，这仍是小数目。此外，五个金砖国家成立的新开发银行承诺以地方货币提供贷款(最初是金砖国家的地方货币)，而亚投行将以美元提供贷款，这使得亚投行在未来的扩展中拥有更多的选择。②

第二，中国在短时间内创建或共同创建了三个国际基础设施倡议。2013年，习近平主席首次宣布了"一带一路"倡议，2017年这一倡议在规模上有所扩大。再如已提及的新开发银行也是在2013年宣布将成立，2014年正式获得同意，次年正式成立。第三个组织是2014年被正式宣布将成立的亚投行。在中方看来，三个倡议扮演了不同且互补的角色，但它们使金砖国家的其他成员感到为难(进一步讨论请见第四章)。

由于中国是世界上最大的贸易国家，"一带一路"显示了中国在减少运输货物成本中的利益，但其他出口国也将获利。中国也在寻求通过新的输油管道保护其能源供应，因为中国现在是世界上最大的能源消费国和石油进口国。"一带一路"的陆上倡议面向中亚，包括以古代陆路贸易路线著称的丝绸之路，路线从亚洲到中东再到北非。海上丝绸之路的计

---

① Zhang Yangpeng, "China Development Bank Overseas Loan Hits $328.2 Billion," *China Daily*, December 16, 2015.See also the CDB's website, http://www.cdb.com.cn/english/andeximbank.gov.cn/en/.

② Wang Liwei and Coco Feng, "AIIB vs. NDB: Can New Players Change the Rules of Development Financing?" *Caixin Online*, September 8, 2016.

划，一个方向是从中国沿海经南中国海和印度洋到欧洲，另一个方向是从中国沿海到南太平洋。习近平主席宣布设立丝路基金，初始承诺出资400亿美元。计划中的和现有的项目已超过9000亿美元，"一带一路"的既定目标是使资助的项目能达到4万亿美元。①和亚投行一样，"一带一路"的投资哲学被描述为"以市场原则、国际实践和专业标准为基础，为中国协调其参与全球化提高标准"。②此外，亚投行和"一带一路"被认为是互补的，是"将会影响地区及全球秩序的一种国际经济合作项目"。③

　　亚投行于2015年正式成立，有57个成员国。亚投行致力于为亚洲地区的基础设施项目提供贷款。候补名单中的13个国家(包括加拿大)得到批准于2017年3月加入亚投行，这使得总成员的数量达到70个，只有美国与日本是G7中拒不参与合作的国家。在2016年6月召开的年度会议上，超过80个国家的代表出席了这次会议。亚投行的成员国已认缴亚投行计划的全部初始资本1000亿美元，其中的200亿美元已支付。亚投行在发展过程中提供了四个总额达5.09亿美元的贷款项目，这些项目全部为亚洲地区提供：在孟加拉国建设电网，改善印尼的贫民窟，在巴基斯坦建设一条高速公路，同时在塔吉克斯坦修建道路。尽管这些项目的成本接近24亿美元，但亚投行将同世界银行、亚洲开发银行以及欧洲复兴与开发银行一起共同为这些项目提供资金。另外的项目可能会出现在印度和巴基斯坦。④

　　① Simeon Djankov, "The Rationale Behind China's Belt and Road Initiative," in *China's Belt and Road Initiative: Motives, Scope, and Challenges*, ed. Simeon Djankov and Sean Miner, PIEE, March 2016, 6; Jane Perlez, "Remaking Global Trade in China's Image," *New York Times*, May 14, 2017, A1.

　　② The Silk Road Fund website, http://www.silkroadfund.com.cn/enweb/23775/23767/index.html.

　　③ Yong Wang, "Offensive for Defensive: The Belt and Road Initiative and China's New Grand Strategy," *The Pacific Review* 29, no. 3 (2016): 455–463.

　　④ Liwei and Feng, "AIIB vs NDB."

亚投行的成立对 G7 大国来说是一个挑战。①最近十年，世界银行将其曾经对大型基础设施的重点关注降至只为这一领域提供约占其总贷款 10%的资金，一部分是为了回应工业化国家中的环保人士对诸如水电站坝这类特大工程的反对。一项研究表明，每当美国在为多边开发银行提供资金方面变得更为小气时，美国国会就会有 70%以上的授权被束缚于狭窄的环境或人权议题，或者没有任何项目的特定国家上。②

相比之下，为了应对报道中仅亚洲地区在未来十年就有 8 万亿美元的基础设施需求，亚投行将基础设施重新作为优先考虑的事项。③亚投行第一任行长金立群是中国财政部前副部长，他郑重宣布亚投行的运作将是"干净、简洁和绿色的"，以达到"最高国际标准"，同时也将是迅速的。据悉，金立群也支持严格的环境及社会标准，并期望亚投行能仿照现行的多边开发银行，而不是中国的银行④，但外部观察者对此有质疑。亚投行将拥有一个开销较少的非常驻董事会，这比每年世界银行的花费节约了 7 000 万美元。通过视频会议的形式同西方参与国——例如作为董事会成员的德国——召开会议并不必然就意味着没有那么严格的监督。

亚投行也是一个聚焦亚洲的地区银行，因此它是亚洲开发银行的直接竞争者。传统上，亚洲开发银行由 G7 的成员国日本任命一位行长来负责领导，日本与美国平分 32%的控股权。⑤因此，亚投行比"一带一路"和新开发银行引来更受瞩目的政治戏码。从 2014 年末到 2015 年初，美国向其盟友施压，包括澳大利亚和韩国，要求它们不要成为亚投行的创始

---

① Scott Morris, "Responding to AIIB: U.S. Leadership at the Multilateral Development Banks in a New Era," Council on Foreign Relations, August 2016.

② Ibid., 11–13.

③ Asian Development Bank, *Infrastructure for a Seamless Asia* (Manila, Philippines: Asian Development Bank, 2009).

④ Shawn Donnan and Demetri Sevastopulo, "AIIB Head Vows to be Clean, Lean, and Green—and Fast," *Financial Times*, October 25, 2015.

⑤ Shintaro Hamanaka, "Insights to Great Powers' Desire to Establish Institutions: Comparison of ADB, AMF, AMRO, and AIIB," *Global Policy* 7, no. 2 (2016): 1–6.

成员国①，同时要日本也不插手。②2015 年 3 月，随着以创始成员国身份加入亚投行的截止日期临近，重要的摊牌时刻来临。随后，由于担心法兰克福可能会以谋略制胜伦敦，成为人民币离岸贸易的主要中心，美国最亲近的盟友之一英国"弃船"，从而在世界范围内的 15 个国家中引发一轮热潮，包括德国、法国、意大利、澳大利亚和韩国，它们均成为亚投行的创始成员国。亚投行立即成为了一家全球性的多边银行，据美国前财政部长劳伦斯·萨默斯所言，这是"美国失去其作为全球经济体系担保人角色的时刻"。③

亚投行的总部设在北京，中国拥有 26.1% 表决权股份。④尽管亚投行的场面抢了几近同时启动的新开发银行(两家银行的运营都是在 2015 年中期启动的)一些风头，但金砖国家成员国在亚投行中获得了很好的待遇。如图 3.7 所示，在亚投行中，印度、俄罗斯和德国拥有第二、第三及第四高的投票权股份，分别为 7.5%、5.9% 和 4.2%。就连亚投行中唯一来自西半球的创始成员国巴西，也拥有 3.0% 的投票权股份，几乎和法国、英国与印度尼西亚的投票权股份相当。

俄罗斯推迟了在亚投行协议上签字的日期，因为考虑到油价下跌和部门制裁导致了痛苦的预算削减，俄财政部准备拒绝亚投行倡议。有消息称

----

① Tom Mitchell, "Concerns Remain over Chinese Rival to Asian Development Bank," *Financial Times*, October 24, 2014.

② 美国总统贝拉克·奥巴马的政府积极游说反对亚投行，宣称他担心这一机构的透明度和治理。他说："它原本具有积极意义，但如果它运营得不够好，就将具有消极意义。"引言出自 2015 年 4 月 28 日，奥巴马在日本首相安倍晋三访美期间的演讲。The White House, Office of the Press Secretary, Remarks by President Obama and Prime Minister Abe of Japan in Joint Press Conference, April 28, 2015, https://www.whitehouse.gov/thepress-office/2015/04/28/remarks-president-obama-and-primeminister-abe-japan-joint-press-confere。

③ Sid Verma, "Brics Take the Road Less Travelled," *Euromoney*, September 2015.

④ 考虑到亚投行的决策规则，同时根据《亚投行协定》(第 28 条)，中国占 26.1% 的表决权股份将给予北京在需要绝大多数投票(75%)的重要议题上的否决权，例如总资本认购的增加、行长的选举及银行运营的终止。Masahiro Kawai, "Asian Infrastructure Investment Bank in the Evolving International Financial Order," and Yun Sun, "China and the Evolving Asian Infrastructure Investment Bank," in *Asian Infrastructure Investment Bank: China as Responsible Stakeholder*? ed. Daniel Bob (Washington, DC: Sasakawa Peace Foundation USA, 2015), 5-26, 27-42。

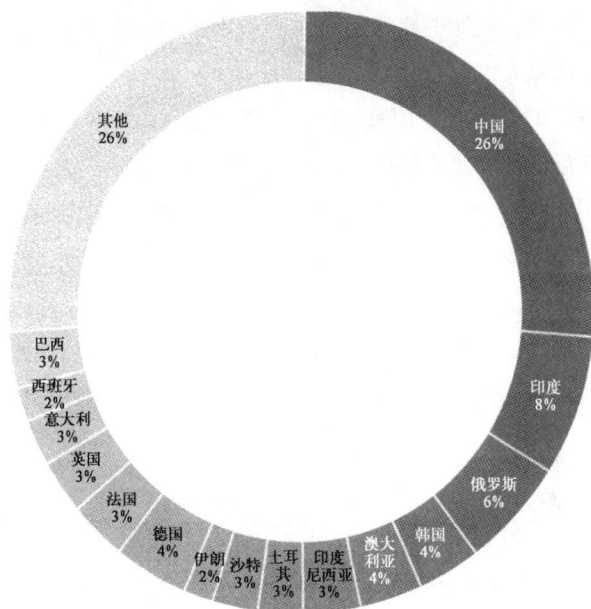

图 3.7　亚投行中的投票权股份

资料来源：《亚洲基础设施投资银行协定》，www. aiibank. org/html/aboutus/basic _ Documents，访问时间：2016 年 12 月 1 日。

"我们没钱来参与中国的地缘政治计划"，这使得俄罗斯外交部向中国传递了"礼貌拒绝"的信息。然而，当这一议题最终进入克里姆林宫时，普京直接改变了官僚式的反应，宣布俄罗斯将实实在在地加入亚投行。①

　　第三，中国同其他每一个金砖国家都建立了新的且日益密切的双边金融关系。和中国不同，长久以来，其他金砖国家缺乏长期投资，同时面临基础设施损坏与不足的问题。更确切地说，双边的、金砖国家内部贷款和投资关系的扩展是主要情形，但这一扩展不可抗拒地来自中国，并带给其余四个国家。例如，在 2014 年底，中国和俄罗斯签署了有关俄罗斯天然气工业股份有限公司(Gazprom)为中国供应天然气的协议，这份

---

① Alexander Gabuev, "Why Did It Take Russia So Long to Join the Asian Infrastructure Investment Bank?" *Eurasia Outlook*, Carnegie Moscow Center, March 30, 2015.

协议为期三十年、总价4 000亿美元,尽管卢布的崩溃耽搁了有关定价条件和中国是否以人民币支付的协议。

一直到2011年,巴西国家石油与天然气公司(Petrobras)是本国最大的公司,随后进行了世界上最大的首次公开募股,筹集到大约700亿美元的资金。但到2014年,这一公司卷入了一起严重的腐败丑闻中,导致巴西总统迪尔玛·罗塞夫(Dilma Rousseff)于2016年中期下台。随着全球市场暂时对其关闭,到2016年初,巴西国家石油公司将其未偿还中国国家开发银行的总贷款增加到100亿美元。[①]在几乎没有明显的限制条件下,类似这种在金融上的慷慨解囊是近期中国同印度、南非之间关系的特征。

外部选择: 削弱美元支配地位, 构建人民币的金融市场力量(案例4)

在这一章中,第四个也是最后一个案例包含了金砖国家通过协作支持中国货币人民币的国际化,以此作为挑战美元在世界统治地位的一种手段。这为表3.2中右下角的方格里所指出的金融治略协作类型提供了一个例子。人民币的国际化为许多国家创造了将其国际交易货币多元化的外部选择,未来,可能也将为其储备货币的多元化创造外部选择。每一个金砖国家领导人都在抱怨美国具有压倒性的权力和"极大的特权"[②],自20世纪中叶起,美元就是全球储备货币和主要的交易和贸易计价货币,且美国政府低收益的国债被认为是世界上最安全、最具流动性的投资资产。这样美元的优势就迫使政府不断需要为美国提供实际上便宜的贷款。尤其对中国而言,过去中国已累积大量的外汇储备和以美元计价

---

① Sabrina Valle and Denyse Godoy, "Petrobras Gets $10 Billion Chinese Loan in Oil Supply Deal," *Bloomberg*, February 29, 2016.

② Barry Eichengreen, *Exorbitant Privilege: The Rise and Fall of the Dollar and the Future of the International Monetary System* (Oxford, UK: Oxford University Press, 2011).

的资产，"美元陷阱"①和美国货币政策的不确定性已成为一个敏感问题。②更普遍的是，美元储备的高机会成本以及与美国货币政策相关的不确定性，已使得这些新兴或重新崛起大国的领导人在原则上倾向于采取推动储备和交易货币具有更大多样性的行动，以作为美元之外的选择。③

从各自和集体层面看，金砖国家政府依照多重有利地位来应对美元支配的问题。一些金砖国家支持增加储备货币的数量。④至少十年来，俄罗斯已成为增强卢布国际地位最有力的主张者之一；2003 年，俄罗斯设立的目标是使卢布的"可自由交易"同俄罗斯进入 G8 相联系。第二个最初由中国和俄罗斯推广的理念获得了集体的支持，这一理念是要建立将会改变特别提款权的超国家储备货币。2009 年，俄罗斯向在伦敦举行的 G20 会议提出两项建议，强调需要扩展储备货币，使其多样化，并发展"主要地区金融中心"。⑤

在 2010 年于巴西利亚举行的金砖国家峰会上，金砖国家同意探索货币合作，包括在贸易中使用本国货币。第二年，俄罗斯和中国开始以人民币和卢布举行拍卖会，而巴西也强调转向使用本国货币的双边贸易以及包括其他国家外汇储备中的实际存量。2012 年，在墨西哥洛斯卡沃斯举行 G20 峰会后，巴西和中国也同意建立 600 亿美元的金砖国家首个储备库，以确保在危机情况下的流动性——这是随后建立的金砖国家应急

①　Jonathan Kirshner，"Regional Hegemony and an Emerging RMB Zone，" in *The Great Wall of Money：Power and Politics in China's International Monetary Relations*，ed. Eric Helleiner and Jonathan Kirshner（Ithaca，NY：Cornell University Press：2014），222.

②　Yu Yongding，"China Can Break Free of the Dollar Trap，" *Financial Times*，August 4，2011. 余永定首次讨论了中国可以通过谨慎摆脱对美元的过度依赖，从而避免"美元陷阱"（"dollar trap"或"dollar pitfall"）. Yu Yongding，"Revisiting the Internationalization of the Yuan，" in *The World in 2020 According to China：Chinese Foreign Policy Elites Discuss Emerging Trends in International Politics*，ed. Shao Binhong（Leiden，Netherlands：Brill，2014），231－258；and Eswar S. Prasad，*The Dollar Trap：How the US Dollar Tightened Its Grip on Global Finance*（Princeton，NJ：Princeton University Press，2015）.

③　Eric Helleiner and Jonathan Kirshner（eds.），*The Future of the Dollar*（Ithaca，NY：Cornell University Press，2012）.

④　Larionova，"Vozmozhnosti sotrudnichestva v BRIKS."

⑤　Ibid.

储备安排的前身。①

2011 年，鉴于莫斯科对其成为全球发展领导者的前景展望，时任俄罗斯总统梅德韦杰夫也支持将金砖国家货币纳入国际货币基金组织的特别提款权中，尽管实际上目前金砖国家货币还不能完全自由兑换，也没有在全球贸易或部分地区的外部投资或双边贸易结算中广泛使用。②例如，印度同其邻国的部分贸易是以卢比计算的，且印度跨国公司可在与子公司的金融活动中使用该国货币。

同时，中国积极推动和包括日本在内的部分地区伙伴在双边贸易中使用本国货币，以及将人民币纳入特别提款权的货币篮子中。据悉，2011年的 G20 会议不断针对特别提款权的目标进行讨论。当欧洲人聚焦主权债务危机时，作为主要的债权国，中国期望欧洲进行改革并在欧元债务中保护其投资。在这场乱局中，成立了一个法国—中国工作小组，目的是研究将人民币纳入特别提款权问题。③同年，中国人民银行宣布将人民币纳入特别提款权具有"较高的可能性"。④2012 年，在新德里举行金砖国家峰会前夕，中国也将货币转移到了金砖国家国内开发银行中，准许以地方货币提供贷款。

在这段时间，金砖国家对美国货币政策的担忧不断增长，尤其是在全球金融危机后，美国联邦储备银行开始实行大规模的量化宽松政策。面对美元可能出现的崩溃，为了保护其资产，通过保持它们在美国国债中的大量投资，金砖国家实际上被迫继续为美国出借资金。此外，金砖国家中的许多货币相对于美元来说是相当不稳定的，这使得金砖国家与

---

① "Currency Exchange Protects Trade with China, " *Linha Direta*, June 26, 2012, http://www.pt-sp.org.br/noticia/p/? acao=vernoticia&id=13767.

② "Dmitri Medvedev Addressed the World Economic Forum in Davos, " President of Russia, January 26, 2011, http://en.kremlin.ru/events/president/news/10163.

③ Owen Fletcher, "China, France to Launch Yuan SDR Task Force, " *Wall Street Journal*, August 26, 2011.

④ "China Moves Closer to Renminbi Inclusion in SDR, " CentralBanking.com, as cited in Larionova, "Vozmozhnosti sotrudnichestva v BRIKS."

其他新兴经济体的决策者倾向于指责美国和西方的货币政策。

在金砖国家中，只有人民币对美元保持相对稳定。面对 2008 年初美国次贷危机的首次征兆，其余四国货币到 2009 年初急剧下跌是对这一征兆做出的反应，在美国货币政策开始并保持非常宽松的状态后，四个国家的货币明显增值。在这一期间，2010 年 9 月，巴西财政部长吉多·曼特加有一项著名的声明是国际社会正忙于一场"货币战争"。在连续增值了一年半后，在 2011 年中期，除中国以外的金砖国家货币开始迅速下跌，情况再次变得困难，并几乎持续到 2016 年 9 月。①

金砖国家决策者吸取的经验之一是国际主要货币具有更大的多样性是可取的。然而，如图 3.8 所示，其余金砖四国的货币对人民币和对美元

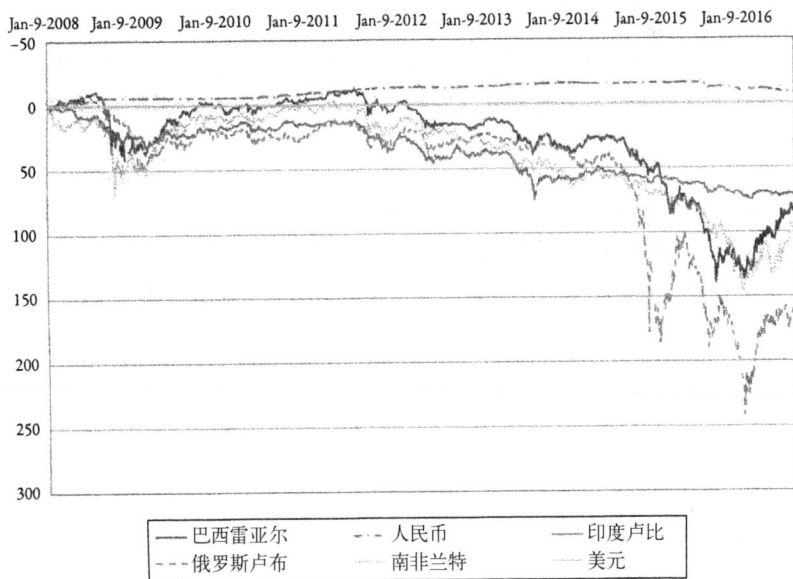

图 3.8　对美元名义汇率的变化：金砖国家（2009—2015）

资料来源：国际货币基金组织，逐月汇率档案，https://www.imf.org/external/np/fin/data/param_rms_mth. aspx，accessed November 15, 2016。

① 从那之后一直到 2015 年 8 月，当经历轻微的金融危机时，中国的货币保持接近美元的价值，并伴随适度的名义升值，在人民币贬值之后，再次出现适度的名义升值。

一样脆弱。①于是，在中国人民币发挥更大作用的问题上，其余四国给予的支持较为浮夸，这可能更多是出于金砖国家的团结而不是对自我利益清晰和可靠的计算。

金砖国家的困境是当它们除了美元还将有其他选择时，它们却不愿意美元贬值，因为这将减少它们自己以美元计价的资产。例如，多亏石油和天然气商品价格的大幅升高，俄罗斯在 2006 年至 2011 年间将其所持有的美国国债增加了 1 600%，并在 2010 年达到 1 760 亿美元的峰值。在标普将美国国债的信用评级降至 AA+，继而在 2011 年 8 月引发了一场全球股市暴跌后，时任总理普京抱怨美国"入不敷出并且……在全球经济及其美元垄断地位的基础上，像一条寄生虫一样采取行动"。②但引人侧目的是，俄财政部副部长谢尔盖·斯托尔恰克却加入美国国债持有者一致声援美元，认为俄罗斯预期在未来五年除了持有美国的主权债务外，"无论如何都不会有其他选择"。在为其立场辩护的过程中，斯托尔恰克给出了一个标准的解释："美国的债务市场仍是最具流动性、可靠而且是安全的。"③

俄罗斯愿意多样化，但没有其他好的选择。在实践中，针对只有美元作为全球储备货币体系，唯一可行的替代选择将是逐步使用多种货币储备，另外再增加欧元和人民币的使用，尽管日元和瑞士法郎也被认为是硬通货。④2008 年至 2009 年金融危机后，随着西欧大部分地区经历了

---

① 巴西一位高级贸易谈判者与一名高级经济官员均在 2015 年中期的采访中向其中一位作者说明了这一点。

② Alena Chechel, Scott Rose, and Jack Jordan, "Putin Denounces American Parasite While Russia Increases Treasuries 1, 600%," *Bloomberg*, August 18, 2011, http://www.bloomberg.com/news/2011-08-18/putin-slams-u-sparasite-after-1-600-jump-in-russia-holdings.html.

③ 注意俄罗斯总的国际外汇储备（包括黄金）从 12 948（2000 年 1 月 31 日）猛增至 596 566 的高额数量（2008 年 7 月 31 日），在全球金融危机之后，2011 年 8 月 31 日又恢复至 545 012（总数相当于数百万美元）。Central Bank of the Russian Federation data, http://www.cbr.ru/。尽管美国财政部没有完全公开外国持有的美国国债数量，但在 2014 年 3 月，为了应对制裁的威胁，俄罗斯可能将其持有的相当一部分美国国债转移至一个保管的外国账户中，以此避免将它们汇成卢布或被华盛顿夺取。

④ 由于日本持续存在的经济问题以及长期不愿意推动日元在国际上的使用，因此日元也存在问题，瑞士的使用规模太小而不足以提供广泛使用的国际货币。

经济动荡或处于经济动荡的边缘，欧元的吸引力急剧下降。对于许多观察家而言，显而易见的选择是人民币。①2011 年，世界银行的一份报告预测美元将在 2025 年前结束其支配地位，并可能将被以美元、欧元和人民币为基础的货币体系所取代。②

为了支持增加人民币在全球交易中的使用，金砖国家采用了四种策略。第一，它们围绕人民币进行热烈讨论并减少使用美元，包括采取将部分官方储备资产转移出美国国债，同时转入其他资产的措施，结果成败参半。大部分国家公布了它们总的官方储备资产，以及其中一些份额的货币细目，这些被称为"分配的储备资产"。自 1999 年引入欧元之后，世界上总分配储备资产中的美元份额缓慢下降，从 70% 左右(1998 年至 1999 年)下降至 62%(2008 年)，反映了欧元这一新的统一货币所带来的挑战。

直到 2015 年，美元的份额仍徘徊在 62% 左右，2015 年后两个季度缓慢上升至 64%。③然而，有可能会发生一些国家悄悄减少对一些货币(美元)的投资，以致它们的销售额不会影响这一货币的价格，这样它们能保持以这一货币计算的金融资产的价值。例如，有一些持续的报道认为中国人民银行的做法正是如此，尽管没有得到证实。据悉，当 2014 年出现制裁的威胁时，俄罗斯也将其持有的部分美国国债转入一个保管账户。而且，在 2014 年 11 月，中国总理李克强宣布了关于金融改革的十点计划，包括保证"更好地使用"当时中国外汇储备中的 3.6 万亿美元。在实践中，这意味着允许中国的主权财富基金获得国家储备资产更多的份额，目的是在收益更高的公司证券和外国直接投资中重新调配这些资金。

---

①　Arvind Subramanian, *Eclipse*：*Living in the Shadow of China's Economic Dominance* (Washington, DC：Peterson Institute for International Economics, 2011).

②　普拉萨德大体上同意，认为"人民币将在下一个十年内成为有竞争力的储备货币，削弱美元的主导优势但不会替代美元"。Prasad, *The Dollar Trap*, 261。

③　IMF Currency Composition of Official Exchange Reserves (COFER) data, http://data.imf.org/? sk = E6A5F467-C14B-4AA8-9F6D-5A09EC4E62A4&ss = 1408243036575.

第二，自从 2009 年 3 月，中国人民银行行长周小川在 G20 伦敦峰会前发表了那篇提倡增加特别提款权使用的文章后①，中国政府就一直提倡将人民币纳入特别提款权这一国际货币基金组织的虚拟货币中。自 1969 年起，特别提款权对全球流动性起到了补充的作用，并被运用于国际货币基金组织的业务中，发挥一个记账单位和价值存储的作用。特别提款权长期以"货币篮子"为基础，这一货币篮子包含世界上四种主要的硬通货：美元、欧元、日元和英镑。②特别提款权的构成每五年审查一次，并要求在国际货币基金组织执行董事会中达到 70%的多数票才能修订特别提款权的货币构成。

尽管周行长关于特别提款权广泛使用的建议是一个实用的政策提议，也许是正确的，但很多人将其看作中国对美元统治地位的一个挑战。③《国际货币基金组织协定条款》指出，一种货币有资格被纳入特别提款权的条件是当它"可自由使用"时。这一适用性包含两个组成部分：它应该是"在国际交易的支付中被广泛使用"以及"在主要外汇市场被广泛使用"。④当中国政府开始采取行动来促使将人民币纳入特别提款权时，国际货币基金组织 2010 年的审核发现这样做有些草率。⑤但考虑到中国在 2010 年以来经济地位不断提升，G20 在 2011 年 11 月举行的戛纳峰会上主动承担起责任，向国际货币基金组织建议再次讨论有关特别提款权的构成问题。2015 年 7 月，金砖国家政府在俄罗斯乌法举行的

---

① Zhou Xiaochuan, "Reform the International Monetary System," *BIS Review*, March 23, 2009, http://www.bis.org/review/r090402c.pdf.

② 美元在特别提款权货币篮子分配的额度中占 42%。在人民币于 2016 年 10 月被纳入特别提款权的货币篮子以前，欧元占 37%，日元占 9%，英镑占 11%（这一总数和 100%之间的差别是出于凑整）。

③ Eric Helleiner, "The IMF and the SDR: What to Make of China's Proposals?" (Waterloo, Canada: The Centre for International Governance Innovation, 2009), 18. See also James Kynge and Josh Noble, "China: Turning Away from the Dollar," *Financial Times*, December 9, 2014.

④ Article XXX (f). IMF, "Articles of Agreement".

⑤ Agnès Bénassy-Quéré and Damien Capelle, "On the Inclusion of the Chinese Renminbi in the SDR Basket," *International Economics* 139 (2014): 136.

金砖国家领导人峰会上支持中国推动将人民币纳入特别提款权，以"反击西方在国际货币基金组织中的支配地位"。①随后，2015 年 11 月 30 日，国际货币基金组织执行董事会完成其审核，并判定人民币符合当前特别提款权货币篮子的选择标准，人民币被纳入特别提款权于 2016 年 10 月 1 日生效。

修订后的特别提款权货币篮子建立在以下权重的基础上：美元为 41.73%；欧元为 30.93%；人民币为 10.92%；日元为 8.33%；英镑为 8.09%。这些权重源自国际货币基金组织执行董事会在其审核中采用了新公式，包括发行者的出口额、其他财政当局所持有的以各自货币计算的储备资产数量、外汇交易量、国际银行的债务，以及以各自货币计价的国际债券等。②世界银行也将在中国发行以人民币结算的债券，但首次得到国际货币基金组织货币篮子的支持。某种程度上，这是为了复苏中国国内的债券市场（已经是第三大），但国际投资者的持有率不足 2%。中国也有兴趣增加特别提款权的使用，以支持人民币的国际化并挑战美元的全球统治地位。③

第三，五个金砖国家支持在贸易中增加人民币及其他本地货币的使用，而且它们签署了货币互换协议，声明这是它们的目的。尤其是中国采取具体的措施，通过以人民币结算贸易的方式，来实行和其众多贸易伙伴使用本国货币结算的贸易。2015 年，以人民币结算的贸易总额共计 1.7 万亿美元，约为中国一年贸易金额的 25%。汇丰银行预计，到 2020 年，每年以人民币结算的跨境贸易将攀升至中国总贸易额的 50% 以上。④

---

① Jagannath Panda，"Ufa Could Be the Yuan Moment，" *The Hindu*，July 7，2015，http://www. thehindu. com/opinion/columns/brics-summit-in-ufa-ufa-could-be-the-yuan-moment/article7392524.ece.

② "IMF Survey：Chinese Renminbi to Be Included in IMF's Special Drawing Right Basket，" December 1，2015，http://www.imf.org/external/np/sec/pr/2015/pr15543.htm.

③ Elaine Moore and Jennifer Hughes，"World Bank to Sell China Bonds in Renminbi Boost，" *Financial Times*，August 12，2016.

④ "Half of China's Total Trade To Be Settled in Yuan by 2020—HSBC CEO，" *Reuters*，March 26，2015，http://uk.reuters.com/article/uk-china-yuan-offshoreidUKKBN0MM0EL20150326。也可参见第二章的论述。

为了推动这种人民币结算，中国人民银行同 30 多个国家签署了人民币互换协议，包括俄罗斯和巴西。截止到 2014 年夏天，超过 50 多家中央银行利用在岸与离岸人民币市场对人民币资产进行投资。①

最后一项具体步骤将被用以推动从美元向人民币的转换，这是中国为了逐步打开其资本账户并使其国内金融市场和监管自由化所采取的行动，这些行动允许它们变得更具有流动性并向外国金融投资者开放。中国也朝着这一方向采取了一些重要行动（见第二章）。这种支持市场金融改革的行动可能具有多重目标，包括推动国内金融改革和提升经济效益，同时也可能遭遇国内的阻力（见第四章）。②

作为金砖国家集体金融治略的一种实践，它们试图在削弱美元霸权的目标上团结一致，并取得了一些成功，虽然这些成功是有限的。作为一种全球交易货币，尽管人民币的使用大幅增加，但它在总交易中仍然只占少数份额。人民币在官方储备资产中也不占多数份额，虽然二者增长都很快。为了实现这一目标，金砖国家领导人发表了多次演讲，并且每个国家都改变了其最初立场以更趋近于金砖国家的集体立场。但这一挑战美元统治地位的尝试仍处于初级阶段。目前，在支持人民币国际化的问题上，除中国以外，其他金砖国家几乎不需要付出什么代价。随着人民币越来越国际化，使用的范围越来越广，中国那些在全球货币市场缺乏影响力的金砖国家伙伴可能会更加仔细地观察人民币的崛起是否会服务于它们自己的国家利益，即使这主要是为了地区交易。中国主要的行为体对人民币国际化

① Zhang citing the article "How Far Is the RMB from the Global Reserve Currency? " in *Financial Times China*, August 27, 2014, http://www.ftchinese.com/story/001057888. Ming Zhang, "Internationalization of the Renminbi: Developments, Problems and Influences" Series on New Thinking and the New G20, Paper No. 2 (Waterloo, Canada: Centre for International Governance Innovation, 2015), 9.

② Ulrich Volz, "All Politics Is Local: The Renminbi's Prospects to Become a Global Currency," in Armijo and Katada, *Financial Statecraft of Emerging Powers*; Mattias Vermeiren, "Foreign Exchange Accumulation and the Entrapment of Chinese Monetary Power: Toward a Balanced Growth Regime? " *New Political Economy* 18, no. 5 (2013): 680 – 714; H. Gao, "Convertibility as a Step for the RMB Internationalization," *Economic Change and Restructuring* 46, no. 1 (2013): 71 – 84.

目标的明确支持，尽管这尚未出现，但似乎是金砖国家采取共同行动以影响全球货币出路的一个前提。2015 年 8 月，人民币的贬值具有重要意义，贬值令投资者感到惊讶，人民币的贬值表现出中国政府在稳定其货币上面临的困难选择，这也可能是货币国际化成功的一个要求。[①]然而，全球货币影响力转移的趋势似乎是不可避免的：人民币正变得日趋重要，其他金砖国家将尝试从人民币的崛起中获益。

未来的趋势和尚未抓住的合作机遇

在这里讨论的案例以及本章其他未能解释的案例中，金砖国家已寻找到关于未来合作的重点。在其他案例中，它们要么集体保持中立要么单独行动。就以后者为例，在有关金融监管讨论的问题上，金砖国家绝不会在新成立的金融稳定委员会或巴塞尔银行业监管委员会中采取共同立场，2009 年 3 月，在上述委员会扩充期间，巴西、中国、印度以及俄罗斯被允许加入这些委员会。[②]关于在国际货币基金组织讨论主权债务重组的机制，也没有迹象表示金砖国家会集体抵制或支持。[③]然而，金砖国家集体对有关银行监管的《巴塞尔协议 III》（Basel III accord）采取了相似的回应：中国、巴西和俄罗斯的商业银行现在各自持有的资本均多于巴塞尔规则的要求。[④]更有争议的是北京最近有关"金砖国家自贸协定"

---

① 中国正在面临稳定汇率、宏观经济的自主权及自由资本移动的"三元悖论"（impossible trinity）。由于中国政府使其资本账户自由化并且继续采取固定汇率，因此它们失去了货币的自主权。

② 凯勒也注意到没有迹象表明任何一个金砖国家会抵制或挑战全球金融监管机制。Miles Kahler，"Rising Powers and Global Governance"。

③ "Revisiting Sovereign Bankruptcy," Brookings Institution, October 2, 2013, http://www.brookings.edu/research/reports/2013/10/sovereign-debt.

④ Foot and Walter, *China, the United States and Global Order*。对于俄罗斯，巴塞尔委员会注意到"内部规则的某些方面……比巴塞尔框架下所要求的更加严格"。"Basel III Implementation Assessments of Russia and Turkey," published by the Basel Committee, March 15, 2016. See also Zhenbo Hou, Jodie Keane and Dirk Willem te Velde, "Will the BRICS Provide the Global Public Good the World Needs?" ODI Report, June 2014。

（BRICS FTA）的提议，这份提议旨在促进贸易。印度和中国的货物贸易赤字从 2003 年至 2004 年的 11 亿美元猛增至 2015 年至 2016 年的 527 亿美元。尽管在 2014 年，巴西（167 亿美元）、南非（289 亿美元）与中国的贸易处于顺差地位，但三个民主的金砖国家担心它们未来能否和中国保持贸易平衡（见第四章）。近期，在有关中小规模企业单位、服务部门、知识产权，以及可能新的用于单一窗口清关和更快解决非关税壁垒争端的机制等问题上，金砖国家更有可能将自身局限于更加适度的框架协定中。[1]

至于在集体金融治略其他领域所兴起的合作中，惊喜则层出不穷，尤其是金砖国家有共同厌恶的对象。于是，如前所述，金砖国家分别（到2016 年则集体地）同意对建立一个金砖国家评级机构的好处进行评估，而这一机构旨在打破美国“三巨头”——穆迪、惠誉及标准普尔的垄断，这三家评级公司共占全球评级市场的 90%。由于这些私营公司带有西方的偏见，并未充分了解金砖国家当地的条件，因此金砖国家政府向这些私营公司的评级发起挑战。同时，作为美国对伊朗和其他国家采取制裁活动的一部分，威胁禁止进入 SWIFT 遭到了金砖国家的反对。它们还进一步指出，创建中国所提议的跨境银行间支付是有道理的，这一提议得到了俄罗斯的支持，并被设计为同现有西方模式进行竞争，同时也开展合作，而非在很大程度上取代现有的西方模式。

结论： 金砖国家最成功的集体金融治略

本章考察了集体金融治略，聚焦崛起中的大国或中等大国可能选择这一手段，以寻求在国际体系中享有更大权力并发挥更多影响力的方式，特别是与占主导地位的现有大国集团相比。集体金融治略的四种理想类型可为： 全球治理机构的内部改革，建立全球治理新机构的外部选

---

[1] "China's BRICS Trade Pact Idea Finds No Takers," *The Hindu*, September 10, 2016.

择，影响国际金融市场的内部及外部选择，抵制他国对国际金融市场的操纵，或者要求在国际金融市场中获得更多权力和影响力。

就四个案例而言，关键问题是合作本身是否成功，以及合作是否在实现集体预定目标上取得了成功。在这四个案例中，评价金砖国家集体金融治略成败的挑战不仅来自这些案例是相对较新的发展，而且大部分案例仍在进行之中这一事实，同时这些挑战也来自时间上的不一致。也就是说，对于任何一个金砖国家而言，这些情况要付出的代价都不算太高。这使得合作要比其他情形更为容易，而且它们都能够看到当前有关合作的承诺会带来潜在的巨额报酬。然而，展望未来，这些承诺并不那么可靠，因为成本也许会增加，或者收益无法实现。时间不一致的问题会变得更加敏感，因为金砖国家是一个组织，其中已经"崛起"且庞大的国家——中国与其他四国相比存在巨大的权力不对称（如第二章所示）。在这一背景中，中国可在其需要时利用这一组织，但也总是具备最容易退出的选项。因此，未来其他四个金砖成员国也许不会完全相信有关收益的承诺。

尽管存在时间不一致的问题，但多年来这四个（随后是五个）国家之间开展了大量的合作。大部分合作获得了惊人的成功。在这些合作中，唯一的失败是2011年和2012年，在国际货币基金组织或世界银行新的领导人问题上，它们没有能力团结起来，而这是金砖国家在布雷顿森林体系机构的内部改革中所作的一部分尝试。但即使是那不成功的合作也带来了更加透明的进程。当克里斯蒂娜·拉加德想要第二个任期时，她非常努力地游说金砖国家，金砖国家则报以支持，尤其是在2015年她支持将人民币纳入特别提款权后，拉加德获得了中国政府的支持。在案例1中，"席位与份额"的合作并未及时获得成功，预计这将继续取得进展。在所有余下的案例中——抵制西方对俄罗斯的制裁（案例2），建立新开发银行和应急储备安排（案例3），以及推动人民币国际化（案例4）——金砖国家的合作在继续，并且逐渐得以巩固。换句话说，在团结一致上，金砖国家政府取得了令人印象深刻的成功，尽管这些国家具有不同的政治体制和利益，甚至在一些成员国之间存在长期的紧张形势。更加引人注目的是，金砖国家在取得预期成果上获得了显著的成功：在国际货币基金组织和世界银行内增强了发言权，支持俄罗斯以及金融影响力不应该作为一种外交政策工具以侵犯其他大国主权的原则①，不由现有西方大国控制、切实可行的新国际金融机构，以及人民币的国际化，其进展快于许多观察家的预期。对于案例1、2 和3 而言，金砖国家的合作显然是非常重要的。同时，金砖国家也支持中国将人民币纳入特别提款权（案例4）。

在合作的十年间，金砖国家获得了集体财产，它们之间也成功进行了协调，同时围绕这些情形，金砖国家也同美国及其他 G7 国家多次进行讨价还价。某种程度上，G20 治理组织地位的增强推动了金砖国家的谈判，自 2009 年第一届金砖国家峰会以来，G20 经常将 G7 和金砖国家聚在一起，同时支持两大成员国集团的利益。②

另外，金砖国家发出了同样重要的信号，即它们的外部选择有力地补充了它们寻求内部改革的混合战略，这在它们的集团关系以及同现有大国之间的互动上是一个重要转折点，自二战以来，现有大国就一直在主导全球经济治理。然而，金砖国家并没有转变为像搅局者一样站在对立面，也不再敏感地将其视为逃避责任的国家。金砖国家并不会怀有敌意并采取接管的行为，或执行"摧毁并取代"的任务。在中国的领导下，它们是坚持不懈的且推动颠覆性变革的行动者，而中国是美国自苏联之后最重要的竞争者。美国长期拖延批准国际货币基金组织 2010 年的份额改革，全球金融危机和现有大国其他的抵制行动，例如在跨太平洋伙伴关系中，奥巴马政府将任一金砖国家包含在内的象征性尝试，都表

---

① 有关金砖国家更倾向大国间关系协调一致的结构的意见，参见 Cynthia Roberts，"Are the BRICS Building a Non-Western Concert of Powers?" *The National Interest*，July 2015，http://nationalinterest.org/feature/are-the-brics-building-nonwestern-concert-powers-13280。

② John J. Kirton，"Changing Global Governance for a Transformed World,"in *The G8-G20 Relationship in Global Governance*，ed. Marina Larionova and John J. Kirton（London：Ashgate，2015），Chap. 2.

明了该秩序中存在的裂缝，并且，美国对中国的崛起日益敏感。由于中国及其他金砖国家朝着可能替代它的方向更近一步，针对将中国和其他金砖国家整合进一个良好、合法且协商的自由秩序①的承诺，美国越来越倾向于采取对冲行为。

　　下一章将分析的焦点从金砖集团改为单个国家，讨论每一个国家在国际金融治略合作中的复杂动机。关于以金砖国家合作为核心的这些及其他议题，这一章研究了有关金砖国家意图的具体主张。

---

　　①　Randall L. Schweller and David Priess, "A Tale of Two Realisms: Expanding the Institutions Debate," *Mershon International Studies Review* 41, Supplement 1 (1997): 1–32.

第四章

金砖国家的合作动机
——来自五国首都的观点

2006 年至 2016 年间，巴西、俄罗斯、印度、中国和南非五国间的协作使得它们可以通过集体行动来表达对现有国际金融治理体制的诸多不满，共同抵抗西方金融制裁的压力，并携手建立新的国际金融治理机制。但五国领导人究竟为何愿意联合起来，在国际金融领域采取集体行动呢？本书第一章中提出观点认为，金砖集团是由于各成员国出于理性动机，效仿七国集团的成功实践而自我组织起来成立的俱乐部，该俱乐部通过协调成员行动以促进共同利益，并在诸多重要国际多边舞台上发挥了议程设置的作用。长期以来，发达国家以俱乐部的模式掌握了政策辩论的有利方向，有效制约了布雷顿森林体系下新兴经济体的政策偏好和议价能力。①通过借鉴效仿发达国家的这一俱乐部模式，金砖国家可以获得比它们各自单独行动更好的收益效果，能够通过彼此间协调行动来实现共同利益。②而且，金砖集团俱乐部也确实具备为其成员国提供大规模净收益的基本条件。③

本章首先提出了分析金砖国家合作动机的六个命题，它主要立足于以下两个假设：第一，各国都会对合作进行成本收益计算。收益来自集体金融行动所产生的物质或地位上的好处，成本包括直接的物质成本（如为达成某目标所需缴纳的资金）、机会成本（某些资源投入一事就不能另作他用所带来的损失）以及间接成本（如在未来外交政策独立性方面不得不进行适当妥协，并可能得罪现有大国）。第二，金砖集团的合作是其成员国各自作为主权国家有意识的、自主外交政策选择的结果。除非另有特别说明，本书中所指的偏好、担忧或认知，均指作为"单一理性行为体"的国家中现任领导人的偏好、担忧或认知等。

六 个 命 题

以下是关于金砖国家具体行为动机的六个命题，即分析它们为什么会开展合作。

命题1. 如果协作行动能够向现有大国表达他们对既有国际金融治理秩序的不满，那么金砖国家便更有可能采取集体金融行动。

金砖国家成员一般都是中等国家、新兴国家或具有一定不安全感的国家，它们对当前国际金融治理的现状都感到不大满意，其愿望和诉求并不能在现有全球治理体系中得到公平、公正的反映。而既有大国由于路径依赖或者国内反对势力，也并不愿意与这些国家分享权力。金砖国家倾向于对当今全球金融治理的某些方面做出一些实质性修正。④在全球金融体系改革中，这些国家在扩大自身代表性、提高地位和发出更多声音等方面都存在共同利益。因此，当全球金融危机的爆发导致一些主要

---

① See especially Daniel W. Drezner, *All Politics Is Global*: *Explaining International Regulatory Regimes* (Princeton, NJ: Princeton University Press, 2007), Chap. 5. ; Randall W. Stone, *Controlling Institutions*: *International Organizations and the Global Economy* (Cambridge, UK: Cambridge University Press, 2011); and Richard H. Steinberg, "In the Shadow of Law or Power? Consensus-Based Bargaining and Outcomes in the GATT/WTO, " *International Organization* 56, no. 2 (Spring 2002): 339 - 374.

② Margaret P. Karns and Karen A. Mingst, *International Organizations*: *The Politics and Processes of Global Governance* (Boulder, CO: Lynne Rienner, 2004), 29.

③ Roman Grynberg et al., *Toward a New Pacific Regionalism*: *An Asian Development Bank-Commonwealth Secretariat Joint Report to the Pacific Islands Forum Secretariat*, vol. 1 (executive summary, Asian Development Bank, 2005).

④ Leslie Elliott and John Echeverri-Gent, "Absolute or Relative Gains? How Status Quo and Emerging Powers Conceptualize Global Finance, " in *Handbook of International Monetary Relations*, ed. Thomas Oatley and William Winecoff (Cheltenham, UK: Edward Elgar, 2014), 144 - 165.

金融大国尤其是美国的金融实践名声扫地后，金砖国家便借此机会深化合作，这并非巧合。①

命题 2. 当金砖国家各成员国都认识到其主权或行动自主权面临威胁时，它们就越可能采取集体金融行动。

金砖国家都是"主权上的鹰派"：尽管它们大小强弱不一，经济增长速度不同，处于不同的地理区域，政治体制类型各异，与现有大国及自由经济秩序的关系亲疏有别，但在保护主权和行动自主权方面，它们拥有相似的立场态度。它们都比较担心和厌恶西方大国对其内外部事务的干预，因此，当其中一国的主权受到制裁或其他非武力手段等形式的伤害时，其他金砖国家都愿意对该国施以援手。它们不仅在根本原则上反对西方大国的这种行为，也担心这一伎俩一旦得逞可能将开创一个坏的先例，即如果外部经济制裁成功地在一国实施，那么其他国家今后可能同样遭受其苦。

命题 3. 如果合作预期能使各国都获得某种好处，或曰"胡萝卜"，有助于各国提高其地区地位，那么集体金融治略就更有可能开展进行。

金砖各国都希望提高其地区地位，金砖集团在金融领域的合作给他们带来了获得潜在物质利益的机遇，这一机遇随后也可能被其地区邻国所获得。金砖各国在各自地区内都是举足轻重的大国。2008 年全球金融危机之后，金砖国家为了弥补或克服国际金融治理中的代表性不均衡、现有霸权国的缺陷等问题而作出的努力，提高了金砖国家的国际和地区地位。金砖国家克服了全球金融治理中的这些缺陷，做出了它们致力于解决全球南方问题和西方与非西方失衡问题的承诺，从而提高了金砖国家的声望以及它们在地区邻国中的地位。

命题 4. 当合作为国内民众所接受欢迎，并有利于增强该国领导集团在国内的政治地位时，金砖国家间的集体金融治略就更有可能实现。

---

① Jonathan Kirshner, *American Power After the Financial Crisis* (Ithaca, NY: Cornell University Press, 2014), 1 - 17.

尽管各国体制不一，但金砖国家领导人都认为这一排他性俱乐部能够增加其国内政治资本。因此，某种程度上可以说，这与金砖国家在地区舞台上的"胡萝卜战略"是一样的，只不过现在观众和受益者变成了其国内选民。金砖国家在全球金融治理中对老牌大国的双重标准、虚伪①、不公平和欺凌做出的抗衡行为，受到了它们国内民众的热烈欢迎。尽管金砖集团各成员国之间也存在竞争（包括中国与印度、中国与俄罗斯），但领导人可借助金砖国家集体行为来应对其国内批评。

命题 5. 如果中国能够联合其他金砖国家，使其强势外交政策看起来更加温和良善，那么中国同其他金砖国家在金融治略领域的合作就能更加顺利地开展。②

中国无疑是金砖俱乐部中的主导性经济力量，它也是唯一早在 2010 年起就可以在不依赖其他成员国的情况下，利用其他选项来单独采取重大金融治略行动的国家。由于缺乏盟友，如果能够得到其他金砖国家支持，中国可能出于其金融治略的放大效应而采取行动。如果中国的国际行动在多元多边的名义下进行，就不太会被西方大国视为一种自私或具有威胁性的行为。而且，集体行动的影响与效果往往更加显著，集体行动所产生的收益大于与其他金砖国家达成微小妥协要付出的成本。

命题 6. 当其他金砖四国认识到可以通过引导中国与它们合作来捆绑住中国时，那么它们与中国在金融治略中的合作将更有可能发生。其他金砖国家都希望能从中国的崛起中分一杯羹。

这一命题承认其他金砖国家与中国在实力方面的差距，这些金砖国家都有理由对中国抱有疑虑并希望从中国那儿获取一些东西。当其他金

---

① Catherine Weaver, *Hypocrisy Trap*: *The World Bank and the Poverty of Reform* (Princeton, NJ: Princeton University Press, 2008); Steinberg, "In the Shadow of Law or Power?"; and Mlada Bukovansky, "Institutionalized Hypocrisy and the Politics of Agricultural Trade," in *Constructing the International Economy*, ed. Rawi Abdelal, Mark Blyth, and Craig Parsons (Ithaca, NY: Cornell University Press, 2010), 68-90.

② See Michael A. Glosny, "China and the BRICs: A Real (but Limited) Partnership in a Unipolar World," *Polity* 42, no. 1 (2010): 100-129.

砖国家认识到通过合作可以对中国产生一定约束作用时，那么它们就更可能与中国开展合作。当然，这些相对弱小的金砖国家也认识到正是由于中国的加入，金砖集团的地位和影响力才得以大大提升。

总而言之，本章后面的案例表明，金砖国家之所以进行合作，是出于好几个原因，包括保持它们在世界权力格局中的地位、对彼此关系的动态预期、逐利动机，以及为了赢得国内选票的考虑。有时候是某一种原因动机占据主导地位，有时候则是另一种原因动机在发挥作用。而且，这些动机组合也不会一成不变。尽管如此，这六个命题合在一起，给我们提供了一个可以解释金砖国家为何抱团取暖（至少到目前为止是这样）的基本框架。

北京的观点： 寻求合法性和非威胁性的领导作用

在所有金砖国家中，中国是最大的经济体，它在过去几十年里经历了最高速的经济增长，中国也具有最强大的全球政治影响力。2008 年全球金融危机后，中美两国积极参与全球经济治理，从而在事实上形成了一个所谓 G2 的集团，如今则换成了 G20。[1] 自习近平成为中国最高领导人以来，中美两国就在中方所谓的"新型大国关系"框架下开展对话。[2]而且，中国几乎在所有的全球和地区治理平台上都占据一席之地，包括联合国安理会常任理事国席位。中国拥有巨大的外汇储备，人民币国际化初现端倪，拥有支撑经济发展的雄厚技术，如果中国愿意的话，它完全可以独自采取某些金融举措去保护其自身利益，并重塑全球经济发展和治理议程。此外，中国现在还可以利用其金融权力和优势对其他国家

---

[1] Geoffrey Garrett, "G2 in G20: China, the United States, and the World After the Global Financial Crisis," *Global Policy* 1, no. 1 (2010): 29 – 39.

[2] 这一术语最早是由习近平主席于 2013 年 3 月与奥巴马总统在加州安纳伯格庄园的会晤中提出，它主要包括三点：（1）不冲突不对抗，强调对话协商，（2）相互尊重彼此核心利益和核心关切；（3）合作共赢。

进行诱导或强制，但中国却选择了坚定支持金砖进程。①如本章后面所述，中国采取了诸多措施去推动金砖国家间的合作。由于其他金砖国家抱怨中国的出口商品充斥了它们的市场，中国现在也愿意开放其货币（人民币），通过货币互换协议来解决贸易争端，并表示愿意在金砖国家新开发银行的框架内做出妥协。

如果考虑到金砖集团中还有中国的两个传统竞争对手（即俄罗斯与印度）的话，那么，中国愿意与其他金砖国家开展合作就显得尤其令人惊讶了。尽管自1990年代初以来，中国与这两个国家的双边关系逐步改善，但竞争和紧张局面还是不时呈现，尤其是中印之间。中国从现有的自由主义国际经济秩序中受益颇多，自从它回归布雷顿森林体系以来，中国的经济增长了十倍，如果其领导人愿意的话，中国完全有能力对现有全球经济治理架构发起挑战。如第三章所述，无论是改革由西方主导的现有治理架构还是另外创设新的平行机构，中国都能对当前国际经济治理体系构成挑战。那为什么近年来尽管中国的崛起令世人瞩目，但它却更愿通过金砖集团和在金砖集团内合作的方式来实施其金融治略呢？当担忧其经济增速放缓时，中国会实施某种修正的政策吗，如果会，这一政策对金砖国家间的合作将意味着什么？

中国关于全球治理立场的变革与延续

在中国共产党领导之下，中国长期以来都致力以防御性金融治略来保护其经济和货币自主权，强调经济发展的自主性。但中国对多边主义的承诺及其作为国际金融大家庭重要成员的身份却较少为人所关注。布

---

① 2012年中共十八大报告中只重点提到了联合国、二十国集团、金砖集团和上海合作组织这四个国际机制，见 Minghao Zhao, "China's Pivotal BRICS Strategy," *BRICS Post*, October 10, 2013, http://thebricspost.com/chinas-pivotal-brics-strategy/ #.WOANzmtMSpo。

雷顿森林体系的历史就是一个例证。在 1944 年 6 月召开的布雷顿森林会议上，中国国民政府派出了一个由财政部长和央行行长孔祥熙率领的 32 人代表团参加，其规模仅次于美国代表团。①在会议讨论中，作为该布雷顿森林体系的创始成员国，中国一直主张所有国家在战后国际金融治理中一律平等。中国官员对于中国能够在国际货币事务中彰显较高承诺、占据相当份额感到十分满意。②随着 1949 年新中国的成立，以及随后从 1950 年代到 1970 年代，围绕中国国际代表权问题产生了诸多争议，因此在长达几十年的时间内，这些国际机构中都不见中国的身影。直到 1970 年代末，随着布雷顿森林体系和中国自身政策的变化，中华人民共和国终于在 1980 年重新加入了国际货币基金组织和世界银行。当时，中国在这两个组织中所占据的权重排在世界第九，并拥有一个执行董事席位。此后，中国不断要求提高其权重地位。③

1970 年代末，中国在邓小平的领导下开始实施改革开放，中国的经济发展得到了世界银行的资金支持以帮助中国改善基础设施，此外，国际货币基金组织也为中国提供了经济、金融和技术专家支持。然而，在大多数情况下，中国在全球金融治理事务中都保持低调。④遵循邓小平的教诲，中国在全球金融治理中长期实行韬光养晦战略，直到 2000 年代。在 2005 年之前，除了曾就 IMF 对亚洲金融危机的处理表现过担忧疑虑外，中国领导人从未公开对全球金融机构表现出强烈兴趣，或者对西方

① Jin Zhongxia, "*The Chinese Delegation at the 1944 Bretton Woods Conference: Reflections for 2015*" (London, UK: Official Monetary and Financial Institutions Forum, 2015), 8.

② Eric Helleiner and Bessma Momani, "The Hidden History of China and the IMF," in *The Great Wall of Money: Power and Politics in China's International Monetary Relations*, ed. Eric Helleiner and Jonathan Kirshner (Ithaca, NY: Cornell University Press, 2014), 56.

③ Harold Jacobson and Michel Oksenberg, *China's Participation in the IMF, the World Bank, and GATT: Toward a Global Economic Order* (Ann Arbor: University of Michigan Press, 1990), Chap. 3.

④ Rosemary Foot and Andrew Walter, *China, the United States, and Global Order* (Cambridge, UK: Cambridge University Press, 2010), 106 - 107. Also see Ann E. Kent, *Beyond Compliance: China, International Organizations, and Global Security* (Palo Alto, CA: Stanford University Press, 2007).

大国表达强烈不满。①但自那以后，中国与现有国际金融治理体制之间的关系就逐渐紧张起来，这主要有以下几个原因，包括由于 IMF 对人民币升值施加压力导致与 IMF 相互协商的第五条款（汇率）失效，②IMF 公开批评中国的高储蓄政策，③以及中国担忧美国实施过于宽松的货币和财政政策可能加剧全球经济不稳定性等。④这种紧张背后一个不可回避的事实是，随着中国在全球范围内开展贸易和投资，中国经济自 1990 年代末以来已经不可逆转地融入到全球经济中，而世界经济环境的波动反过来也开始影响中国自身的经济。⑤与此同时，有人可能注意到中国像它在七十多年前一样，再次对在全球金融治理中扮演重要角色产生了兴趣。近年来，中国主张扩大发展中国家的代表权，呼吁布雷顿森林体系下的机构将资源更多地从富裕地区转向贫困地区，这时，中国再次恢复了它七十年前的这一遗产。⑥中国的这些主张早在金砖集团形成之前就有了。

　　在 2007 年导致发达经济体遭受严重挫折的全球金融危机爆发前，中国在全球迅速扩张的经济影响力就已经举世瞩目。⑦但这场经济危机却为中国更积极广泛地参与全球金融治理提供了机遇，对此下文将有讨论。

　　2008 年那场金融危机给欧美经济体带来了灾难性的影响，但中国由于投放了 4 万亿人民币的刺激投资计划，其国内经济相对平稳地度过了

①　Scott L. Kastner, Margaret M. Pearson and Chad Rector, "Invest, Hold up, or Accept? China in Multilateral Governance," *Security Studies* 25, no. 1 (2016): 142-179.

②　Foot and Walter, *China, the United States, and Global Order*, Chap. 3.

③　Ben S. Bernanke, "*The Global Saving Glut and the US Current Account Deficit*" (lecture, Virginia Association of Economists, Richmond, VA, March 10, 2005).

④　Kastner, Pearson and Rector, "Invest, Hold up, or Accept?"

⑤　Elizabeth Economy, "The Game Changer: Coping with China's Foreign Policy Revolution," *Foreign Affairs* 89, no. 6 (2010): 142-152.

⑥　时任中国人民银行行长金人庆于 2005 年 9 月 24 日在世界银行、国际货币基金组织年会上的演讲。

⑦　Raghuram G. Rajan, *Fault Lines: How Hidden Fractures Still Threaten the World Economy* (Princeton, NJ: Princeton University Press, 2011).

这场危机。①在那时，迅速成为世界第二大经济体的中国，已经将其贸易和投资伙伴关系网络扩大到了发达工业国家及其邻国之外的拉丁美洲和非洲地区。②由于中国在发展中国家的经济伙伴都已陷入经济颓势，于是中国利用其国有银行（如中国国家开发银行和中国进出口银行）提供借贷以及扩大双边货币互换协议来帮助它们。③除了这些双边倡议举措外，这场世界金融危机还催生了几个如 G20 这样的新经济论坛，中国在其中得以发出自己的声音和看法，并建立了一些支持全球金融治理改革的新阵营。这场危机使得新自由主义和金融全球化变得声名狼藉，④也削弱了美国在国际货币基金组织中的领导地位，美国此时不得不寻求像中国这样的新兴市场经济体的金融资源来帮助提振美国经济。⑤自这次全球金融危机后，中国在国际金融治理领域变得更加积极活跃起来，并开始走向多边主义，尤其是在全球金融和货币治理领域。

2012 年末，中国已经无可争议地崛起成为一个像美国那样的世界大国。2013 年 11 月中共十八届三中全会上，中国领导人提出了多项政治和经济改革举措，包括反腐、放松一孩政策，以及国企改革和金融改革等。在对外政策方面，习近平强调中国作为世界上最大发展中国家这一

---

① Shaun Breslin, "Chinese Financial Statecraft and the Response to the Global Financial Crisis," in *Unexpected Outcomes：How Emerging Economies Survived the Global Financial Crisis*, ed. Carol Wise, Leslie Elliott Armijo, and Saori N. Katada (Washington, DC：Brookings Institution Press, 2015), 25 - 47.

② Deborah Bräutigam and Kevin P. Gallagher, "Bartering Globalization：China's Commodity-Backed Finance in Africa and Latin America," *Global Policy* 5, no. 3 (2014)：346-352；Deborah Bräutigam, "China, Africa, and the International Aid Architecture," Working Paper 107, African Development Bank, 2010；and Takatoshi Ito et al., "China's Impact on the Rest of the World：Editors' Overview," *Asian Economic Policy Review* 9, no. 2 (2014)：163 - 179.

③ 这两家中国银行在 2009 年和 2010 年发放的贷款超过了世界银行。Geoff Dyer and Jamil Anderlini, "China's Lending Hits New Heights," *Financial Times*, January 18, 2011。2008 年至 2015 年，中国与发展中国家签署了 30 多项双边人民币互换协议。

④ Anastasia Nesvetailova and Ronen Palan, "The End of Liberal Finance？ The Changing Paradigm of Global Financial Governance," *Millennium-Journal of International Studies* 38, no. 3 (2010)：797 - 825.

⑤ Randall L. Schweller and Xiaoyu Pu, "After Unipolarity：China's Visions of International Order in an Era of US Decline," *International Security* 36, no. 1 (2011)：41 - 72.

角色定位。例如，在纪念主张所有主权国家一律平等与和平相处的"和平共处五项原则"发表六十周年的讲话中，习近平提出了通过致力于发展中国家和新兴国家间的合作共赢来建立新型国际关系的愿景。①

在这一原则的指引下，中国的外交政策显得更加积极有为，例如中国在南海提出自己的安全诉求和安全概念，在亚太经合组织峰会（APEC）上扮演了更大的领导性角色。同其他金砖国家一样，中国领导人是在将中国定位为一个区域性大国的背景下实施其金融治略的。习近平"致力于扩大中国的权力和影响力……使中国能够在亚洲和西太平洋地区发挥主导性角色，而这是以削弱美国的支配地位为代价的"，但他更加愿意采取"在不突破底线的前提下逐步推进的战略"。②

如第三章所述，习近平在 2013 年还提出了"一带一路"的倡议，希望通过加强中国与亚欧大陆其他地区的海陆联系来扩大中国的影响。鉴于中国目前正在实施"走出去"战略，且面临贷款投资违约和债务无法偿还的风险，③因此在这一情况下中国提出的"一带一路"、亚洲基础设施投资银行以及新开发银行等倡议，说明了中国金融治略的意图动机不会仅仅只是提供基础设施资金和加强地区联系那么简单。随着中国全球影响力的日益扩展，反华情绪也在不断增长蔓延，这迫切要求中国必须保护好其海外利益，因此，这些多边倡议和利益诱导都只是中国管控其外部风险的手段之一。④

总之，尽管战后七十多年以来中国历经政治体制的变迁和动荡起伏，

---

① 习近平在纪念和平共处五项原则发表六十周年上的讲话，转引自 Yang Jiemian, "China's New Diplomacy Under the Xi Jinping Administration, " *China Quarterly of International Strategic Studies* 1, no. 1 (2015): 7。

② Shi Yinhong, "China's Complicated Foreign Policy, " *European Council on Foreign Relations*, March 31, 2015; and Zhang Baohui, "Xi Jinping, 'Pragmatic' Offensive Realism and China's Rise, " *Global Asia* 9, no. 2 (Summer 2014): 71 – 79. For context prior to Xi, see also Qian Qichen, *Ten Episodes in China's Diplomacy* (New York: HarperCollins, 2006).译自中国国务院前副总理和前外交部长钱其琛《外交十记》，北京：世界知识出版社，2003。

③ 中国在与委内瑞拉的投资交易中所面临的困难，see "China Rethinks Developing World Largesse as Deals Sour", *Financial Times*, October 13, 2016。

④ Gregory Chin, "China's Bold Economic Statecraft, " *Current History* 114, no. 773 (2015): 220 – 221.

但中国领导人的对外政策理念中始终包含两个基本组成部分：第一，中国始终是一个愿意按照自己的方式对全球治理做出贡献的大国。第二，中国是一个已经达到中等收入水平的发展中国家，它与其他受到不公正待遇的旧殖民国家拥有相同或相似的利益。鉴于中国完全有能力独自在全球金融治理中发挥作用，那么它为何要与其他金砖国家进行合作、开展集体金融治略呢？本书认为这主要有五个方面的原因，下文对此一一进行阐述。

改变全球金融治理中西方自由主义价值观的主导地位

第一个原因在于中国对由西方主导的自由主义规范、准则及其国际金融治理战略感到不满。中国与其他金砖国家一样，不满于西方强加给世界其他国家的国际规则。①它对当前国际金融治理的某些方面（例如干预内政和施加条件等）抱有忧虑，因为这些都与中国高度重视的主权原则相悖离。中国政府对国际货币基金组织的监管持怀疑或反对态度，批评IMF 在债务危机期间对债务国施加种种条件的行为。

自从 1980 年加入 IMF 以来，中国就一直表示它反对 IMF 施加附带条件。例如，在加入 IMF 后，中国不仅连续十六年拒绝对其货币进行完全可自由兑换的改革，而且极力确保避免发生债务偿还危机，以免引起 IMF 的干涉插手。②在 2007 年和 2008 年，中国甚至中止了 IMF 的第四条款磋商，因为中国对 IMF 以"操纵货币"为由将中国的外汇汇率政策置于 IMF 的监管之下感到不满。在这一时期，中国领导层一再强调其对 IMF 干预"国家主权事务"的不满。③此外，随着中国迅速成为世界上的最大双边

① Shaun Breslin, "China and the Global Order: Signaling Threat or Friendship? " *International Affairs* 89, no. 3 (2013): 629.

② Helleiner and Momani, "The Hidden History of China and the IMF"; Peter Ferdinand and Jue Wang, "China and the IMF: From Mimicry Towards Pragmatic International Institutional Pluralism, " *International Affairs* 89, no. 4 (2013): 895–910.

③ Foot and Walter, *China, the United States, and Global Order*, 111, citing a speech by then-premier Wen Jiabao on May 17, 2005.

援助国之一，它明确表示反对在对外援助中施加任何政治条件，不断强调它对不干涉内政这一原则的坚定承诺。①

中国领导人为发展中国家不能拥有足够的代表权以及非西方国家（无论是像巴西这样的债务国还是中国这样的贸易顺差国）在全球金融失衡环境下承受巨大的调整压力而打抱不平。②中国同样不满于美元在世界上超乎寻常的主导地位，因为美国的宏观经济和财政政策几乎不受 IMF 的监管或财政纪律的约束。

中国对发展中国家和新兴市场抱有强烈的同情，在中国看来，发展中国家和新兴经济体在全球金融体系中都处于附庸从属地位，它们一直以来都被发达国家所支配和控制。③近年来，中国对美国一再阻止和妨碍实施 2010 年已达成共识的 IMF 份额改革（这主要是由于美国国内的政治问题而非奥巴马总统个人的反对所导致），以及将人民币纳入特别提款权进程的受阻感到不满。中国认为美国有意阻挠全球金融改革，尤其是 IMF 的改革。④

关于中国对美国的不满，中国著名的观察家王缉思先生曾指出："即便在经济领域，中美两国也有着重大的利益分歧，并对未来国际秩序有迥然不同的看法。"⑤而且，像印度、巴西、俄罗斯和南非这样的新兴国

---

① Breslin, "China and the Global Order," 631. See also "China's Development Finance," IDS Policy Briefing, Issue 92, April 2015, http://www.ids.ac.uk/publication/china-s-development-finance-ambition-impact-and-transparency.

② 秦（转引自成，2015，pp.366-367）列举了霸权国和崛起国之间开展合作的三个重要条件：（1）在国际体系改革中，必须赋予新兴大国应有的权力；（2）新兴大国的正当利益和要求必须得到尊重；（3）新兴大国提出的平等协商的要求必须得到满足。Joseph Y. S. Cheng, "China's Approach to BRICS," *Journal of Contemporary China* 24, no. 92 (2015): 357-375。

③ China Institutes of Contemporary International Relations (CICIR), *Strategic and Security Review*, 2014/15, 68.

④ CICIR, *Strategic and Security Review*, 63. 正如在第三章中所讲到的，中国和金砖国家经过积极游说，并引入金砖银行和亚投行（都是在 2015 年成立）这两个外部选项，最终促成了 IMF 的配额改革以及将人民币纳入特别提款权。

⑤ Wang Jisi, "Study Projects Glittering US-China Economic Relations in 2022," *China-US Focus*, July 24, 2013, http://www.chinausfocus.com/finance-economy/study-projects-glittering-us-china-economic-relations-in-2022.

家，也正愈发挑战西方的主导地位，并加强了彼此间以及与中国的合作。①中国前最高领导人江泽民主席曾提出"国际关系民主化"的概念，这成为中国全球金融治理的核心立场。这一概念主张"国际事务应当由世界上所有国家通过和平对话和协商来共同决定"，更重要的是，它主张"各国国内事务应当由该国人民及其政府自主决定"。②此外，中国领导层对外部势力试图利用经济工具来影响中国的政治、经济和社会的行为一贯高度警惕。因此，中国希望通过加强与金砖国家的抱团合作，以便改变西方在全球金融治理中的主导地位。

提升中国在体系中的发言权

中国加强与金砖国家间合作的第二个动机是利用新型全球金融治理平台来提高它在国际事务中的发言权。2008年11月从财长和央行行长会议转变为首脑峰会的G20机制，已经成为中国为实现这一目的的主要平台。③2008年11月，为筹备即将在华盛顿举办的G20首次峰会，金砖国家财政部长在巴西的圣保罗首先聚首。2011年11月G20戛纳峰会后，金砖五国领导人开始固定在每次G20峰会前会面，以协调彼此立场。中国开始尝试走集团化道路来解决全球治理问题。④随着G20这一新平台的诞生，以及一些新兴国家在联合国内呼吁改革发达国家的制度霸权，中国领导人开始意识到，如果中国及其他持相似立场的国家抱团合作，将更有利于中国

---

① Kenneth Lieberthal and Wang Jisi, *Addressing U.S.-China Strategic Distrust* (Brookings Institution, Washington, DC, March 2012). See also Cui Liru, "Big Power Game/Cooperation in the Asia-Pacific," *CIR* 23, no. 2 (March/April 2013): 90 – 100.

② Chien-peng Chung, *China's Multilateral Co-operation in Asia and the Pacific: Institutionalizing Beijing's Good Neighbour Policy* (London: Routledge, 2010), 16.

③ 关于中国在G20框架下如何看待金砖国家集团的讨论，见 Cheng, "China's Approach to BRICS," 366。

④ Wang Ying and Li Jiguang. "G20 yu zhongguo (G20 and China)," *Contemporary International Relations* 22, no. 4 (July/August 2012): 44 – 49, http://www.cicir.ac.cn/chinese/ Article_3930.html.

在国际谈判中实现其目标。除了前面提到的金砖国家的一般抱怨外，中国领导层还希望能够将其权力转化为一种优势和影响力，①实现全球治理中权力地位的合理分配，营造一个更为有利的国际经济环境，因为中国与其他金砖国家都面临着所谓中等收入陷阱(增长缓慢加产能过剩)的难题。

有许多发展中国家参与其中的 G20，正是中国实施这一战略的好抓手，它使得中国可以声称自己代表了所有发展中国家和新兴市场的利益。②在 2008 年后 G20 进程不断深入和巩固的早期阶段，世人有种担忧，即中国可能与印度、俄罗斯和巴西等其他新兴国家一道，成为一个否决性玩家，在处理全球金融危机及其后续影响等事务上，它们会与其他工业化国家在利益和偏好上存在严重冲突。尽管中国领导人仍对以往的国际金融秩序持批判立场，但至少迄今为止明确表示，中国无意于阻止或妨碍这一国际金融秩序的正常运转。③相反，中国希望成为 G20 中一个能够参与议程设置、有相当影响力的大国。④2008 年的全球金融危机就成为这些新兴国家(包括中国在内)的第一个机遇，它们因而得以在全球金融治理峰会中发挥一定作用，并且鼓励中国政府将 G20 视为管理全球经济的"首要平台"。⑤随着有关全球金融改革辩论的持续，G20 成为

---

① 关于欧盟的形成过程，Grieco 首先提出了"新现实主义的声音机会假说"。Joseph M. Grieco, "State Interests and Institutional Rule Trajectories: A Neorealist Interpretation of the Maastricht Treaty and European Economic and Monetary Union," *Security Studies* 5, no. 3 (1996): 261 - 306。当然，中国和俄罗斯更愿意通过反对联合国安理会(UNSC)的扩容来保持它们在联合国的现有地位，因此，它们也不是国际体系中真正"民主的"参与者。

② 尽管中国早在 21 世纪初就被邀请参加七国集团/八国集团峰会，但中国拒绝了，因为中国不愿被人认为它加入了西方强国的行列，这有违中国作为发展中国家的自我认同，也有违其基本的外交政策原则，Ren Xiao, "A Reform-Minded Status Quo Power? China, the G20, and Reform of the International Financial System," *Third World Quarterly* 36, no. 11 (2015): 2023 - 2043。

③ Injoo Sohn, "Asian Financial Cooperation: The Problem of Legitimacy in Global Financial Governance," *Global Governance: A Review of Multilateralism and International Organizations* 11, no. 4 (2005): 487 - 504。

④ Katharina Gnath and Claudia Schmucker, "The Role of the Emerging Countries in the G20: Agenda-Setter, Veto Player, or Spectator?" *European Yearbook of International Economic Law* (Berlin and Heidelberg: Springer, 2012), 667 - 681。

⑤ Gregory Chin, "The Emerging Countries and China in the G20: Reshaping Global Economic Governance," *Studia Diplomatica* 63, no. 2 (2010): 105 - 123。

推进发展中国家和新兴经济体利益的重要平台，IMF 份额改革(2009 年匹兹堡峰会)和落实共享增长议程(2010 年首尔峰会)等事务就是具体表现。①

这些平台都是中国借以扩展其全球影响力的重要多边手段。借助这些手段，中国得以完善其金融战略。②在 1990 年代末，中国就签署了地区金融合作的《清迈协议》(CMI)和几个地区贸易协定，成立或加入了如上海合作组织(SCO)等地区安全机制，积极参与到地区多边主义进程中来。从那时起，中国的双边触角就已经通过贸易、投资、对外援助等手段，伸到了发展中国家之外。现在中国已经通过 G20 和金砖集团等多边机构在全球范围扩展其影响力。

此外，中国还可以利用金砖国家在 G20 中的突出地位，来共同应对它所承受的国际压力。自成立以来，G20 各次峰会就被视为对中国施加压力的论坛，因为其他国家都要求中国对人民币进行价值重估，要求中国在金融援助上做出更大贡献以帮助遭受全球金融危机严重打击的西方国家。作为 G20 中仅次于美国的第二大经济强国，中国政府感受到了来自方方面面的要求和压力，它不得不在全球金融治理事务上放弃其犹豫的规则接受者地位，而开始扮演一个游戏规则制定者的角色。③

尽管中国现在已经摆脱了一些学者给其贴附的"不情愿领导"④的标签，但中国领导人仍然担心中国可能会被"捧杀"，即尽管中国在全

---

① 国际货币基金组织的份额改革最终在 2010 年 11 月首尔二十国集团峰会召开之前，于 2010 年 10 月在韩国庆州二十国集团财长和央行行长会议期间达成协议。

② Injoo Sohn, "Learning to Co-operate: China's Multilateral Approach to Asian Financial Co-operation," *China Quarterly* 194 (2008): 309-326.

③ 哥特瓦尔德和伯西克认为，中国在 2008 年还没有完全做好迎接挑战的准备，胡锦涛主席在二十国集团华盛顿峰会上的讲话就是明证，见 Jorn-Carsten Gottwald and Sebastian Bersick, "The Domestic Sources of China's New Role in Reforming Global Capitalism," *International Politics* 52, no. 6 (2015): 785。

④ Evan S. Medeiros, "Is Beijing Ready for Global Leadership?" *Current History* 108, no. 719 (2009): 252.

球金融治理改革中承担过多成本，却并不能获得多少实质性影响力。①
中国的精英们常常认为中国是美国主导的国际等级制秩序中的受害
者，他们认为中国应当避免过度卷入其中以免承担高昂成本。②中国需
要保留一定自主空间，掌握灵活的外交政策工具，扮演一个本杰明·
科恩所说的"自主大国"的角色，即能够避免来自他国的直接压力，
"不要让其他国家影响到你"，③包括躲避压力和制裁，即使中国在全
球金融治理中与金砖国家结为伙伴，并成为全球舞台上的一个关键
成员。④

利用手中的资源资助和控制金砖国家进程

中国与其他金砖国家开展合作的第三个原因仅仅就是因为它有能力
这样做。中国拥有足够的金融资源供其使用，中国也可以利用它掌握的
其他"外部选项"来控制金砖国家的集体战略。如第二章中所述，中国
经济在过去三十年尤其是 2000 年代以来令人瞩目的增长，使得中国在世
界经济上的影响力同其在全球经济治理中的贡献和权重地位两者间产生
了一个巨大落差。2000 年代前期，在中国对美国存在巨大贸易顺差及美
国将中国认定为"货币操纵国"的背景下，美国政府提出中国应成为一

---

①　"捧杀"的意思是指"以赞美的方式杀害对方"。Wang Yong and Louis Pauly,
"Chinese IPE Debates on（American）Hegemony," *Review of International Political Economy*
20，no. 6（2013）：1181-1182，citing Yuan Li in "G2 gainian shi zai pengsha zhongguo（The
Concept of G2 is to Flatter and Destroy China），" Guoji jinrong bao（*International Financial
News*），June 11，2009，6. 沈大伟也同样提出了中国在这方面的担忧，他指出中国认为
"这是一个旨在牵制中国、消耗中国、阻碍中国发展的危险陷阱"，见 David Shambaugh,
"Coping with a Conflicted China," *Washington Quarterly* 34，no. 1（2011）：13. Also see
Thomas J. Christensen，*The China Challenge：Shaping the Choices of a Rising Power*（New
York：W.W. Norton，2015），118-120。

②　Pan Wei，"Western System Versus Chinese System," *Paper* No. 61，China Policy
Institute，University of Nottingham，Nottingham，UK（July 2010）.

③　Benjamin J. Cohen，"The International Monetary System：Diffusion and Ambiguity,"
International Affairs 84，no. 3（2008）：456.

④　Chin，"China's Rising Monetary Power."

个"负责任的利益攸关方",对全球治理做出贡献。①但在中国自己看来,中国一直是一个"负责任的大国",②并认为在提供全球公共产品的同时却不能相应扩大其在全球治理体系中的影响力令人难以接受。③

无论如何,由于全球金融危机的爆发,西方国家再也不能指责中国是一个搭便车者了。中国对全球经济的恢复以及帮助发展中国家的经济增长做出了巨大贡献。④中国现在是世界上最大的对非援助国,其对外直接投资产生了一个又一个的经济繁荣景象。⑤

此外,中国还开始直接对地区和全球多边机构做出贡献。⑥在地区层面,中国(包括中国香港)和日本都是《清迈协议》的最大贡献者。在全球层面,中国运用其巨大的主权财富基金,如中国投资公司和中国华安投资有限公司(SAFE Investment Company)等,在世界各个角落打造其新型政治金融网络。

还有,中国当前也正在对 IMF 做出其贡献。由于 2011 年欧洲主权债务危机的加剧,2011 年 G20 戛纳峰会的首要议程就是如何扩大 IMF 可资利用的资源使其能够为欧洲及其他地区提供救助。为此,中国承诺提供430 亿美元,加上来自巴西、俄罗斯和印度的各 100 亿美元,以及南非的20 亿美元,使得 IMF 获得了总额达 750 亿美元的资金。

由于拥有高达 3 万亿美元的外汇储备以及巨额国内储蓄,⑦中国能够

---

① Robert B. Zoellick, "Whither China: From Membership to Responsibility?" *NBR Analysis* 16, no. 4 (2005): 5.
② Breslin, "China and the Global Order," 621.
③ Gregory Chin and Ramesh Thakur, "Will China Change the Rules of Global Order?" *The Washington Quarterly* 33, no. 4 (2010): 119–138.
④ 在全球金融危机爆发后的几年里,中国经济对世界其他地区的火车头效应,也明显地体现为,过去几年由于中国经济的放缓,全球经济大宗商品价格和股市也受到了不小影响。
⑤ 关于中国对非援助,见 Deborah Brautigam, *The Dragon's Gift: The Real Story of China in Africa* (New York: Oxford University Press, 2009)。
⑥ 一位不愿透露姓名的中国金融专家强调了中国在世界各地和不同机构进行多元化投资的重要性,2015 年 11 月采访。
⑦ 中国的外汇储备在 2006 年底达到 1 万亿美元,2011 年迅速增长到 3 万亿美元。尽管在 2015 年夏季中国经济衰退后,中国的外汇储备有所下降,但到 2015 年底,外汇储备仍高达 3 万亿美元以上。数据来源于中国人民银行。

同时在国内、地区和全球层面开展资助项目。①这意味着中国即使在新设立的亚洲基础设施投资银行中扮演主要角色，也不会妨碍中国对金砖集团的新开发银行的资助，不影响中国在 IMF 中份额的提高。中国的这一巨大金融权力赋予其巨大的灵活性空间，使其成为一个具有巨大金融能力的大国。因为有这些新型金融机构和 G20 的存在，中国可以在这些复杂重叠的制度选项中任选其一，②当传统的国际金融治理机构不能满足中国日益增长的地位和偏好时，中国也可以选择从中退出。

此外，金砖集团内的权力不对称使得中国可以在金砖集团内部实施制衡。尽管中国对金砖国家持合作性立场，但由于亚洲基础设施投资银行和金砖国家新开发银行的同时设立产生的某种竞争关系，当其他金砖国家不支持中国的某些决定时，中国就可以诉诸其他替代选项。③因此，尽管其他金砖国家希望将中国捆绑在金砖国家的联盟和机构内，中国将继续保持其行动和政策的灵活性与空间。如第一章所述，由于金砖组织内部的不对称性，当其他金砖国家与中国的偏好愿望相差甚远时，中国可以拒绝或抵制其他金砖国家的一些要求。

作为主导发展中国家对威望及合法性的追求

中国加强与金砖国家间合作的第四个动机就是中国可以借此增强其作为崛起的发展中国家通过公平的多边解决方案应对全球经济挑战的合法性、威望和地位。④中国在世界上的合法性地位来源于它对全球公共产

---

① 米勒指出，中国现在正在探索试验使用其巨大金融资源的最佳方式，Ken Miller, "Coping with China's Financial Power," *Foreign Affairs* 89, no. 4 (2010)：96 - 109。

② Kal Raustiala and David G. Victor, "The Regime Complex for Plant Genetic Resources," *International Organization* 58, no. 2 (2004)：277 - 309。

③ 维托尔指出，亚投行和新开发银行最初起步的速度不同，中国更钟情的项目亚投行的起步速度比新开发银行快得多。Robert Wihtol, "Beijing's Challenge to the Global Financial Architecture," *Georgetown Journal of Asian Affairs* (Spring/ Summer 2015)：7 - 15。

④ Adriana Erthal Abdenur, "China and the BRICS Development Bank：Legitimacy and Multilateralism in South- South Cooperation," *IDS Bulletin* 45, no. 4 (2014)：85 - 101。

品的供给做出了越来越多的贡献，为发展中国家应对全球金融挑战提供了不同于西方国家的方案。①最早由时任印度总理辛格提出的新开发银行构想，有各种理由为中国提供了一个好机会。中国可以根据自己的原则理念为世界提供公共产品，而不必一味迎合西方国家的利益。不同于以地区为重点的亚洲基础设施投资银行，新开发银行是辐射全球的，它也得到了 G20 集团中支持为了共享增长的首尔发展共识(2010 年 G20 首尔峰会上确立)的发达经济体较为迅速的回应。②发展中国家当然更是非常支持和感谢中国的这一行动。③总之，中国对新开发银行 100 亿美元的初始捐款及后续支持是非常值得的一笔投资。

尽管中国已经无可争议地实现了物质上的崛起，但中国仍然面临着两个重要挑战，即塑造中国的正面形象以及打造其在世界上的合法性。一方面，中国必须应对好世界上盛行的所谓"中国威胁论"。过去几十年里，中国采取了种种措施，包括对小国和邻国实施的"魅力攻势"、宣传"和平崛起"等，以降低中国在他国心目中的所谓"威胁性"形象。④金砖集团也被中国用作掩盖其崛起锋芒的一个新型俱乐部。⑤尽管中国现在已经实现了崛起，但金砖集团仍有利于中国将其建立公正平等国际体系的主张合法化。此外，中国也需要拥有这种良善的形象以向外界表明世界上并没有出现一个阻遏中国的制衡联盟。⑥另一方面，中国也需要依靠

---

① Abdenur, "China and the BRICS Development Bank," 94.
② 中国还通过增加对新伙伴国基础设施的投资来为中国建筑公司提供合同，缓解中国的货币压力。Gregory T. Chin, "The BRICS-Led Development Bank: Purpose and Politics Beyond the G20," *Global Policy* 5, no. 3 (2014): 366–373.
③ Stephany Griffith-Jones, "A BRICS Development Bank: A Dream Coming True?" (Lecture No. 215, United Nations Conference on Trade and Development, 2014).
④ Joshua Kurlantzick, *Charm Offensive: How China's Soft Power Is Transforming the World* (New Haven, CT: Yale University Press, 2007); Wang Jisi, "China's Search for a Grand Strategy: A Rising Great Power Finds Its Way," *Foreign Affairs* 90, no. 2 (2011): 68–79.
⑤ Leslie Elliott Armijo and Cynthia Roberts, "The Emerging Powers and Global Governance: Why the BRICS Matter," in *Handbook of Emerging Economies*, ed. Robert Looney (New York: Routledge, 2014), 520.
⑥ Breslin, "China and the Global Order," 621.

金砖集团来弥补其能力不足的问题。①尽管中国在金融方面的专家人才近年来迅速增多，但在世界金融治理中还是显得人员不足和经验匮乏。②中国近年来刚刚摆脱净援助接受国的地位。③中国的经济全球化也是近些年才开始启动的，中国在国际金融机构中的工作人员数量仍然相对较少。④因此，与其他金砖国家的专家和政策制定者交流分享经验理念对中国来说也是一个重要的学习机会。⑤此外，与其他金砖国家就要求国际金融秩序的话语进行协调也有效地合法化了这些要求。⑥因此，金砖国家间的合作有利于树立中国作为发展中国家领导者的形象，表明它是认真对待南南合作的。

中国不仅需要在发展中世界树立其合法性，全球市场也要求中国这样做。简言之，中国要想对全球金融治理架构进行成功改革，金砖集团及其新设立的一些机构必须得到全球市场大玩家们的认可。尽管中国政府可以将其金融资源用作战略目的，但作为一个债权大国，中国也得担心其投资安全与收益，因此它不会把亚投行和新开发银行变成一个只服务于金砖国家利益的机构，以免损害其在全球市场中的声誉和可信度。因此，中国会让这些新设立的银行尽量遵循市场规则，以获取正当性。⑦在人民币国际化问题上，中国在国内外进行的金融改革其实都是为了说服全球市场继续持有和使用人民币。

---

① Evan S. Medeiros, "Is Beijing Ready for Global Leadership?" *Current History* 108, no. 719 (2009): 250 - 256.

② Ferdinand and Wang, "China and the IMF."

③ 1999 年之前，中国一直是世界银行优惠贷款机构国际开发协会(IDA)的受援国，而且目前仍接受部分优惠贷款，见 Abdenur, "China and the BRICS Development Bank"。

④ 例如，国际货币基金组织中国籍的高级官员(B01 - 05)仅占 1.5%，远低于中国 3.81% 的投票权重，见 IMF, *IMF Diversity Annual Report*, 2014。

⑤ Michael A. Glosny, "China and the BRICs: A Real (but Limited) Partnership in a Unipolar World," *Polity* 42, no. 1 (2010): 112.

⑥ Cheng, "China's Approach to BRICS," 373.

⑦ 未来银行的大部分资金来源将来自在资本市场上发行债券，为了让这些银行获得高信用评级(从而降低融资成本)，银行必须有高质量的治理和贷款组合。

满足国内的不同期待

第五个也是最后一个动机是关于中国的国内政治关切。集体金融治略主要迎合了三类国内民众，尽管出于不同的原因，但它们都具有相似的对外经济政策立场。第一类是理性主义者、实用主义者以及那些希望保护中国的对外投资和海外利益的群体，他们也希望国家能够为民众扩大福利，正如习主席在"实现中华民族伟大复兴"这一"中国梦"口号中所承诺的一样。[1]作为一个发展导向国家，中国政府长期以来一直依靠所谓绩效合法性来获取大众支持。[2]由于中国已经成为一个全球性经济大国，其国内发展也越来越受到外部事件的影响，中国不能再在全球事务中袖手旁观，任由其他大国做出决断。[3]因此，中国领导人有意在"中国梦"的论述中添加了关于中国外交和对外政策的部分。[4]即使在习近平之前，中国的政策重点一直都是国内经济发展，改革开放以及在全球管理和地区合作中发挥积极作用都被视为是服务这一目标的手段。[5]由于中国经济在全球范围内的广泛存在，金砖集团内的合作与协调有利于中国政府实现其绩效目标。

另外两个国内阵营则分别来自中国政治光谱的两端：保守的民族主

---

[1] "中国梦"所包含的内容远不止这些，这超出了本文的讨论范围。有关"中国梦"对中国公众意味着什么的信息，见 David S. G. Goodman, "Middle Class China: Dreams and Aspirations," *Journal of Chinese Political Science* 19, no. 1 (2014): 49 – 67。

[2] Zhu 将"绩效合法性"定义为政府将其合法性建立在实现具体目标的基础上，这些具体目标包括经济增长、社会稳定、国家实力的增强、政府的能力和责任等，见 Yuchao Zhu, "'Performance Legitimacy' and China's Political Adaptation Strategy," *Journal of Chinese Political Science* 16, no. 2 (2011): 123 – 140。

[3] Breslin, "China and the Global Order," 623.

[4] Kejin Zhao and Xin Gao, "Pursuing the Chinese Dream: Institutional Changes of Chinese Diplomacy Under President Xi Jinping," *China Quarterly of International Strategic Studies* 1, no. 1 (2015): 35 – 57.

[5] Hong Yousheng and Fang Quin, "Global Economic Governance Power Shift: The G20 and Strategies," *Contemporary International Relations* 22, no. 3 (2012): 38 – 46, http://www.cicir.ac.cn/chinese/Article_3714.html.

义者和具有国际化思维的改革者。中国与金砖国家在全球金融治理方面
开展的集体金融治略都得到了这两个阵营的支持。在民族主义者看来，随
着中国在经济上的崛起，中国理应相应地扩大其在全球经济中的权力与威
望。人民币更加广泛深入的使用（包括将人民币纳入特别提款权）以及在全
球经济治理中发出更多中国的声音有助于提高中国的国际声望。①

　　中国的货币民族主义者强调保护国家金融安全和政治安全，并更加
积极主动地改革全球经济治理现状。他们认为，中国政府负有维护国家
金融主权、防范国内外金融攻击和金融危机的重任。②中国经济崛起产生
的自豪感也使得中国的民族主义者要求中国领导人应当采取积极措施对
美国和其他老牌大国所主导全球金融治理的架构进行改革。③巨大的经济
成就引发的国家自豪感，使中国领导人越来越难以在国际上保持低调，
因为这将会面临巨大的国内压力。④总之，民族主义者要求中国领导人在
世界上表现得更加奋发有为，主张中国应当像个大国一样行事。作为回
应，同时为了防止这种民族主义诉求的失控，习主席的政策是通过启动
人民币国际化和发挥中国的经济优势来实现中国在全球的大国领导地
位。⑤中国与金砖国家的合作使得它既可以以集体的名义且更加合法化地

　　①　Yongnian Zheng, Rongfang Pan and P. D. D'Costa, "From Defensive to Aggressive Strategies： The Evolution of Economic Nationalism in China," Globalization and Economic Nationalism in Asia (2012)： 84； Mattias Vermeiren, "Foreign Exchange Accumulation and the Entrapment of Chinese Monetary Power： Towards a Balanced Growth Regime?" New Political Economy 18, no. 5 (2013)： 680 – 714.

　　②　Yang Jiang, "The Limits of China's Monetary Diplomacy," in The Great Wall of Money, 165.

　　③　例如，中国这时出版了诸多关于"货币战争"的书。

　　④　Suisheng Zhao, "Chinese Foreign Policy Under Hu Jintao： The Struggle Between Low-Profile Policy and Diplomatic Activism," The Hague Journal of Diplomacy 5, no. 4 (2010)： 357 – 378.

　　⑤　Ulrich Volz, "All Politics Is Local： The Renminbi's Prospects as a Future Global Currency," in Financial Statecraft of Emerging Powers： Shield and Sword in Asia and Latin America, ed. Leslie Elliott Armijo and Saori N. Katada (New York： Palgrave Macmillan, 2014), 103 – 137. Tsugami 将这一过程描述为中国民族主义朝着积极方向的"升华"。在心理学中，"升华"一词指的是一种成熟的防御机制，在这种机制中，社会无法接受的冲动被转化为社会可以接受的行动或行为，Toshiya Tsugami, Kyoryu no Kutou: Chugoku, GDP sekai ichii no gensou (Tokyo： Kadokawa Shinsho, 2015), 180 – 181.

挑战老牌大国尤其是美国，也降低了其他国家将中国视为威胁的可能性。

与金砖国家的合作也受到了民族主义者的欢迎，因为中国人民非常厌恶西方国家干涉中国事务。"中国大众的民族主义对西方国家延缓甚至阻止中国崛起的阴谋格外警惕。"①因此，中国的民众对西方国家在国际金融机构中的霸权地位尤其反感，认为它们对中国不怀好意。

中国的全球化主义者和改革者也欢迎中国的民族主义者所呼吁的要使中国成为一个全球金融大国的主张，将这视为对抗国内那些阻碍经济（尤其是金融）改革的利益集团的有效制衡力量。中国很多金融政策高官主张改革其国内金融结构，并加强国内经济治理中的法治。由于国际市场的压力，以及为了满足国际金融机构的要求以实现将人民币纳入特别提款权的目标，中国领导人必须对其金融部门不断进行改革，但这一进程一直遭到一些国有商业银行、国企及某些政府部门的抵制。②由于国内金融自由化和金融改革常常容易被中国民众看成是西方国家强加而来的产物，因此改革者不得不小心翼翼，避免引起非议抵触。

然而，当这种改革和市场化成为中国在全球金融治理中扮演更加重要角色的前提时，中国国家领导层就能比较容易推行其国内改革议程了。金砖国家成员国也对这一改革进程表示支持，将它视为全球金融治理改革的一部分，因此，中国领导人得以在 2013 年 11 月在北京举行的十八届三中全会上提出金融改革的方案，而没有遭到国内既得利益集团或大众的怀疑反对。

中国改革议程的机会和限制

鉴于中国与金砖国家合作的这些动机，我们是否应当从根本上将中

---

① Suisheng Zhao, "Foreign Policy Implications of Chinese Nationalism Revisited: The Strident Turn," *Journal of Contemporary China* 22, no. 82 (2013): 539.

② Yang, "The Limits of China's Monetary Diplomacy," 160.

国视为一个全球金融体系中的挑战者呢？①像所有其他金砖国家一样，中国从现有国际经济秩序中受益颇多，因此，如果现有国际经济秩序遭到破坏，中国将损失巨大。同时，如前所述，布雷顿森林体系对于中国的重要性已经下降了，中国无论对其代表性还是支撑该体系的规范和意识形态都产生了强烈不满。任晓认为在国际金融治理领域，中国是一个"具有改革意识的现状大国"（reform-minded status quo power），尽管中国仍主张借助 G20 这一平台来维护现有国际金融治理的架构和机制，但它已经开始推动改善现有国际金融秩序中的缺陷和不公正现象。②另一种观点认为现有国际金融秩序的某些方面已经不能适应和满足中国的发展，中国不愿再为了美国或西方国家而继续留在现有制度安排中。③沈大伟（David Shambaugh）等人则强调中国对于自己到底想要什么存在一些内部分歧。④

　　总之，理性的观察家可能对于中国集体金融治略的多重动机存在不同看法。不同方面的因素可能会影响中国在国际金融治理中究竟是成为一个修正国家还是现状国家。另一方面，中国当前面临着许多能够从根本上挑战现有国际金融治理秩序的机遇，包括人民币国际化、保护资本控制权等。杜大伟（David Dollar）引用一位印度官员的话阐释了一个类似的问题，该印度官员对世界银行所发起项目的进展感到恼火，他说："杜先生，我们印度和世界银行在机构上的整合已走进一条死胡同了。"⑤亚投行和新开发

　　①　关于中国在不同的国际关系领域中究竟是一个维持现状的国家还是一个修正国家的讨论超出了本书的范围，对这一问题的相关文献的一个比较好的总结见 Scott L. Kastner and Phillip C. Saunders，"Is China a Status Quo or Revisionist State? Leadership Travel as an Empirical Indicator of Foreign Policy Priorities，" *International Studies Quarterly* 56，no. 1（2012）：167。

　　②　Xiao，"A Reform-Minded Status Quo Power？"

　　③　Evan Feigenbaum，"The New Asian Order，" *Foreign Affairs*，February 2，2015，https://www.foreignaffairs.com/ articles/east-asia/2015-02-02/new-asian-order。

　　④　David Shambaugh，"Coping with a Conflicted China，" *The Washington Quarterly* 34，no. 1（2011）：7－27。

　　⑤　David Pilling，"A Bank Made in China and Better than the Western Model，" *Financial Times*，May 27，2015.

银行中的相关部门吸取了不少世界银行和国际货币基金组织的失败
教训。①

另一方面，中国要想获得地区金融权力，它要付出的成本也将十分
巨大，若想从根本上改变现有国际金融体系则更是如此。中国领导人对
全球市场的压力以及中国的全球和制度声誉十分敏感。中国认识到它的
许多倡议都备受国际焦点关注，因此他们必须使这一切都看起来是正当
合法的，不能让其因腐败行为而坏了声誉。中国领导层及国内的改革派
都认识到中国有必要学习借鉴美国和西方国家在布雷顿森林体系中的一
些专业知识和技能，为此，他们聘请了一些西方咨询公司来拟定新开发
银行的规章条款。跟其他大国一样，中国也必须去适应全球市场。

正如前面所讨论的，金砖俱乐部对于中国表达其不满和怨言非常有
帮助，中国可以借此挑战美国或西方在全球金融治理体系中的主导地
位，而且在不破坏这一自己长期从中受益的体系前提下表达出自己的看
法。此外，中国不仅对自己的赌注实施对冲，还通过利用多种外部资源
来建立或扩大其他替代平台，如金砖组织、新开发银行、人民币国际化
和亚洲基础设施投资银行等，因为中国领导人认识到如果仅从布雷顿森
林体系内部进行改革，其范围和程度会十分有限。②

也许我们到目前为止还无法看到金砖国家内部会出现什么重大矛
盾，因为它目前仍然在沿着一条最不具争议的路径前行。③在当前不确
定的全球环境下，现有的国际金融治理体系及其附属机构需要中国来

---

① This quotation is also in Pilling, "A Bank Made in China." Authors' interviews,
Washington, DC, November 2015. Negative examples can be found in Ngaire Woods, "How to
Save the World Bank," *World Finance*, March 31, 2016; Barry Eichengreen and Ngaire
Woods, "The IMF's Unmet Challenges," *Journal of Economic Perspectives* 30, no. 1 (2016):
29–51; Mark Magnier, "How China Plans to Run AIIB: Leaner, with Veto," *Wall Street
Journal*, June 8, 2015; and Gabriel Wildau, "New BRICS Bank in Shanghai to Challenge
Major Institutions," *Financial Times*, July 21, 2015.
② 王缉思还问道，如果西方大国不愿去理解中国的抱负，那么中国为什么要受它们
制定的规则的束缚。Wang, "China's Search for a Grand Strategy," 79。
③ Abdenur, "China and the BRICS Development Bank," 88.

增强其合法性和有效性，这本身就增强了中国在为这些机构设计最佳改革方案上的发言权。长期而言，如果中国继续依赖金砖国家的集体行动来寻求合法性或将其作为掩饰的话，那么金砖国家间的合作可能会防止中国成为一个修正的国家。然而，如果中国表现出更多的修正的热情，并企图像美国那样行事，那么金砖国家间的合作将变得越发困难。①

莫斯科的观点： 努力寻求自主性和国际影响力

2006 年，俄罗斯总统普京就曾提出将高盛的投资计划纳入金砖集团最初四国的外交战略中，从那时起，俄罗斯就对将金砖集团发展成为一个"崛起国家俱乐部"表现出了越来越大的兴趣。②起初，俄罗斯精英设想将金砖集团作为提升俄罗斯的地位并确保它在横跨多个领域的所有重要俱乐部中都拥有一定发言权这一双重战略的一部分。③在西方，俄罗斯希望与西方主要大国尤其是美国、德国、法国和意大利达成某种一致，但结果它却被北约和欧盟这两个欧洲—大西洋地区最重要的两个组织以一种非特殊关系来对待。④即使在 1997 年俄罗斯被接纳进入 G8 集团

① For such a view from India, see Akshay Mathur, "Incubating an Alternative Financial Architecture Within BRICS" (7th BRICS Academic Forum, Moscow, 2015).

② Georgii Toloraya, "BRICS: Future Checkpoints," *Russia in Global Affairs* (July 2014); Cynthia Roberts, "Russia's BRICs Diplomacy: Rising Outsider with Dreams of an Insider," *Polity* 42, no. 1 (2010): 38 – 73; Georgii Toloraia, "Zachem Rossii BRIKS?" *Rossiia v Global'noi Politike*, no. 1 (January – February 2015); and Armijo and Roberts, "The Emerging Powers and Global Governance: Why the BRICS Matter." This case study of Russia is also informed by numerous interviews with Russian officials, elites, and academics from 2006 – 2016.

③ Roberts, "Russia's BRICs Diplomacy"; Georgii Toloraia, "Rossiia i BRIKS: Strategiia vzaimodeistviia," *Strategiia Rossii*, no. 8 (August 2011).

④ Dmitri Trenin, "Russia Leaves the West," *Foreign Affairs* 85, no. 4 (July – August 2006): 87 – 96; Angela E. Stent, *The Limits of Partnership: US-Russian Relations in the Twenty- First Century* (Princeton, NJ: Princeton University Press, 2015); and Cynthia A. Roberts, *Russia and the European Union: The Sources and Limits of "Special Relationships"* (Carlisle, PA: Strategic Studies Institute, 2007).

（2014 年其成员资格又被中止），它与西方国家间的伙伴关系也只是得到了部分提升，因为在一些核心金融问题上，俄罗斯总是被拒绝参加 G7 会议（中国恰恰因为这些问题，一直主动拒绝加入该集团）。在东方，俄罗斯精英认识到了中国和其他国家的崛起，但他们当时还并没有完全意识到中国究竟会成长为多么大的一头经济巨兽，也没有预料到随后中国会在中亚等传统上属于俄罗斯势力范围的区域争夺其影响力，或者成为与美国相匹敌的对手。①

金砖集团的最早构想部分来源于中俄战略对话以及后续的中俄印三边集团（RICs）。其前身是由叶利钦时期最后一任总理叶夫根尼·普里马科夫（Yevgeny Primakov）构思出来的，他是一名前外交官，曾致力于通过让俄罗斯成为欧亚大陆的主导力量，使俄罗斯成为多极世界中的重要一极，从而遏制美国的全球影响力。②尽管俄罗斯已经是全球舞台上的一个重要角色，还继承了苏联在联合国安理会的常任理事国席位，但它并没有从苏联的解体中崛起，成为能源市场之外的全球经济或金融强国。俄罗斯既不拥有在货币政策和经济道路上的完全自主权，也不享有许多俄罗斯精英人士认为自己在原苏联地区应该具有的地位。普京成为叶利钦的继任者时，恰逢俄罗斯在 1990 年代的经济危机后经历经济和地缘政治的复兴。普京在他的第一个任期（2000 年至 2004 年）内进行了关键的市场改革，当时油价飞涨，俄罗斯经济蓬勃发展，因此在 21 世纪的第一个十年里，俄罗斯人民的生活水平大幅提高。③在那个十年的后半段，俄罗斯已经成为一个全

---

① Bobo Lo, *Axis of Convenience: Moscow, Beijing, and the New Geopolitics* (Washington, DC: Brookings Institution Press, 2009); Stephen Kotkin, "The Unbalanced Triangle: What Chinese-Russian Relations Mean for the United States, " *Foreign Affairs* 88, no. 5 (September/October 2009): 130 – 138; and Alexander Gabuev, "Friends with Benefits? Russian-Chinese Relations After the Ukraine Crisis " (Moscow: Carnegie Endowment for International Peace, 2016).

② Toloraia, "Rossiia i BRIKS"; and Dmitri V. Trenin, *Post- imperium: A Eurasian Story* (Washington, DC: Brookings Institution Press, 2011).

③ Daniel Treisman, *The Return: Russia's Journey from Gorbachev to Medvedev* (New York: Simon and Schuster, 2012).

球性的金融强国，成为净国际投资国家，并拥有大量的外汇储备。①

　　与其他没有获得足够代表权的崛起中(或复兴中)经济强国一样，俄罗斯认为自己理应"在全球治理体系中占据应有的位置"。②俄罗斯官员的金砖四国构想很容易被接受，因为这个非正式俱乐部的其他潜在成员也认识到，它们的经济增长"并不能自动保证它们在全球决策过程中影响力的相应增长"。③普京在 2012 年大选(也是他再次回归，竞选其第三个总统任期)前夕发表的一篇文章中写道，俄罗斯将"高度重视与金砖国家伙伴的互动"，它是一个"生动地象征着从单极世界向更公平的世界秩序过渡"的"独特的体制"。④

　　在当年的金砖国家峰会上，时任俄罗斯总统梅德韦杰夫强调，"我们的这一组织可以成为全球治理体系中的一个关键要素"。⑤在 2009 年首届金砖国家峰会上，梅德韦杰夫宣布："我们应确保我们的国家能够参与制定新规则。"⑥2013 年 2 月，普京批准了俄罗斯的《金砖国家战略概念文件》，将金砖国家视为"新世纪以来最重要的地缘政治事件之一"，它已经迅速成为"影响全球政策的一个重要因素"。⑦

---

①　IMF data, BPM6, Russian Federation, 2016. Starting from 2012, the Russian balance of payments is compiled according to the framework of the IMF's Balance of Payments (BOP) and International Investment Position (IIP) Manual, sixth edition (BPM6) and the CBR has revised historical data (going back to 2000Q1 for BOP, and to 2004Q1 for IIP), consistent with BPM6; Martin Gilman, "Like It or Not, Russia Is a Global Financial Power," *Moscow Times*, April 9, 2013; and M. Y. Golovnin, "Rol' stran BRIKS v reformirovanii mirovoi valiutno-finansovoi sistemy," in *Strategiia Rossii v BRIKS: Tsely i Instrumenty*, ed. V. A. Nikonov and G. D. Toloraia (Moscow: Rossiiskii Universitet Druzhby Narodov, 2013).

②　Toloraya, "BRICS: Future Checkpoints," *International Affairs*, special issue (Moscow: 2015); Toloraia, "Rossiia v BRIKS."

③　Toloraia, "Rossiia i BRIKS." 2011.

④　V. V. Putin, "Rossiia i meniaiushchisiia mir," *Moskovskiie Novosti*, February 27, 2012, http://www.mn.ru/politics/78738.

⑤　Russian president's address, March 29, 2012, http://eng. news. kremlin. ru/transcripts/3608/.

⑥　Interview with Dmitry Medvedev, Channel One, June 19, 2009.

⑦　Rossiia v BRIKS: Strategicheskie tsely i sredstvikh dostizheniia [Russia in the BRICS: Strategic Objectives and Means for Their Realization] Marked "For official use," Russian National Committee on BRICS Research, analytical report (Moscow: March 2013).

随着时间的推移，俄罗斯政府努力将金砖国家俱乐部转变为一个更强大的机构，并扩大合作领域。①金砖集团将重点聚焦在运用金融武器来维护非西方国家自主性上，尽管俄罗斯有此倾向，但它并没有把金砖国家变成一个"反西方"的俱乐部。俄罗斯对金砖集团在 2014 年、2015 年和 2016 年领导人峰会上给因为乌克兰问题遭到西方国家制裁的俄罗斯提供支持表示感谢。俄罗斯还审慎地支持了金砖国家的如下共识，即尽管现有治理机构确实丧失了某种有效性，但那种认为新的金砖国家机构"可能替代国际货币基金组织和世界银行"的论调实属"夸大其词"。"更准确地说，金砖机制应当与其他现有机制相融合。"②但莫斯科并不满足于充当体制内的改革者；俄罗斯的一些政府官员和政策精英们认为，俄罗斯也应该在"绿室"中扮演一个关键的局内人角色，他们认为这才是适合它大国身份的角色，也有利于发挥俄罗斯长期作为制度掮客而积累起的比较优势。③

本节将进一步阐述这一观点，讨论俄罗斯在经济和金融治略方面的单边和多边行为，并以此为线索，探究莫斯科与其他金砖国家在金融治理问题上采取共同行动的主要动机，以及为何它比金砖俱乐部共识更偏向于采取较为强势的金融治略。本节主要关注六个问题： 俄罗斯对于现有西方大国的政策目标是什么？它如何适应正在崛起的中国？在金砖集团形成前俄罗斯是如何参与到全球金融治理秩序中来的？未来保障自主

---

① "Russian Presidency Aims at Transforming BRICS into Full-Fledged Cooperation Tool，" NKI BRIKS, *Rossiia*, January 16, 2015；"Rossiia v BRIKS." The Russian Academy of Sciences has participated in producing numerous expert studies, such as B. A. Kheifets, *Rossiia I BRIKS. Novyie vozmozhnosti dlia vzaimnykh investitsii* (Moscow： Dashkov i K, 2014)；V. A. Sadovnichii et al., *Kompleksnoe modelirovanie i prognozirovanie razvitiia stran BRIKS v kontekste mirovoi dinamiki* (Moscow： Nauka, 2014)；and Nikonov and Toloraia, *Strategiia Rossii v BRIKS： Tsely i Instrumenty.*

② Toloraia, "Zachem Rossii BRIKS？"

③ Viktoriya Panova and Georgii Toloraia, "Strany BRIKS gotovy sami nachat 'formirovat' pravila mirnogo ustroistva，" MGIMO, May 22, 2015；Georgii Toloraya, "BRICS Looks to the Future，" *International Affairs*, special issue：BRICS (2015)；45－56；and interviews.

性，俄罗斯优先政策选项是什么？西方国家对俄金融制裁以及俄金砖伙伴国对俄的支持产生了哪些影响？俄罗斯为何要挑战美元霸主地位，为何俄在推动世界秩序多极化的同时又担心人民币的崛起？俄罗斯为何在金融治略问题上会软硬兼施？

俄罗斯的金砖议程及其对中国崛起的应对

事实证明，创建一个新的大国俱乐部是莫斯科最明智的外交策略之一。但没有哪个内部权力如此失衡的俱乐部能够阻止俄罗斯试图成为全球规则制定者或遏制中国的影响。21 世纪初，俄罗斯是中亚国家在后苏联时代最大的贸易伙伴和债权国，莫斯科也巩固了它在该地区的主导地位。然而，十多年后，俄罗斯相对于中国而言，其权力地位明显下降，它在欧亚大陆建立一个广泛的卢布区的希望也破灭了。①相反，中国的银行却成为了该地区借贷的主要来源，在油价狂跌和西方国家实施的制裁影响了俄罗斯的新近投资后，俄罗斯在这一地区的地位更为恶化了。

很少有俄罗斯人意识到，与中国巨大的经济实力及其议程设置的雄心相比，俄罗斯很快就会显得相形见绌。按名义价值计算，2016 年中国经济规模是俄罗斯的八倍，而且其潜在增长率还远远高于俄罗斯。俄罗斯前财长阿列克谢·库德林预测，到 2020 年，俄罗斯在全球经济中所占的份额将是后苏联时代以来最小的（按购买力平价计算约为2.6%），②而中国估计为19.4%。俄罗斯一位高级官员表示，莫斯科将不得不接受这样一个事实，即"仅凭其经济实力，中国就很可能注定要在金砖四国中发

---

① Gabuev, "Friends with Benefits"; Toloraia, "Zachem Rossii BRIKS?" Putin and Medvedev have called for new reserve currencies and an increase in trade using national currencies. Both also supported a supranational global currency to reduce dependence on the U.S. dollar, although many senior economic officials dismissed the idea as unrealistic. See, for example, Medvedev's speech to the SCO meeting, June 16, 2009, http://en. kremlin. ru/events/ president/ transcripts/6411.

② "Pravila igry," *Kommersant*, September 2, 2015.

挥主导作用"。此外，众所周知的一个事实是，西方收益的减少恰恰意味着中国收益的增加。

俄罗斯官员称，至少到目前为止，中国还没有表现出试图"主导金砖集团"的迹象，因为他们知道这样做会给金砖集团带来厄运。相反，根据金砖国家研究项目主任兼俄罗斯很多金砖活动协调人的说法，如果没有某种"监督机制"或类似"金砖集团董事会"的机制，那么北京将"不必考虑其合作伙伴的利益"而享有太多的行动自由。①

俄罗斯与全球金融治理

正如在第一章中所提到的，俄罗斯曾受益于美国将其重新拉回到西方秩序中来，因此，俄罗斯对现有国际秩序抱有一种比较微妙的看法，相对于其他金砖国家而言，可能俄罗斯对现存国际秩序的不满情绪要少一些。1990 年代初苏联解体后俄罗斯重返 IMF 时，美国政府曾同意与俄罗斯达成一项慷慨的投票权方案和执董位置。在七国集团中，美国克林顿政府倾向于把俄罗斯包括进来，将七国集团扩大为八国集团，以此作为拉拢叶利钦政府的一个抓手。尽管俄罗斯人常常指责美国利用了俄罗斯的衰落和虚弱，给俄罗斯提供了灾难性的经济政策建议，但俄国内的政治极化和经济改革的不彻底才是导致其经济问题的主要原因。②然而，美国在 IMF 中犯的一个重要错误是没能很好地在金融援助和金融纪律之间保持平衡。

俄罗斯领导人在 1991 年苏联解体与 1998 年的汇率震荡和债务违约之后，才认识到健全的宏观经济政策和高额外汇储备是多么重要，尤其对

---

① Toloraia, "Zachem Rossii BRIKS"; and Gabuev, "Friends with Benefits."

② Andrei Shleifer and Daniel Treisman, *Without a Map: Political Tactics and Economic Reform in Russia* (Cambridge, MA: MIT Press, 2000); Joel S. Hellman, "Winners Take All: The Politics of Partial Reform in Postcommunist Transitions," *World Politics* 50, no. 2 (1998): 203 – 234; and Timothy Frye, *Building States and Markets After Communism: The Perils of Polarized Democracy* (Cambridge, UK: Cambridge University Press, 2010).

于俄罗斯这样一个严重依赖能源出口的国家来说更是如此。因此，普京
和梅德韦杰夫开始重视俄罗斯的自由主义经济学家和世界银行、国际货
币基金组织和经济合作与发展组织等重要国际多边和私营机构，以及像
高盛公司、德意志银行（Deutsche Bank）等西方投资银行和包括麦肯锡和
波士顿咨询集团（Boston Consulting Group）等管理咨询公司给出的专业意
见和评估，其中不少机构还与俄签订了一系列如改善俄罗斯商业环境在
内的多个国家项目。而在此之前，俄罗斯从未有过对其经济进行如此广
泛和高质量的研究分析，显然，与政治机构改革相比，俄罗斯领导人更
欢迎那些能够对其宏观经济政策提出合理建议的方案。[1]

　　西方国家对俄罗斯实施的经济制裁同时也增强了像谢尔盖·格莱泽
耶夫（Sergei Glazyev）这样的民族主义经济学家的声音，他们认为西方企
图毁灭俄罗斯，同时削弱他们这一派经济观点的影响力。[2]他们这种反市
场、中央集权和保护主义的经济观点主张国家应加大对科技和国防工业
的投资，将金砖国家货币纳入为储备货币。[3]尽管普京对国防事业的开支
投入一向比较支持，也赞成一些明显是出于政治原因的改革，包括在
2016 年 11 月逮捕自由主义立场的经济发展部长阿列克谢·乌留卡耶夫，
但普京仍然坚持实行审慎的宏观经济政策，对他亲自选定和任命的俄罗
斯中央银行行长埃尔维拉·纳比乌利纳（Elvira Nabiullina）给予坚定支
持，后者曾于 2016 年被国际金融杂志《银行家》评为欧洲最佳央行行
长。事实上，正是由于俄罗斯成功实施市场转型以及俄央行采取了一些

---

　　① 例如，*Strategiia-2020：Novaiia Model' Rosta— Novaiia Sotsial'naia Politika* ［Strategy
2020：A New Growth Model，a New Social Policy］（Moscow：Russian Government，2012）and
Gaidar Forum debates，Moscow，January 2016。

　　② 伊戈尔·尤尔根斯（Igor Yurgens）认为，尽管自由派阵营"受到挤压"，但那些
"完全不称职的决定"仍受到了严肃政策制定者的阻挠，见 Andrei Lipsky，"Igor' Iurgens：
Seichas my v retsessii i skoro budem v svobodnom padenii，" *Novaia Gazeta*，November 19，
2014。

　　③ 弗拉基米尔·马乌对他们的观点进行了概述和评论。Vladimir Mau，"Russia's
Economic Policy in 2015 – 2016：The Imperative of Structural Reform，" *Post-Soviet Affairs*
（August 2016）；and Dmitry Dokuchaev，"Liberals and Statists Battle for Russia's Economic
Future，" Russia Direct，August 5，2016。

教科书式的标准反应——允许加息，同时拒绝再度进行资本管制，才使俄有力地遏制了 2015 年的危机。但是，金砖集团并非俄自由主义者和国家主义者之间爆发的激烈经济辩论的主题，其中部分原因是由于体系性（即政府内）自由主义者能获得支持来帮助俄罗斯融入到全球经济和布雷顿森林秩序中，其途径是吸纳金砖国家的一些诉求，如更公平的投票权分配以及修改现有机构股份分配方案等。①

从普京的诸多演讲、采访和政策讲话来看，他从其早年经历的剧烈动荡中得出了一些基本的经济教训。虽然苏联的解体有多种原因，但人们通常最强调经济和社会方面的原因。当时世界油价暴跌给本已死气沉沉的苏联经济造成了严重打击，导致了苏联外汇储备的枯竭以及这个国家的最终解体。仅仅数个星期，这个国家就因破产、无力偿还外债及严重的食品短缺而四分五裂。于是，叶利钦任命自由派经济学家叶戈尔·盖达尔（Yegor Gaidar）为代总理，以期将俄罗斯从当时紧迫的经济灾难中拯救出来，后者在其里程碑式的著作《帝国的消亡》中曾深入剖析了苏联的这些灾难，他在一份从苏联外国经济银行（Vneshekonom bank）找到的文件中获知，当时苏联的金库中已经分文不剩。②1998 年至 1999 年，俄罗斯经济濒临崩溃，由于没有充足的外汇储备支持，俄因为短期外币债务和宏观经济失衡付出了沉重代价。

在当时的这场经济危机中，美国和一些国际金融机构发挥了重要的

---

① Sergei Guriev, "BRICS Proposals for IMF Reforms Are Not Radical Enough," East Asia Forum, July 20, 2012; and the chapters in *Strategiia Rossii v BRIKS* by M. Yu. Golovnin on "The Role of the BRICS in the Reform of the Global Monetary the Financial System," Chap. 3.1; and by L. M. Grigor'ev and A. K. Morozkina on "Reforming the World Financial Architecture," Chap. 3.6, and "Development Banks," Chap. 3.5. See also Peter Rutland, "The Place of Economics in Russian Identity Debates," in *The New Russian Nationalism*, ed. Pal Kolsto and Helge Blakkisrud (Edinburgh: Edinburgh University Press, 2016), 336 – 361; and Rutland, "Neoliberalism in Russia," *Review of International Political Economy* 20, no. 2 (April 2013): 332 – 362.

② Yegor Gaidar, *Gibel' Imperii: Uroki dlya sovremennoi Rossii* (Moscow: ROSSPEN, 2006). See also Stephen Kotkin, *Armageddon Averted: The Soviet Collapse, 1970 – 2000* (New York: Oxford University Press, 2008).

干预作用。美国当时的战略是保护那些实施激烈经济政策的改革者，使他们不至于受到其国内政治反对派的过分攻击和压力，尤其是像俄罗斯这样一个有核国家，它被普遍认为是后苏联世界中的一个独特国家。在俄罗斯当时那种不稳定的宏观经济状态下，美国试图使其摆脱国际货币基金组织项目通常所具有的严格附加条件限制。在罗伯特·鲁宾(Robert Rubin)和后来的劳伦斯·萨默斯的领导下，克林顿政府财政部认为鉴于俄罗斯体量太大，绝不能轻易倒下，因此他们频繁从 IMF 那里夺取对俄罗斯的控制权。正如兰德尔·斯通(Randall Stone)所说，"IMF 的自主性与当前事件的国际意义相比不算什么"。①因此，国际货币基金组织并未严格执行其对俄援助计划的附加条件，也未能履行其稳定计划，因为俄罗斯政府可以利用它在华盛顿的影响力去争取一些豁免和还价，以换取新的贷款。1990 年代初，华盛顿曾大力游说七国集团国家制定一项初始资金为 280 亿美元的贷款计划，克林顿总统呼吁 IMF 放弃苛刻的条件，采取更温和的谈判立场。②

　　1997 年，IMF 还犯了一个错误，即迫使俄罗斯开放其债券市场。在当时，放松资本管制是一个错误的政策选项，因为政府通过在资本市场借贷和发行短期无息债券和以俄文首字母缩写 GKOs 命名的国库券，就可满足它 1995 年的大部分预算融资额。③而当亚洲金融危机蔓延到俄罗斯，油价下跌使硬通货的收入减少时，俄政府却无法令卢布贬值。到 1998 年春，恐慌情绪在 GKO 市场开始蔓延，俄债券收益率达到了天文数字的水平，有些债券的期限甚至只有七天。

　　于是叶利钦总统立即给七国集团各国首脑分别打电话，请求 IMF 向

---

　　① GKO 是 Gosudarstvennoe Kratkosrochnoe Obiazatel'stvo 的缩写，Randall W. Stone, *Lending Credibility*: *The International Monetary Fund and the Post-Communist Transition* (Princeton, NJ: Princeton University Press, 2002), 12。

　　② Ibid., Chap. 6 and 177, 124.

　　③ Stone, *Lending Credibility*, 147. This section draws on Randall W. Stone, Abbigail Chiodo, and Michael T. Owyang, "A Case Study of a Currency Crisis: The Russian Default of 1998, " The Federal Reserve Bank of St. Louis, *Review* 84 (November/ December 2002).

俄罗斯伸出援手。然后，从 6 月中旬到 7 月的六周时间里，IMF 对俄救助资金增加了一倍，从 56 亿美元增加到 112 亿美元。1998 年 8 月 17 日，危机达到了顶点，俄罗斯政府放弃了卢布兑美元的强汇率政策，开始启动国内债务重组，并对商业外债实施为期九十天的延期偿付，从而导致了俄罗斯政府的债务违约。美国领导人破坏了 IMF 有条件实施援助的原则，但这在俄罗斯却弄巧成拙。这一时期大多时候，俄罗斯领导人相信，他们可以逃避来自国际货币基金组织和债券市场的惩罚，但这就像否认地心引力一样是根本不可能的。叶利钦的继任者们则避免了这一误读。到 1990 年代末，克林顿政府及其继任者们已不再倾向于将俄罗斯视为一个可以享受例外规则待遇的未来超级大国了。①

追求自主性以及保护俄罗斯主权不受侵害

莫斯科最讨厌他国侵犯俄罗斯的主权和自主性，这也是俄罗斯参与金砖国家集体金融治略背后的主要动机之一。全球金融危机给俄带来的两次巨大经济冲击以及与第四次经济冲击伴随而来的油价暴跌、俄罗斯卢布贬值和西方国家的制裁，都强化了俄罗斯的这一厌恶情绪。因此，莫斯科有意提高金砖集团在现有国际机制中的地位，有意促进新兴市场国家金融机构和货币的发展。此外，俄罗斯还采取了一些单边政策，不仅增持大量外汇储备，提高卢布在地区（和全球）中的作用、削弱美元地位，还创建了一些新的金融机制（例如创设新的国家支付系统和非西方信用评级机构），提高俄罗斯在美国结构性权力中的自主性，同时推进多极化趋势以增强自身的全球影响力。

吊诡的是，后苏联时代的俄罗斯之所以对用于战备的外汇储备有特定需求，首要原因恰恰在于它拒绝自给自足。俄罗斯领导人在很大程度

---

① James M. Goldgeier and Michael McFaul, *Power and Purpose*: *US Policy Toward Russia After the Cold War* (Washington, DC: Brookings Institution Press, 2003).

上接受了市场和全球化，尽管是以他们自己的方式来接受的，也就是说他们的全球化是通过充满裙带资本主义色彩的政治经济方式来实现的，并且，在普京的第二和第三个任期内，它又明显地转向了国家资本主义。①同样值得一提的是，当普京在 1999 年执政时，俄罗斯的硬通货储备不足 130 亿美元，还负担了 1 330 亿美元的外债。在 1998 年的债务危机导致卢布贬值之后，普京在其第一个任期内起用经济顾问格尔曼·格雷夫（German Gref）采取了一系列改革措施，包括制定税收制度和商业法规，以刺激新企业家阶层的兴起。②

政府开支作为国内生产总值的一部分，在 2006 年下降到只占俄罗斯 GDP 的 36%，而且这一年，俄还实现了汇率的完全自由化。俄罗斯联邦预算由赤字转向了盈余，实际可支配收入以超过 10% 的速度增长。③俄罗斯的经济增长当然也得益于石油价格的上涨，但健全的宏观经济政策和市场机制的巩固完善无疑使俄罗斯在 2008 年至 2009 年全球经济危机前夕处于一个比 1998 年或 1991 年时更有利的地位。俄在 1999 年至 2007 年经济高速增长的全盛时期经济表现十分强劲，在 2008 年拥有将近 6 000 亿美元的外汇储备，这对俄罗斯成功应对 2008 年至 2009 年危机具有十分重要的意义。2014 年至 2015 年期间，俄罗斯央行（Central Bank of Russia）一开始打算力挺卢布，但到 2015 年还是转成了自由浮动的汇率机制。2015 年底，

---

　　① 普京在一些演讲中也提到了这一点。Vladimir Mau, "Challenges of Russian Economic Growth: Reconstruction or Acceleration？" No. 196, Gaidar Institute for Economic Policy, revised 2014; Anders Aslund, "Why Could Growth Rates Decrease in Emerging Market Economies？" *Economic Policy* (2014): 7 – 34; Simeon Djankov, "Russia's Economy Under Putin: From Crony Capitalism to State Capitalism," PIIE brief, September 2015; and Sergei Guriev and Andrei Rachinsky, "The Role of Oligarchs in Russian Capitalism," *Journal of Economic Perspectives* 19, no. 1 (2005): 131 – 150。

　　② Anders Aslund and Simeon Djankov (eds.), *The Great Rebirth: Lessons from the Victory of Capitalism over Communism* (Washington, DC: Peterson Institute for International Economics, 2014); Petr Aven and Alfred Kokh, *Gaidar's Revolution: The Inside Account of the Economic Transformation of Russia* (London: I. B. Tauris, 2015).

　　③ Petr Aven, "1990s: Back to the USSR？" *The World Today* 71, no. 3 (2015): 37 – 38; Aven and Kokh, *Gaidar's Revolution*; and Gaidar, *Gibel' Imperii*。

俄罗斯的国际储备为 3 680 亿美元，2016 年 9 月达到近 4 000 亿美元。①

在 2008 年至 2009 年的全球金融危机之后，俄罗斯政府得以动用其储备资金救助陷入困境的企业，2014 年油价暴跌，俄罗斯还遭受了西方国家的制裁，这时，俄再次采取了这一措施。然而，在随后的几年里，俄政府开始加强对经济的控制，许多私营企业被重新收归国有，尤其是在石油生产领域，地方政府控制的份额从 2000 年的 11% 上升到 2014 年的 55%，占整个国民经济的 50% 以上。2012 年，随着私营部门新增就业岗位数量停滞不前，公共部门就业岗位占据劳动力市场的比例上升至 28%。②大多数俄自由主义经济学家都将俄罗斯在被制裁和油价下跌之前的经济停滞归因于过时的增长模式和低投资率。③他们担心，经济冲击和危机的严重程度还不足以促使普京去实施俄罗斯所需要的制度改革。正如格雷夫所说："人性是非常抗拒改变的，当钱用完的时候，改变就开始了。"④

通过发挥自主性抵御制裁的影响

莫斯科与金砖国家开展合作，以增强其金融自主权，抵消俄罗斯所受制裁的影响。尽管普京承认，制裁确实损害了俄罗斯经济，⑤但奥巴马

---

① 俄罗斯联邦国际储备银行，俄罗斯中央银行。

② Lilas Demmou and Andreas Worgotter, "Boosting Productivity in Russia： Skills, Education, and Innovation," *OECD Economics Department Working Papers*, No. 1189 (Paris： OECD, 2015), 10 - 11； and Indermit S. Gill, Ivailo Izvorski, Willem Van Eeghen and Donato De Rosa, *Diversified Development： Making the Most of Natural Resources in Eurasia* (Washington, DC： World Bank, 2014), 164 and Annex 3C.

③ Aleksei Kudrin and Evsei Gurvich, "A New Growth Model for the Russian Economy," *Russian Journal of Economics* 1, no. 1 (2015)： 30 - 54； Vladimir Mau and Aleksei Uliukaev, "Global Crisis and Challenges for Russian Economic Development," *Russian Journal of Economics* 1, no. 1 (March 2015)： 4 - 29； World Bank, *Global Economic Prospects* (Washington, DC： World Bank, January 2016).

④ Neil Buckley and Martin Arnold, "Herman Gref, Sberbank's Modernising Sanctions Survivor," *Financial Times*, January 31, 2016； and author's interviews, Moscow, 2016.

⑤ "VTB Capital Investment Forum 'Russia Calling,' " October 12, 2016, http:// kremlin.ru/events/president/news/ 53077.

总统在 2015 年的演讲中嘲笑"俄罗斯经济在蹒跚中被孤立",则是夸大其词。关于制裁对俄经济究竟产生了什么影响,存在许多不同的看法,但一般都认为,俄罗斯经济自 2012 年以来一直在衰落,2014 年末至 2015 年间油价大幅下跌的冲击对俄罗斯经济更是造成了巨大影响。俄罗斯是世界第二大石油生产国,其联邦政府财政预算的 40%—50% 来自石油出口收入。此外,俄罗斯还面临人民生活水平大幅下降,经济再次陷入衰退(虽然不如 2009 年严重),以及严重的结构性下滑。然而,俄罗斯经济是有韧性的。克利福德·加迪(Clifford Gaddy)和巴里·伊克斯(Barry Ickes)将俄罗斯形象地比喻为"蟑螂经济体——在许多方面原始而不优雅,但在最不利和多变的条件下仍有强大的生命力"。[1]

库德林等经济学家认为,制裁加剧了俄罗斯经济的恶化,但并非俄经济结构"无法应对现代挑战"的根本原因;根本原因在于俄经济增长乏力,俄金融体系受到各种债务拖累以及缺少投资。[2]国际货币基金组织有关人士也不同意奥巴马政府对俄经济作出的极其负面的评估展望,IMF 在 2016 年的一份国别报告中指出:"俄罗斯实行浮动汇率,官方拥有大量外汇储备,国际净投资约占 GDP 的 20%,经常性的账户盈余。此外,……公共部门债务较低,融资需求适中,而且……国家财富基金……可以作为弥补赤字的另一种选择。"[3]此外,尽管欧盟对俄罗斯实施了制裁,莫斯科方面也对欧洲的农产品出口实施了对等制裁,但俄罗斯仍占欧洲能源进口的四分之一至三分之一左右。俄罗斯天然气工业股份公司的最大市场产量保持相对稳定;2015 年,俄对原苏联地区以外的欧洲市场的出口额为 1 580 亿欧元,而 2005 年为 1 540

---

① Clifford G. Gaddy and Barry W. Ickes, "Can Sanctions Stop Putin?" Washington, DC: Brookings Institution, June 2014.

② "Kudrin—RBK: Glavnaia Problema—Polnoe Otsutstuvie Doveriia i Politikie," January 12, 2015. http://www.rbc.ru/interview/economics/12/01/2015/54b2557e9a794738fd73a3ff.

③ IMF Staff Report for the Russian Federation, Article IV Consultation, No. 16/229, July 2016, 7; Richard Connolly, "The Empire Strikes Back: Economic Statecraft and the Securitisation of Political Economy in Russia," *Europe-Asia Studies* (2016): 1 – 24.

亿欧元。①

与 1990 年代相比，普京已经实现俄罗斯对外国政府或国际机构不欠任何主权债务。正如第三章所讨论的，俄罗斯通过允许卢布自由浮动、保持信贷市场开放和廉价回购外汇债务，避免了严重的国际收支失衡和银行业危机，以及外汇储备的消耗。制裁已经对俄经济产生了负面影响，尤其是减缓了能源行业所需的新投资和债务周转，还使俄罗斯投资评级被调低（截至 2017 年 3 月，穆迪将俄罗斯的评级定为 Ba1），给俄未来投资造成了不确定性，并同时提升了中国在与俄罗斯交往中的地位。事实上，由于财政限制和重大项目的前期需要，克里姆林宫允许中国实体和一个印度公司财团在碳氢化合物等战略领域收购超过 25% 的股权。②制裁似乎反而强化了普京政权，因为克里姆林宫的人都去忙于应对经济救助和选择性进口替代项目了。民调还显示，普京的支持率有所上升，俄罗斯民众对西方的负面情绪也有所增加，他们认为西方国家正在"削弱和羞辱俄罗斯"。③

莫斯科不仅想使自己摆脱制裁的威胁，还在尝试使用集体金融治略手段，包括将它作为一种反制手段。④俄罗斯将重点转向中国，加强与金砖国家的合作，并努力在提升金砖国家货币地位的同时降低美元的影响力。正如第三章所示，在莫斯科就乌克兰问题与西方对峙期间，金砖国家打出的这张牌很有用。普京十分老练地向世界证明了俄罗斯是一个不

① Neil Buckley, "Gazprom Lost Friends and Ceded Influence over European Gas," *Financial Times*, January 20, 2016.

② Connolly, "The Empire Strikes Back"; and Alexander Gabuev, "Russia's 'China Dreams' Are Less of a Fantasy than You Think," June 28, 2016, Carnegie Moscow Center; John C. K. Daly, "Russian-Chinese Joint Ventures in Russia's Far East," *Eurasia Daily Monitor* 14 no. 48, April 7, 2017.

③ Levada Center polls on Russia and the West, June 26, 2015, http://www.levada.ru/26-06-2015/rossiia-zapad- vospriiatie-drug-druga-v-predstavleniiakh-rossiyan; and "Russians See Western Sanctions as Plot to Weaken Them, Poll Shows," *Moscow Times*, June 29, 2015.

④ Elizabeth Rosenberg et al., "The New Tools of Economic Warfare: Effects and Effectiveness of Contemporary U.S. Financial Sanctions," Center for a New American Security, April 15, 2016, at 13.

可能被美国和欧洲孤立起来的大国。中国政府在集体金融治略上向俄提供了帮助，比如在替代支付系统和信用评级机构以及向市场注入现金等问题上与俄进行协作。例如，中国在 2014 年 5 月为"西伯利亚电力"（Power of Siberia）管道项目交付了 250 亿美元的石油预付款，并在 2016 年为俄罗斯石油公司安排了 120 亿美元的信贷额度。欧洲国家对俄罗斯实施的相对较宽松些的制裁，也使一些对俄交易和贷款得以通过。然而，金砖国家还是无法取代俄罗斯对西方资本和技术的需求。①

2014 年 3 月克里米亚并入俄罗斯后，西方发达经济体组成的 G8 俱乐部中止了俄罗斯的席位，奥巴马总统威胁称，如果克里姆林宫在乌克兰问题上将对抗升级，那么俄将"付出更大代价"。俄罗斯并没有被永久逐出八国集团；民主党领导人表示，如果莫斯科同意"遵守国际规则"，俄罗斯有可能重新被接纳进八国集团。②

无论是西方已有的制裁还是未来施加更严厉制裁的威胁，包括把俄罗斯排斥在美国建立的环球同业银行金融电讯协会（SWIFT）之外——美国在 2012 年曾对伊朗采取过这一制裁行动，对于俄罗斯是一个威慑，这是众所周知的。然而，梅德韦杰夫和其他俄罗斯官员想通过报复和升级的反威胁办法来恢复战争中威慑，他们表示如果切断俄与 SWIFT 的网络，那么俄将做出"无限制"的回应。③俄罗斯第二大银行的负责人安德烈·科斯金表示，"将俄罗斯排除在全球 SWIFT 银行交易体系之外将意味着战争"。④在一次与国际专家的会见中，普京谈到了制裁可能产生的某

---

① Vladimir Mau, "Between Crises and Sanctions: Economic Policy of the Russian Federation," *Post-Soviet Affairs* (2015): 9.

② "Russia Suspended from G8 Club of Rich Countries," *Daily Telegraph*, Business Insider, March 24, 2014.

③ "Russia to respond to possible disconnection from SWIFT—PM," TASS, January 27, 2015, http://tass.com/russia/ 773628.

④ "Cutting Russia out of SWIFT Banking System Would Mean 'War'—Head of VTB," RT, December 4, 2014, https:// www.rt.com/business/211291-swift-banking-russia-vtb/; and Gillian Tett and Jack Farchy, "Russian Banker Warns West over Swift," *Financial Times*, January 23, 2015.

些后果，他说，制裁促使许多国家去"降低对美元的依赖"，建立替代性金融和支付体系以及建立货币储备，这其中有不少需要与中国开展合作。普京表示，美国在金融方面并不拥有垄断地位，他提醒美国："我认为，我们的美国伙伴正在武断地自断手脚。政治问题和经济问题不应混为一谈，但目前却正在发生这样的事。"①鉴于俄罗斯长期以来一直在其周边地区运用地缘经济手段，因此想必很多听众可以觉察到普京这番讲话背后所隐藏的含义。②

攻势金融治略：俄罗斯对地区影响力的追求

尽管普京一再声称，俄罗斯的目标并非是想要回到过去的苏联时期，③但莫斯科仍试图在原苏联地区发挥主导作用，其主要手段是在经济上威逼利诱，并利用金砖国家来助推这一目标的实现。自1990年代以来，俄罗斯一直以操纵天然气的价格和供应、进口管制以及近年来的网络攻击作为其主要政策手段。俄罗斯为许多原苏联加盟共和国提供低价补贴，并不时威胁称，如果这些国家企图脱离俄罗斯的轨道，俄就抬高或降低价格。俄罗斯还发动了对其邻国的贸易战，而且与格鲁吉亚(2008年)和乌克兰(2014年至今)发生了两次有限武装冲突。

1990年代，当俄罗斯眼看它肯定无法按照自己的条件加入到西方的政策协调体系中后，莫斯科开始优先着重考虑区域性经济组织。在1990年代，独立国家联合体采取的就是这种形式；2010年，俄罗斯、白俄罗斯和哈萨克斯坦建立了关税同盟；2012年初又建立起单一经济联盟

① Meeting of the Valdai International Discussion Club, October 24, 2014, http://en.kremlin.ru/events/president/news/ 46860.

② Daniel W. Drezner, *The Sanctions Paradox*: *Economic Statecraft and International Relations* (Cambridge, UK: Cambridge University Press, 1999).

③ Vladimir Putin's interview with Vladimir Solovyev, "The World Order," Russia Channel 1, December 20, 2015; Interview with German television channel ARD and TsDF, May 5, 2005, http://kremlin. ru/events/president/news/ copy/33284; and Putin's 2011 Izvestia article discussed later in this chapter.

(Single Economic Union); 2015 年以来，欧亚经济联盟(即 EEU，现在也将吉尔吉斯斯坦和亚美尼亚包含了进来)又开始开放其成员国内部之间的贸易和边境控制，并与其对世界贸易组织的承诺相协调。①俄罗斯的 GDP 占据了欧亚经济联盟的 87%，人口占 83%。②

普京在几次演讲和 2011 年的一篇报纸文章中介绍了他对于在俄罗斯前省区打造新型欧亚一体化的计划。这一愿景虽然宏伟，但也充满了务实元素，比如扩大市场和生产链。与过去不同的是，21 世纪的俄罗斯不愿为此建立一个大帝国，而其后苏联时代的邻国则对把主权拱手让给地区霸主心存警惕。③普京最初的这一概念有点类似于阿纳托利·丘拜斯在 2003 年提出的后苏联地区的"自由帝国"构想，在这一构想中，俄罗斯将扮演该地区中的一块经济磁铁的角色。④

长远来看，俄罗斯的这一目标已经从建立单一经济联盟扩展为建立货币联盟，并最终在超国家机构的层面实现国家间经济一体化。在 2014 年俄罗斯与乌克兰爆发冲突之前，普京曾设想与欧盟建立伙伴关系，将其作为从里斯本到符拉迪沃斯托克的"大欧洲"计划的一部分，这将"改变整个欧洲大陆的地缘政治和地缘经济格局"。欧亚联盟再加上金砖集团，俄罗斯也许就有了足够的资本去挑战美欧的主导地位，且能够为俄建立一个更加广泛、平等的伙伴关系铺平道路。因此，在以往时机环境还比较好的时候，普京就已将俄罗斯视为区域融合的领导性力量，认为欧亚联盟将是当今世界中可以"连接欧洲与活跃的亚

---

① 俄罗斯当局用欧亚经济联盟和欧亚联盟来指代这个实体。该经济联盟的基础是一项所有成员国都加入其中的军事安全安排。关于它与欧盟的比较，见 Rilka Dragneva and Kataryna Wolczuk, "European Union Emulation in the Design of Integration," in *The Eurasian Project and Europe*, ed. David Lane (London: Palgrave Macmillan UK, 2015), 135–152。

② 俄罗斯经济研究所(Institute on the Economy)所长鲁斯兰·格林伯格(Ruslan Grinberg)表示，单个经济空间要想有效运转，其人口应该保持在 2 亿至 2.5 亿之间。

③ Dmitri V. Trenin, *Post-imperium: A Eurasian Story* (Washington, DC: Brookings Institution Press, 2011).

④ Anatoly Chubais, "Missia Rossii v 21 Veke," *Nezavisimaia Gazeta*, October 1, 2003, http://www.ng.ru/ideas/2003-10-01/1_mission.html.

太地区……", 创造诸如"制定规则和塑造未来"等"更多竞争优势"的一极。①

为了巩固俄罗斯在该地区的实力, 克里姆林宫充分意识到将乌克兰作为欧亚经济联盟一个关键成员的重要性, 俄表示这与乌克兰的"亲欧立场"并不冲突。②但在 2013 年, 由于乌克兰准备签署一项包含与欧盟建立深入而全面的自由贸易区这一条款的联合协议, 使得普京的地缘政治抱负遭受了严重挫折。俄罗斯为加入欧亚经济联盟的成员国提供了各种补贴, 包括为关税联盟成员国提供更为廉价的天然气贷款和补贴。俄罗斯还同意为吉尔吉斯斯坦和亚美尼亚承担它们为加入欧亚经济联盟而进行的海关基础设施升级改造的成本。③正如亚历山大·库利(Alexander Cooley)、里尔卡·德拉格涅娃(Rilka Dragneva)和卡塔莉娜·沃尔查克(Kataryna Wolczuk)所说, 欧亚经济联盟成员国可能会对俄罗斯的"地缘政治忠诚"问题提出额外要求, 并继续与莫斯科为追求地区霸权地位而侵犯它们主权的行为作斗争。④

对此, 普京采取了诸如经济禁运和贷款承诺等"大棒加胡萝卜"的混合攻势, ⑤迫使当时的乌克兰总统亚努科维奇加入俄罗斯主导的经济轨道中来。普京虽然最终说服了亚努科维奇, 但这引发了广场革命, 使得亚努科维奇在 2014 年 2 月迅速下台, 普京于是转向军事干预。由此引发的俄罗斯与西方国家之间的制裁战(莫斯科希望得到其欧亚经济联盟伙伴国的支持), 反而加剧了俄的这些伙伴国对维护自身主权的担忧, 它们力

---

① Vladimir Putin, "Novyi Internatsionnyi Proekt dlya Evrazii—Budushchee, Kotoroe Rozhdaetsia Sevodnia, " *Izvestia*, October 3, 2011, http://izvestia.ru/news/502761.

② Ibid.

③ Fozil Mashrab, "Eurasian Union's Expansion Falters amid Russia's Economic Woes, " *Eurasia Daily Monitor* 13, no. 42, March 2, 2016.

④ Rilka Dragneva and Kataryna Wolczuk, "Eurasian Economic Integration: Institutions, Promises and Faultlines, " *The Geopolitics of Eurasian Economic Integration*, *Special Report* 19 (2014): 8 – 22 at 15; and Alexander Cooley, *Great Games*, *Local Rules: The New Great Power Contest in Central Asia* (New York: Oxford University Press, 2012).

⑤ Randall Newnham, "Oil, Carrots, and Sticks: Russia's Energy Resources as a Foreign Policy Tool, " *Journal of Eurasian Studies* 2, no. 2 (July 2011): 134 – 143.

图躲避俄罗斯对许多西方国家实施的报复性食品禁运。

但内陆国白俄罗斯的生产商将这些遭到制裁的欧盟产品（包括法国奶酪、挪威鲑鱼和牡蛎）作为本国商品又重新出口到俄罗斯，于是，后来俄罗斯再次加强边境管制，影响了关税同盟内的货物自由流动。相反，由于卢布的下跌，俄罗斯产品在白俄罗斯和哈萨克斯坦市场上更具价格优势，迫使这些国家不得不采取临时性保护主义措施。①

这种单边经济治略强调俄罗斯在欧亚地区发挥主导作用的重要性，为此，俄将利用胁迫制裁和贿赂利诱等一切可以利用的手段，虽然它们的作用都较有限，甚至比 1990 年代更有限。②相比之下，中国不仅有更多可资利用的资源，而且它更多是通过提供正面而非胁迫的方式与该地区进行接触。俄罗斯的单边经济治略与普京的国家资本主义的政治经济逻辑相符合，但在欧亚地区不那么成功。

俄罗斯对于欧亚经济联盟寄予的最大愿望就是将卢布打造为地区主导性货币，虽然俄罗斯领导人一直有这一想法，但从未取得过成功。包括普京和梅德韦杰夫在内的一些俄罗斯官员都声称，2009 年到 2011 年间，鉴于贸易增长和卢布越来越广泛的使用，卢布理应成为地区主导性货币，但关税同盟的其他成员国却并不愿意完全接受卢布。2012 年 10 月，普京最后还是放松了其立场。③

自 2013 年以来，俄罗斯、白俄罗斯和哈萨克斯坦之间的贸易额一直在下滑，俄罗斯在该地区的市场份额和投资主导地位输给了中国。④2015

① Martinne Geller, Neil Maidment and Polina Devitt, "Belarussian Oysters Anyone? EU Food Trade Looks to Sidestep Russian Ban," *Reuters*, August 17, 2014; Serghei Golunov, "How Russia's Food Embargo and Ruble Devaluation Challenge the Eurasian Customs Union," PONARS Policy Memo No. 363, June 2015.
② Cooley, *Great Games*; and Drezner, *The Sanctions Paradox*.
③ Cooley, *Great Games*; and Juliet Johnson, "The Russian Federation: International Monetary Reform and Currency Internationalization," No. 4, Asian Development Bank (June 2013): 10–11.
④ Nicu Popescu, "Eurasian Union Uncertainties," PONARS Eurasia Policy Memo No. 385 (September 2015), 2–3.

年 2 月，普京再次提出了欧亚经济联盟货币联盟的构想，并指示俄罗斯央行和政府的其他部门在 2025 年之前建立单一货币和欧亚央行。①但该区域国家的担忧和贸易状况并没有向好的方向发展，因此一些专家认为该计划只是一个白日梦。正如罗伯特·蒙代尔所说，尽管货币联盟促进了贸易和一体化，但它们所必需的某些基本要素在欧亚经济联盟中却大多是缺失的。②

俄罗斯对货币权力的徒劳追求

在金砖国家中，中国和俄罗斯最热烈地支持国际货币体系多元化，它们呼吁将新兴市场国家的货币纳入当前的特别提款权货币篮子。中俄还主张在相互贸易结算中提高人民币和卢布的使用份额，以取代美元。俄罗斯领导人认为，大国应当拥有伟大的货币，这也影响了其他金砖国家，它们自 2009 年首次金砖峰会提出以来，一直共同倡导建立一个多种货币的国际货币体系。朱丽叶·约翰逊（Juliet Johnson）认为，俄罗斯对于卢布国际化的雄心抱负制约了俄对用人民币取代美元的意愿程度。③但随着俄罗斯对中国的依赖日益加深，它可能会发现自己将陷入某种困境。

在货币多元化战略中，俄罗斯面临着两个相互矛盾的挑战。首先，作为一个石油生产国，俄罗斯需要硬通货储备，以抵御油价上涨带来的货币和预算危机。当俄罗斯在 2014 年转向自由浮动货币时，在危机中不断贬值的卢布带来的一丝好处是，它为油价的暴跌提供了某种缓冲。俄

① Mike Bird， "Russia's New Eurasian Economic Union Could Get Its Own Single Currency," *Business Insider*， March 20， 2015；Alexander Kim， "Common Currency for the Eurasian Economic Union：Testing the Ground?" *Eurasia Daily Monitor* 12， no. 57， March 27， 2015.

② Nouriel Roubini， "Eurasian Vision," *Project Syndicate*， August 1， 2014；Robert A. Mundell， "A Theory of Optimum Currency Areas," *American Economic Review* 51， no. 4 (1961)：657－665.

③ Juliet Johnson， "The Ruble and the Yuan：Allies or Competitors?" PONARS Eurasia Policy Memo No. 254， June 2013.

罗斯的石油生产成本和政府支出以卢布计价，但以美元计价的石油收入却占到了俄罗斯财政收入的 40% 至 50%。其次，俄罗斯的经济衰退也明显削弱了它与中国议价的能力，也使其成为金融大国的愿景变得暗淡起来。与此同时，中国的经济崛起也改变了金砖国家和原苏联地区的全球贸易格局。如今，除了白俄罗斯是个例外，欧盟和中国而非俄罗斯才是这些后苏联国家的主要贸易伙伴。[1]在这种情况下，货币多元化可能更有利于中国在该地区的进一步扩张。

2008 年全球金融危机后，许多俄罗斯专家都认识到了这一趋势。在一份广泛流传的重要报告《2020 战略》(*Strategy 2020*，2012 年 3 月出版)中，俄罗斯专家列举了当卢布和人民币成为竞争对手时的一些主要外部风险。作者警告说，如果中国的人民币率先成为地区储备货币，然后成为全球储备货币，将可能损害俄罗斯在国际结算中使用卢布的能力，并导致一场"货币战争"。同样令人担忧的是，中国在中亚日益增强的地位"可能破坏……俄罗斯的区域一体化计划"。该报告还以一种零和博弈的思维来描述中俄两国的关系，"中国作为一个新富起来的大国所采取的更为强势的谈判和干预行为、中美两国集团(G2)对全球经济事务管理的加强，以及中国在 IMF 和 WTO 组织中影响力的增强，都将损害包括俄罗斯在内的第三国的利益"。[2]

在俄罗斯经济和贸易仍在增长的情况下，克里姆林宫或许可以对与中国的合作持一种较为乐观的态度。2011 年，当中国成为俄罗斯的主要贸易伙伴时，许多俄罗斯官员和大亨相信，莫斯科将成为一个国际金融中心，卢布和人民币的国际地位将继续提升。而且在普京看来，卢布会"比人民币更加稳定、可靠和可自由兑换"。[3]

但此后，权力失衡继续扩大，俄罗斯经历了 2014 年至 2015 年的经济

---

[1]　These statistics come from DG Trade Policy, European Commission, http://ec.europa.eu/trade/policy/countries-and- regions/, accessed December 28, 2016.

[2]　*Strategiia-2020: Novaiia Model' Rosta—Novaiia Sotsial'naia Politika* [*Strategy 2020: A New Growth Model, a New Social Policy*] (Moscow: Russian Government, 2012).

[3]　Johnson, "The Russian Federation: International Monetary Reform."

冲击，致使世人对俄的国际地位产生质疑，并加剧了俄对自己可能成为中国附庸的担忧。但普京和习近平之间积极紧密的个人关系使中俄两国双边关系和金砖国家间关系仍保持在正常轨道上，这要归功于两国间的诸多重要协议。①2014年，在建设从东西伯利亚到中国的"西伯利亚电力"天然气管道的合同中，双方就价格问题经历了艰苦的谈判过程。2015年，中国石油天然气集团公司（CNPC）以150亿美元的预付款帮助俄罗斯石油公司摆脱困境，该公司因为被制裁而无法进行债务展期（debt rollover）。此前，该公司为了收购和保持增长，保持了长达十年的贷款和预付款模式（包括2013年的700亿美元）。2016年6月，中国石油天然气集团公司在俄罗斯石油公司董事会中谋得一个席位，要知道这可是一个前所未有的举动，但俄罗斯政府为了筹集资金，只好向中国和印度企业出售股权。②俄罗斯不顾可能的风险代价，同意中国用人民币支付，从而成功地使俄罗斯取代沙特阿拉伯，成为对中国最大的原油出口国。中国和俄罗斯也都在努力吸引人们对本国货币石油期货市场的兴趣，俄罗斯十多年来一直在这方面进行尝试，但都没有成功。

　　经过长期辩论，俄罗斯领导层终于开始接受中国将成为欧亚大陆的主要投资者这一事实，于是在2015年5月，普京和习近平就协调中国的"一带一路"倡议和俄罗斯的欧亚经济联盟计划达成了一致。③但无论莫斯科如何在这一过程中周旋努力，俄罗斯在谈判中始终处于弱势地位，这意味着在此一伙伴关系中，中国可能获得更多的相对收益。

　　尽管如此，人民币这一"火车头"已经开始出发行驶，俄罗斯参与

---

① Gabuev, "Friends with Benefits," 10, 20–22.

② Elena Mazneva, Ilya Arkhipov, and Anna Baraulina, "Putin Said to Weigh $11 Billion Rosneft Sale to China, India," *Bloomberg*, June 20, 2016, and Stephen Bierman, Matthew Campbell and Irina Reznik, "Putin Helped Save His Oil Giant. Now Rosneft Returns the Favor," *Bloomberg*, October 20, 2016. In December, Russian banks helped the Anglo–Swiss multinational company Glencore and the Qatar Investment Authority finance a 19.5% stake in Rosneft. *Financial Times*, December 10, 2016.

③ Gabuev, "Friends with Benefits," 26; Kathrin Hille, "Putin-Xi Embrace Masks Misgivings on Belt and Road Project," *Financial Times*, May 14, 2017.

了从人民币—卢布汇率交易和发行"点心债券"再到扩大本币结算范围等多个项目。但和其他金砖国家一样，俄罗斯并未在抵制美国的地位这一过程中获益，反而倒向了中国，成为中国的一个伙伴。

金融治略中攻守界限的模糊

无论是对西方还是对中国，俄罗斯为寻求自主性而实施的政策经常是相互矛盾的。当俄罗斯有限的能力资源与其雄心壮志之间的差距越来越大时，俄只能压低其长远的大目标。有足够迹象表明，普京愿意为了实现目标去赌一把，但这通常建立在对风险和潜在后果的评估之上。在很多问题上，一旦克里姆林宫发现自己可能处于某种极端境地或可能付出巨大代价时，俄就会退缩回去。①据报道，在普京着手接管克里米亚之前，他曾于2014年2月向三名高级官员询问，俄罗斯是否能够承受经济上的打击。普京得到的回答是，俄罗斯的外汇储备足以承受任何制裁。②显然，当时没有人预料到与油价暴跌几乎同时发生的"黑天鹅"事件的影响。

俄罗斯还与中国一起实施集体金融治略，其中尤为引人注目的是在2008年全球金融危机爆发、房利美和房地美的泡沫破灭时。当时，中国是这两家美国政府资助的企业最大的外部投资者，中国拥有5 270亿美元的资产担保证券和其他长期债务，而日本是第二大债权人，持有2 700亿美元。而在2007年6月，俄罗斯持有753亿美元的长期机构债务和385亿美元的短期债务，总计1 138亿美元。③2008年底，中国也积累了1.95万亿美元的外汇储备，在2007年4月至2008年1月间，中国的主权财富

---

① On Schelling's strategies, see Cynthia A. Roberts, "The Czar of Brinkmanship," May 5, 2014, https:// www.foreignaffairs.com/articles/russia-fsu/2014-05-05/czar- brinkmanship.

② Evgenia Pismennaia et al., "Putin's Secret Gamble on Reserves Backfires into Currency Crisis," *Bloomberg*, December 17, 2014.

③ Report on Foreign Portfolio Holdings of U.S. Securities, Department of the Treasury, Federal Reserve Bank of New York, and Board of Governors of the Federal Reserve System, as of June 30, 2008; https://www.treasury.gov/resource-center/ data-chart-center/tic.

基金对美国金融部门投资了大约 700 亿美元，以支持摩根士丹利、美林和黑石集团等公司，但随着危机的演变发展，它们仍然面临巨大的损失。①

据报道，2008 年 8 月，莫斯科曾向北京建议，双方都应抛售所持的这些证券。②这一提议可能对中国政府产生了警醒作用，因为两国尤其是中国，都面临着一种可预见的安全困境——它们一方面试图通过摆脱危险的处境来巩固自己的金融安全，另一方面又不愿采取一些可能导致本国金融遭受灭顶之灾的措施。中国和日本都已不相信美国政府会对房利美和房地美的证券实施担保。虽然在 2008 年中日仍继续向美国提供借贷，但到了夏季它们就开始大量减持手上的股份，因此很多美国企业无法筹集到新的资金。俄罗斯央行在 2008 年 1 月至 6 月间减持了 50% 的房利美和房地美股份。该年 7 月，危机进一步恶化，这两家公司的股价暴跌，信用违约互换上升，外国信贷危机爆发，外国投资者抛售了 420 亿美元的资产。③

在向美国财政部长保尔森重述俄罗斯的提议（没有载入记录）时，中国官员明确表示，他们非常担心中国所持有的债券会蒙受巨额损失，因此他们非常期待华盛顿给予大力帮助。当时正在北京参加 2008 年夏季奥运会的保尔森随后向白宫通报了他认为可能会严重动摇资本市场的"破坏性计划"。④保尔森财长当时已与中国政府展开多次对话，并正在寻求国会授权，以便为这两家公司提供财政支持。然而，中国政府尚未对其代理业务资产（agency assets）受到违约保护感到足够放心，因此利用其金

---

① Helen Thompson, *China and the Mortgaging of America: Economic Interdependence and Domestic Politics* (London: Palgrave Macmillan, 2010), 104 – 107. Setser and Pandey estimate China's total holdings of U.S. assets as \$1.7 trillion in November 2008, of which \$550 – \$600 billion is attributed to agency bonds. Brad W. Setser and Arpana Pandey, *China's \$1.7 Trillion Bet: China's External Portfolio and Dollar Reserves* (New York: Council on Foreign Relations, Center for Geoeconomic Studies, 2009).

② The most comprehensive account is Daniel W. Drezner, "Bad Debts: Assessing China's Financial Influence in Great Power Politics," *International Security* 34, no. 2 (2009): 7 – 45.

③ Thompson, *China and the Mortgaging of America*, 1 – 3; 112 – 113.

④ Henry M. Paulson, Jr., *On the Brink: Inside the Race to Stop the Collapse of the Global Financial System* (New York: Business Plus, 2010), 160; Krishna Guha, "Paulson Claims Russia Tried to Foment Fannie-Freddie Crisis," *Financial Times*, January 29, 2010.

融杠杆向美国财政部施压，要求美国提供担保，但遭到美国拒绝。①

如果保尔森的描述是准确的，虽然俄罗斯政府对此予以否认，②那么俄罗斯的本意就可能是攻势的，即故意损害美国；也可能是守势的，在事物贬值前就赶紧抛弃它；或者两者兼而有之。另外一份报告显示，俄罗斯的目的是制造一场金融危机以迫使美国政府直接扶持这些公司。③不清楚的是，中国官员是否透露了这一提议，因为他们认识到，即便是暗示一些主要当事国正在考虑采取某种边缘政策，在债权人已经开始大规模抛售的情况下，这种政策可能迅速导致危机蔓延，引发国际债权人不想看到的后果。事实上，保尔森和他的团队都认识到，绝不能让房利美和房地美倒闭。2008 年 9 月 6 日，美国政府对这两家企业实施了联邦托管，当时它们大约有 5.2 万亿美元的住房抵押贷款债务。④

虽然我们对这一事件有所了解，但我们所不知道的一个关键问题是，为了削弱美国的经济和金融实力，克里姆林宫究竟愿意付出多大代价。削弱美国的主导地位、推动国际格局多极化是俄罗斯领导人在诸多公开声明中不断强调的目标，也是俄罗斯金砖集团政策的核心，这些都在俄的政府公报和行动中有所体现。然而，为了达到这一目的而实施的手段必须是能够加强而不是削弱俄罗斯的力量和影响力。现有的证据表明，普京所实施的威胁是经过深思熟虑且表面上模棱两可的，克里姆林宫可以随时改变其路线，而不会真的走到悬崖边上。美国的结构性权力是否真的成功地被削弱了，这很难进行评估，但莫斯科方面的主要担忧，是中国而非俄罗斯从中获得了主要好处。

① Thompson, *China and the Mortgaging of America*, chaps. 5 - 6; Drezner, "Bad Debts, 35 - 36"; and Brad Setser, "Sovereign Wealth and Sovereign Power: The Strategic Consequences of American Indebtedness," Council on Foreign Relations, Report No. 37, New York, September 2008.

② *Vedomosti*, February 1, 2010; and Michael McKee and Alex Nicholson, "Paulson Says Russia Urged China to Dump Fannie, Freddie Bonds," *Bloomberg*, January 29, 2010.

③ W. Scott Frame et al., "The Rescue of Fannie Mae and Freddie Mac," Federal Reserve Bank of New York Staff Report No. 719 (March 2015): 14.

④ Ibid., 1; and Drezner, "Bad Debts."

新德里的观点： 提高发言权和希望多极化

在金砖集团的三个民主国家中，印度人口最多，军事实力最强，自1990 年代中期以来经济增长速度最快。印度在金砖集团中可以起到微妙的桥梁作用，因为它既有东方国家的特点——无论是地理、语言、宗教还是种族认同上，也有西方国家的特征——例如它将英语作为官方和商业主要语言，还有许多源自英国的政治和行政体制或机构，包括活跃而充满竞争的自由媒体。①印度在建立由金砖国家控制的新多边金融机构方面发挥了特别突出的作用。时任印度总理的曼莫汉·辛格是一位经济学家，曾担任财政部长，他在新开发银行和应急储备安排的早期讨论中发挥了领导作用。这继承了印度独立后的第一任领导人贾瓦哈拉尔·尼赫鲁（Jawaharlal Nehru，1947 年至 1964 年在任）总理所发扬的让印度参与国际发展倡议的悠久传统。本节概述印度的总体外交政策取向、印度加入集体金融治略的动机以及印度与中国的复杂关系。

印度追求外交政策自主的愿望

印度加入金砖集团是其传统外交的合理延伸，印度的传统外交带有一些理想主义色彩，同时也重视通过建立广泛联系网络，来最大限度地扩大其外交决策的行动自由。②自 1947 年独立以来，印度一直致力于外

① Aseema Sinha, "Partial Accommodation Without Conflict: India as a Rising Link Power," in *Accommodating Rising Powers: Past, Present, and Future*, ed. T. V. Paul (Cambridge, UK: Cambridge University Press, 2016), 222–245, especially 226–229.

② 关于印度的外交政策，见 Vidya Nadkarni, "India—An Aspiring Global Power," in *Emerging Powers in a Comparative Perspective: The Political and Economic Rise of the BRIC Countries*, ed. Vidya Nadkarni and Norma C. Noonan (New York: Bloomsbury, 2012), 131–161; Sumit Ganguly (ed.), *Engaging the World: India Foreign Policy Since 1947* (Oxford, UK: Oxford University Press, 2015); David M. Malone, C. Raja Mohan, and Srinath Ragavan (eds.), *Oxford Handbook of Indian Foreign Policy* (Oxford, UK: Oxford University Press, 2015); and Fareed Zakaria, *The Post-American World 2.0* (New York: W. W. Norton, 2012), 145–183。

交政策的独立，将自己视为一个天然的发展中国家及其捍卫者。尼赫鲁的外交远见推动了多极化趋势的发展和不结盟规范的扩展，即使在两极化形势如此明显的冷战时代也是如此。

尼赫鲁的女儿和政治继承人、前印度总理英迪拉·甘地（Indira Gandhi，1964 年至 1978 年和 1980 年至 1984 年间在任）继承了这一传统，且与美国和苏联都保持了不错的关系。尼赫鲁将国际独立作为一种抽象的理想，而在甘地夫人的领导下，印度的外交政策更接近传统的均势现实主义。1970 年代初，她深化了印度与苏联的防务关系，并介入邻国巴基斯坦的内战，以帮助东巴基斯坦（今孟加拉国）的独立，这激怒了美国总统理查德·尼克松，因为就在几周前，尼克松还亲自敦促她在这一问题上保持中立。①1984 年，甘地夫人被锡克教民族主义者暗杀后，她的儿子拉吉夫·甘地（Rajiv Gandhi）接替她成为印度总理。拉吉夫·甘地又在 1989 年遇刺身亡，刺客以此抗议印度结束对邻国斯里兰卡内战的干预。

1990 年代，印度努力摆脱几十年来以尼赫鲁—（英迪拉）甘地家族为中心的王朝式民主。从那以后，两个松散的联盟轮流控制着印度中央政府，在外交政策的优先顺序方面，它们达成了相当的一致。印度精英阶层仍将占世界主导地位的西方工业化民主国家视为（甚至是憎恨）"前殖民列强"。印度领导人和各政治派别领袖都主张不干预的原则，尊重威斯特伐利亚式的主权（除非印度领导人决定干预实力较弱的邻国，以确保地区"稳定"）。中间偏右的民族主义新民主联盟（NDA）由印度民族主义政党人民党（BJP）领导，它在 1996 年到 2004 年间曾经执政。目前人民党是现任印度总理纳伦德拉·莫迪（2014 年以来在任）领导的政党。新民主联盟对邻国巴基斯坦充满狐疑，其言论观点比较亲美国和私营企业。印度还从其侨民社区，尤其是从北美的印度侨民那里得到了大量财政和道义的

---

① Kalyani Shankar, *Nixon*, *Indira*, *and Indian Politics*：*Politics and Beyond*（New Delhi：Macmillan India Ltd.，2010）.

支持。

另一个当代政治联盟是左翼的、声称为社会主义的团结进步联盟（UPA），它由印度国大党（Indian National Congress， INC）领导，这是前总理曼莫汉·辛格领导（2004 年至 2014 年）的党派。虽然左翼政党通常对美国持比较批判的态度，但恰恰是辛格领导的左翼团结进步联盟在 2005 年与美国小布什政府达成了历史性的核协议。该协议规定，美国同意解除由于印度拒绝加入《不扩散核武器条约》而对其施加的制裁，印度一直认为《不扩散核武器条约》导致和加剧了全球不平等。美国改变了此前的立场，承认"印度是一个核大国"，并同意在民用核能领域与印度开展合作。①尽管印度与西方的关系有所改善，但印度的政策制定者和精英阶层强烈反对美国和西方对他国进行干预以实现政权更迭，比如 2003 年的伊拉克战争和 2011 年的利比亚战争。印度人对西方富裕国家"玩弄政治"以及在支持联合国和其他重要的多边组织方面迟迟不缴会费的行为尤为恼火。②

印度加入金砖集团是基于其几十年来一贯秉持的、今天称为"全球南方"（Global South）内的行动主义原则之上，从 1950 年代尼赫鲁领导的不结盟运动，到 1980 年代围绕建立更为公正的国际经济新秩序（NIEO）而展开的联合国谈判，再到 2003 年起开始并于 2006 年举行首次领导人峰会的印度—巴西—南非（IBSA）对话论坛，都体现了印度的这一主义或原则。IBSA 网站将其成员国描述为"多元、多样文化和多种族社会"的国家，并强调了"参与性民主、尊重人权、法治和加强多边主义"的共同愿望。③在实践中，IBSA 国家采取了一些联合行动，以应对来自世界贸

① 该协议直到 2015 年年中才开始实施，有评论员直率地称美印两国"在印度的民用核能责任法上达成了含糊其辞的一致"，见 Sanjaya Baru， "An Agreement That Was Called a Deal，" *The Hindu*， August 15， 2015。

② Shyam Saran， "Paying for Multilateralism，" Centre for Policy Research column， April 7， 2015， http://www.cprindia.org。

③ "About IBSA—Introduction，" *IBSA*， accessed February 20， 2016， http://www.ibsa-trilateral.org/。

易组织的巨大挑战，西方发达工业国家视他们为阻碍和破坏多哈回合谈判达成重大协议的国家。①

今天，印度的政治、商业、新闻、军事、学术和其他领域的精英们，期望的不再仅仅是让印度在全球舞台上赢得一个反殖民和促进再分配的美誉。印度和俄罗斯的关系也是源远流长，可以追溯到苏联时期。俄罗斯仍然是印度常规武器的主要供应国，而近来中印局势的紧张使发展与俄罗斯的能源和外交关系在印度国内越来越受欢迎。②金砖集团之所以受到印度的欢迎是因为，与不结盟运动、国际经济新秩序或 IBSA 不同，金砖集团主张根据全球军事与金融权力资源的实际分配状况来改革现有国际经济金融秩序，因此有可能会产生切实的国际影响和结果。③一些地缘政治和战略分析人士还认为，加强金砖国家内部的金融联系，可以在整体上增强印度在国际关系中的自主性。④

团结起来在全球治理中发出印度的声音

印度决策者在金融治理领域有丰富的知识和专业技能。如果印度与其他金砖国家联合起来，就可以扩大印度和金砖集团在全球经济治理中的影响力。长期以来，印度政策精英一直渴望在全球金融和货币治理中拥有更大的话语权。与巴西的经济政策精英们一样，印度人为自己是布雷顿森林体系的创始成员国而感到自豪，但印度人对自己在布雷顿森林

---

① Matthew Stephen, "Rising Regional Powers and International Institutions: The Foreign Policy Orientations of India, Brazil, and South Africa," *Global Society* 26, no. 3 (2012): 289 - 309; on the WTO, see Aseema Sinha, *Globalizing India: How Global Rules and Markets Are Shaping India's Rise to Power* (Cambridge, UK: Cambridge University Press, 2016).

② D. Chakraborty and S. Sundria, "Russia Deals Deepen India Hold in China Oil-Buying Backyard," *Bloomberg*, March 21, 2016.

③ 很明显，是中国，而不是印度或巴西，推动南非加入金砖国家。

④ For example, Mukul G. Asher, "Promote International Financial Services in India," *Pragati, the Indian National Interest Review*, February 15, 2013.

体系中的相对边缘地位感到恼火。①印度是世界银行最大的累计借款国，同时它也从国际货币基金组织那儿借款。印度国民和侨民在世界银行和国际货币基金组织中都有相当多的专业工作人员。因此，印度的经济和金融政策界人士对华盛顿和联合国有关全球金融治理的辩论了如指掌，而且他们还经常参与其中。尽管印度政府内部和政府外的专家对于印度究竟应该采取何种政策尚未达成一致，但他们已经就全球金融治理的具体政策变化开展了广泛的讨论。

例如，许多印度政策制定者对 1980 年后世界银行的重新定位（早期其重点放在基础设施和重工业，现在转向加强对减贫的关注）感到困惑。印度人对国际机构及其官僚们自以为是地认为自己比印度人更了解印度的发展需要感到不满。1990 年代末和 21 世纪初，在古吉拉特邦（莫迪总理曾在 2001 年至 2014 年担任该邦首席部长）的纳尔马达河上，由世界银行部分资助的萨尔达尔-萨莫瓦尔大坝项目因为强制搬迁和大范围地区被淹没而引起巨大争议，让世界银行痛苦不堪，以致它随后撤出了所有大坝项目的融资。②随后，在西方非政府组织的压力下，世界银行及其名下所有机构都要求其承包商都务必遵守"赤道原则"，该原则是一套在激进组织帮助下制定的环保自愿标准。印度的私人银行以前经常与世界银行的国际金融公司（IFC）合作，为印度建设中东基础设施项目的工程管理公司提供融资，以降低项目风险，减少运营成本。③因此，新开发银行和中国的亚投行对基础设施贷款的重视，得到了印度政府和商界内有关人士的明确响应。

印度的政策制定者们曾多次就发展中国家在全球金融治理中被边缘化而发声。在 IMF 问题上，印度政策和经济学界多年来一直反对由美国

———

① Eric Helleiner, *The Forgotten Foundations of Bretton Woods*: *International Development and the Making of the Postwar Order* (Ithaca, NY: Cornell University Press, 2014).

② 非政府组织（NGO）最初反对在印度境内修建大坝，因为对被迫搬迁的原住民和非常贫困的社区提供的补偿不到位。为了与外国非政府组织达成共识，环境破坏问题后来成了主导性议题。

③ Jane Monahan, "LatAm Banks Take CSR Plunge," *The Banker*, July 7, 2009.

推动的以促进资本账户自由化为目标的改革方案。就在 2007 年至 2009 年全球金融危机爆发前和危机期间，印度储备银行（RBI）前行长雷迪在瑞士达沃斯世界经济论坛等高级别论坛上发表了一系列演讲。他认为新的区域金融机构应与布雷顿森林机构并存，以实现"多样性"，并主张对印度（及其他发展中国家）的国家金融部门进行重新规治，以扩大地方政策空间，同时在一定程度上阻遏金融全球化趋势。①雷迪行长还曾担任联合国大会全球金融架构改革小组的成员，该小组以斯蒂格利茨委员会（见第三章）闻名。

2009 年，出生于印度的美国教授、前 IMF 经济学家埃斯瓦尔·普拉萨德写道："有时，一个国家需要在世界舞台上向前迈进，将其角色从被动的追随者转变为领导者……印度对这场危机的反应比许多发达经济体都要成熟得多，它没有再次采取保护主义措施，也没有采取逆转金融市场发展的举措。这使得印度具有了相当的可信性……"②从 2011 年开始，印度高级经济决策者就向其金砖国家的同僚明确提出建立"金砖国家开发银行"的想法，辛格总理在 2012 年的新德里金砖国家领导人峰会上正式提出了这一建议。

印度还利用其二十国集团和巴塞尔金融稳定委员会的成员国身份，推动其他一些它所偏好的政策转向。例如，由于印度是世界上接收移民汇款最多的国家，每年接收大约 700 亿美元。因此，在 2014 年 11 月于澳大利亚布里斯班举行的二十国集团峰会上，印度推动并达成了一项与发达国家和作为国际汇款主要来源地的中东富国的原则性协议，削减国际汇款的成本，这些成本平均占据了汇款总额的 5% 以上。③印度那些直言不讳的私营企业部门也积极推动印度在全球金融治理中采取

① V. K. Reddy, "Future of Globalization of Finance and Global Regulation of Finance," *The Mint* (*India*), November 10, 2009.

② Eswar Prasad, "Comment—India Must Lead the G20 Agenda," *Financial Times*, April 7, 2009.

③ "India to Press G-20 for Deadline to Cut Remittance Costs," *The Mint*, December 5, 2014.

行动，印度联邦政府最近成立的几个专家委员会也推动了印度的这一议程。

2007 年，印度辛格政府成立了以担任主席的金融家命名的珀西·密斯特里委员会(Percy Mistry Committee)，研究如何将孟买打造成国际金融中心。这份报告积极建议利用印度在资本市场中的优势和印度的海外储蓄，把孟买打造成一个面向西方、南方和东南亚的地区性金融中心。①2008 年 1 月，一个由颇具争议的 IMF 前首席经济学家、后成为美国某大学教授的拉古拉姆·拉詹担任主席的专家委员会，建议对印度金融体系实施进一步的自由化改革，印度一只眼睛要瞄向扮演更大全球角色。②最近，印度私人金融界对金砖国家的金融合作感到非常兴奋。一家位于印度孟买、与私人金融部门关系密切的智库 Gateway House 的研究部主任阿克塞·马瑟(Akshay Mathur)在 2015 年的一场金砖国家学术会议上发表了一篇论文，呼吁扩大金砖国家内增加以本币计价的贸易，并提议建立金砖国家货币清算局、全球航运监管市场和信用评级机构，还指出孟买正是这些新机构理想的落地城市。③马瑟还主张结束以美元计价的全球油价体系。

印度以外的人不太清楚的是，印度国内通常争论不休的经济学派的代表们，在印度是否应在全球金融机构和治理中发挥更大作用这一问题上，究竟达到了何种程度的趋同。例如，印度储备银行前行长雷迪一直是这些经济学家中的领袖，他支持偏计划性和内向性的国家金融监管，而普拉萨德和拉詹(曾于 2013 年年中被辛格任命为印度储备银行行长)则是支持市场的自由主义者。拉詹强调，布雷顿森林体系急需变得更具包

① Government of India, Ministry of Finance, "Report of the High-Powered Expert Committee on Making Mumbai an International Financial Centre" (New Delhi: Ministry of Finance, 2007). "West Asia" is India's term for what the West calls the "Middle East."

② Government of India, Planning Commission, "A Hundred Small Steps: Report of the Committee on Financial Sector Reforms" (New Delhi: Planning Commission, 2008).

③ Mathur, "Incubating an Alternative Financial Architecture Within BRICS." See also Manjeet Kripalani, "BRICS Headquarters in Mumbai," November 7, 2014, at http://www.gatewayhouse.in.

容性，他表示："合法性很重要……合法性不只是关于配额，不只是关于由谁来任命组织的头头，而是关于议程的分享，关于摆到桌面上的事情的透明性问题，以及让每个人都有机会来解决问题。"①

因此，印度对于如何以及为什么要改革全球金融及其治理有自己的想法，但它缺乏单独实施这些想法的资金或影响力。鉴于新开发银行理念最早由印度提出（因此，印度也许私下里认为印度而非中国或俄罗斯更适合来管理运营金砖银行），印度希望将新机构设在印度，但由于中国更为强大的经济和金融实力，印度最终同意将新开发银行的总部设在中国的上海。印度和巴西都坚决主张，在这五个国家中，初始资本认购（即有投票权的股份）应得到平等分配。据印度消息人士称，中国主张由自己的人担任新开发银行的常任行长，而不是后来确定的那样轮值，但中国最终被说服放弃了这一要求。②此外，印度被赋予了任命新开发银行首任行长的权力，而其他国家将各自任命一位副行长。2014 年，莫迪总理选择了一位著名的私人银行家 K.V.卡马特担任这一职务。卡马特当时是印度工业信贷投资银行（ICICI）的董事长，该公司是印度最成功的私人银行，过去它曾是公有制银行，在 1990 年代分阶段实现了私有化。印度工业信贷投资银行的管理层一直专注于为面向国际的印度大型企业和在印度经营的外国跨国公司提供服务：该银行以高于市场的价格提供更优质的服务，这在某种程度上是印度金融市场上的革命性战略，在印度目前的金融市场中，公有银行仍然持有 70% 的存款。通过提名卡马特，印度领导人表明了他们对待创建新的金砖集团金融机构的认真态度。

①　Victor Mallet and James Crabtree，"India's Raghuram Rajan Urges IMF and World Bank Reforms，"*Financial Times*，October 7，2015.

②　Theresa Robles，"A BRICS Development Bank：An Idea Whose Time Has Come？" S. Rajaratnam School of International Studies（RSIS），Nanyang Technological University，November 14，2012，http://www.rsis.edu.sg.

反对西方国家滥用国际金融武器

印度政策制定者显然倾向于金融市场和金融监管权力朝着有利于新兴经济体的方向进行重新分配。许多印度精英观察人士时刻关注着那些占主导地位的金融大国的不称职行为，他们认为印度至少可以做得同样好。①印度的政策精英们尤其被美国和西方国家这样一种行径所激怒，即美国常常以其战后形成的全球金融霸主地位为工具，来追求更大的外交政策目标。首先，印度人抱怨西方尤其是美国，不负责任地行使其金融权力。印度近年来曾两次受到美国制裁的伤害。1998 年印度引爆地下核装置后，由于它不愿加入《不扩散核武器条约》，美国对印度实施了贸易制裁。几乎所有的政治家和知识分子都热情地捍卫印度的一贯立场，即当所有其他拥有核武器的国家也放弃核武器时，印度将愉快地放弃核武器，但在这一点实现之前，印度有权出于防御目的拥有核武器。②最近，印度还间接地受到美国对伊朗的金融制裁的影响，原因是美国反对伊朗开发民用核能技术(而非核武器)。印度 60% 的石油进口来自伊朗，一般都是通过 SWIFT 国际清算系统支付。美国将伊朗排除在 SWIFT 网络之外，给印度造成了额外的费用和不便。③

其次，作为一项普遍原则，印度领导人反对西方通过使用武力在国外推动政权更迭的做法，他们认为这种做法是非法的。事实上，大多数印度精英认为美国冷战后的外交政策是不必要地咄咄逼人。印度政客都是主权上的鹰派，④他们本能地反对以金融制裁的方式来实施外交。因

---

① Mathur, "Incubating an Alternative Financial Architecture," 4.

② 印度的国家安全原则明确承诺"不首先使用"核武器——它们只是为了威慑。虽然印度并未改变立场，但是在 2006 年，美国总统布什仍和印度总理辛格达成了一项结束大多数对印制裁的协议。

③ Mathur, "Incubating an Alternative Financial Architecture," 4.

④ Kanti Bajpai, "Five Approaches to the Study of Indian Foreign Policy," in *Oxford Handbook of Indian Foreign Policy*, ed. David M. Malone, C. Raja Mohan, and Srinath Ragavan (Oxford, UK: Oxford University Press, 2015), 21 – 34.

此，与其他金砖国家一样，自 2012 年以来，印度就在原则上反对国际上旨在取代叙利亚总统巴沙尔·阿萨德（Bashar al-Assad）的有关活动。因此，在西方因俄罗斯对乌克兰采取军事行动而对俄实施制裁这一事件中，印度站在俄罗斯一边，也就不足为奇了。

第三，尽管印度长期以来一直有进行全球金融治理改革的想法，但并没有谁经常为此咨询印度的专家。举个例子，2010 年，时任英国首相戈登·布朗向二十国集团提议，世界上各主要经济体应对跨境金融交易征税（他称之为"托宾税"，有点类似于经济学家詹姆斯·托宾几十年前提出的建议），并以此为 IMF 注入新的资金以扩大其财源，IMF 的现有资金因为要借贷给遭受全球金融危机打击、相对较富的欧洲国家而显得有些捉襟见肘。如果不是印度等新兴经济体的强烈反对，这一提议可能真会得以实施。印度等新兴经济体坚决反对这一计划，因为它们质疑所筹集的资金将用于何种用途。印度财政部长普拉纳布·慕克吉（Pranab Mukerjee）表示，印度更愿意将其稀缺的金融资源用在印度"数千万无银行账户的人"那里。[1]2014 年，印度高级公务员阿洛克·谢尔（Alok Sheel）以个人名义在著名的《经济与政治周刊》（*Economic and Political Weekly*）上撰文，总结了印度民众对国际金融机构的一系列抱怨，他得出的结论是："国际货币基金组织实际上已经成为欧洲货币基金组织，世界银行成为一家为小国、穷国服务的银行。"[2]换句话说，布雷顿森林机构既不能满足印度的需要，也不能满足其他发展中国家的需要。

因此，印度与金砖国家进行合作并运用集体金融治略有两个重要原因：一是提高自己的发言权，推广本国的政策偏好；二是反对现有大国利用其国际金融权力来追求其政治利益。

---

① James Lamont, "India Resists Bank Tax to Seek Financial Inclusion," *Financial Times*, July 20, 2010.

② Alok Sheel, "Unraveling of the Bretton Woods Twins," *Economic and Political Weekly* 49, no. 42 (2014): 26.

处理与中国的金融和政治关系

尽管金砖国家俱乐部开展的集体金融治略取得了明显成效，但这种合作也给印度带来了挑战，尤其是如何处理与其长期竞争对手中国的关系。印度知道加入金砖集团增强了印度在全球金融和货币治理中的地位。印度领导人也认识到，中国的金融资源对金砖国家集体金融治略来说至关重要，而且在印度国内，与中国的双边贸易和金融关系也越来越重要。但与此同时，印度始终对中国的战略意图保持警惕，也不希望它因与中国走近而损害其最近改善的与西方世界的关系。①

跟中国之外的其他金砖国家一样，对印度来说，它在这个集团内部的首要任务就是处理好与中国的关系。中国自 1990 年代以来迅速崛起为世界性大国让印度感到颇为紧张和担忧。长期以来，印度政界和学界也一直认为，在消除贫困、促进出口、经济增长以及近年来在金融发展等方面，印度与中国存在竞争。②自 2009 年以来，中国一直是印度的主要贸易伙伴，但印度却并非中国的主要贸易伙伴，这就造成了一种不对称的脆弱性。印度希望扩大与中国的贸易，吸引中国对印投资，但印度不希望形成一个实际上由中国来领导的政治或经济集团。因此，印度每一

① George J. Gilboy and Eric Heginbotham, *Chinese and Indian Strategic Behavior*: *Growing Power and Alarm* (Cambridge, UK: Cambridge University Press, 2012); C. Raja Mohan, "India's Foreign Policy Transformation," *Asia Policy* 14 (2012): 108 – 110; John Echeverri-Gent, "Economic Interdependence and Strategic Interest: China, India, and the United States in the New Global Order" (South Asia Center, University of Virginia, February 28, 2014); and Herbert Wulf and Tobias Debiel, "India's 'Strategic Autonomy' and the Club Model of Global Governance: Why the Indian BRICS Engagement Warrants a Less Ambiguous Foreign Policy Doctrine," *Strategic Analysis* 39, no. 1 (2015): 27 – 43.
② The tradition of fraught China/India comparisons by Indian scholars includes, among its most sophisticated entries, Jean Drèze and Amartya Sen, *Hunger and Public Action* (Oxford, UK: Oxford University Press, 1989). The dust jacket of a recent comparative volume notes that it is "unusual" in not focusing on "lags" and "competition" between the two giants. Delia Davin and Barbara Harriss-White (eds.), *China-India*, *Pathways of Economic and Social Development* (Oxford, UK: Oxford University Press, 2014).

次加深与中国的经济合作，都相应地伴随一些其他有意的公开行动来对之加以平衡，以表明印度在亚洲和世界上还有其他一些朋友。用印度一资深智库学者桑贾亚·巴鲁（Sanjaya Baru）的话说，只要中国"拒绝扩张主义历史观，愿意建立一个多极化世界"，印度就乐意与中国进行合作。①

在印度国内，对与中国合作的担忧来自多个方面。安全问题专家表示，他们担心与中国一起参与多边金融机构可能对印度构成安全威胁，他们还估计，即便新开发银行和应急储备安排开始运作，印中之间的竞争仍将继续。②例如，印度前外交部长希亚姆·萨兰（Shyam Saran）虽然也热情表示支持新开发银行，但他担心印度可能对中国形成依赖，因此他以一种外交辞令的口吻说道："在某些情况下，我们的利益与美国和欧洲更为接近，而在某些情况下，我们与中国更接近。"③就连印度国内最支持金砖集团的孟买商界和金融界，也对中国感到担忧。最近在中国举行的一次"金砖国家研究"会议上，一位报告人表达了印度方面的担忧，"如果中国想与其他金砖国家及其他新兴经济体开展合作，并提出一种新的发展理论，那么它必须解决其内部社会问题"。④

中国和西方之间的战略平衡是印度生存的关键。因此，印度希望看到西方列强减少它们在国际货币和金融市场中的霸权行为，并不意味着印度就支持中国主导地位的增强。一方面，许多印度人认为提高人民币在国际上的流通使用率，是向南方国家重新分配权力的积极步骤。一位Gateway House 智库的评论员对人民币被纳入 IMF 虚拟货币即特别提款权表示欢迎，他认为此事表明了"国际货币基金组织确实有意将新兴市场

① Sanjaya Baru, "India and China in a Multipolar World," *The Hindu*, May 11, 2015. See also G. Parasarathy, "Uncertainties Prevail: China Offers No Concessions to U.S.," *The Tribune*, February 1, 2011.

② Ajith Vijay Kumar, "BRICS Development Bank: What's in It for India?" *Zee News*, July 16, 2014, http:// zeenews.india.com.

③ Akshay Mathur, "Shyam Saran: BRICS Must Deliver a Development Ban"; interview with former foreign secretary, March 15, 2013. Available at http://www.gatewayhouse.in.

④ Rajrishi Singhal, "New Concepts for BRICS," October 7, 2015, http://www. gatewayhouse.in.

国家纳入到国际货币体系的日常运转和决策中来"，他乐观地认为"将人民币纳入特别提款权很可能是今后将其他新兴市场国家的货币也纳入特别提款权的第一步"。①但另一方面，印度的官方和私人分析人士仍然对人民币在全球金融和贸易市场中发挥更大作用的前景保持警惕，并认为中国的货币政策取向未必对印度有利。《印度时报》（*Times of India*）的一篇文章报道称，辛格总理2010年11月从二十国集团首尔峰会回国时，一反常态地直言："盈余国家与赤字国家之间的关系不是一个技术问题……国际金融机制本质上是一种权力机制。"文章作者还进一步说："在谈到中美货币战问题时，辛格总理说，中国不能逃避其重建国际平衡的责任。"②

2011年，时任印度储备银行行长苏巴拉奥（Duvvari Subbarao）抱怨说，人民币的贬值正在伤害印度。③2015年年中，萨兰写道，只要中国仍然是"社会主义国家"，人民币就"不可能"成为国际储备货币。④高级经济评论员耶尔（P. Vaidyanathan Iyer）认为，金砖国家之间的本币贸易对中国的好处将大于对印度的好处。⑤对于中国在逐步金融市场化过程中面临的一些困难，例如2015年中期发生的股市和汇率的波动，印度有些地方的人士几乎是不加掩饰地感到高兴，因为孟买的金融家们希望中国投资者因此将其投资撤出中国，投放到更加成熟和稳定的印度资本市场。然而，印度储备银行行长拉詹却认为有必要为中国辩护。⑥

① Anoop Singh, "SDR: Renminbi Must Reform Further," December 10, 2015, http://www.gatewayhouse.in.

② Indrani Bagchi, "US-China Currency War a Power Struggle," *Times of India*, November 14, 2010.

③ Reuters, "China Keeping Currency Low 'Hurts' India: RBI," *Reuters*, February 8, 2011.

④ Shyam Saran, "An IMF Boost for China's Currency," *Business Standard* (India), June 9, 2015.

⑤ P. Vaidyanathan Iyer, "Why BRICS Trade in Local Currency Doesn't Work for India," *Indian Express*, July 13, 2015.

⑥ James Crabtree and Josh Noble, "Fearful Chinese Investors Look to India," *Financial Times*, July 28, 2015; "Wrong to Blame China Entirely for Global Rout: India Central Bank Chief," BRICS Post, August 26, 2015.

即便是亲金砖集团的智库首脑马瑟也不认为人民币国际化是对美元霸权一种可行的集体回应，他对近年来兴起的"中国金融架构"持谨慎的批评态度，这一架构为中国提供了更多的外部选项。马瑟指出，亚投行"分散了本应投给金砖银行的精力"，中国为中亚基础设施建设提供资金的"一带一路"倡议可能"迫使较小经济体不得不采用以人民币为基础的金融体系"，这对印度的跨国企业没有好处。①

近年来，两国间的经济关系和针锋相对的政治角力都有所加强。2014 年初，日本首相安倍晋三承诺在基础设施领域提供 320 亿美元的外国直接投资，报道称，这让印度官员预计，习近平在 2014 年晚些时候访问印度时，可能会向印度承诺提供最高将达 1 000 亿美元的外国直接投资。但在 2014 年 9 月的莫迪—习近平新德里峰会上，习近平只承诺提供 200 亿美元的用于铁路和其他基础设施的中国直接投资。②

此外，在莫迪显示肌肉的外交政策下，印度试图在金砖俱乐部内推进进一步的谈判。据报道，莫迪试图重新考虑新开发银行选址的决定，其他人只好提醒他，其前任已经同意将该银行的总部设在上海。③一位评论人士认为，只有当中国同意如下交换条件时，莫迪才会不再反对此前新开发银行的选址决定，即如果莫迪同意有关新开发银行的协议，那么中国应放弃其长期以来反对印度成为上合组织正式成员的立场。当然，尽管印度的竞争对手巴基斯坦也可能将被接纳为上合组织的正式成员，但莫迪政府认为印度已经走在了前面。④

总之，对于中国在全球金融市场上迅速挤压美国的行为，印度最多

---

① Mathur, "Incubating an Alternative Financial Architecture," 6.

② Jane Perlez, "US-India Ties Deepen: China Takes It in Stride," *The New York Times*, January 27, 2015.

③ 莫迪也在应对来自孟买私人金融界的压力，他们认为他不会轻易屈服，见 Manjeet Kripalani, "Guest Post: Mumbai Should Host the BRICS Bank," *Financial Times*, July 14, 2014。

④ D. A. Mahapatra, "India in an Expanded SCO," September 9, 2015. Available at http://www.gatewayhouse.in.

只给予了外交姿态上的支持(至少在金砖国家联合宣言中如此),而非发自内心的支持。诚然,很少有印度政治或政策精英愿意看到中国取代或成为美国(或更普遍地说西方)在国际金融体系顶端的真正竞争对手,但印度希望全球金融权力呈现更加均匀的分布。然而,就目前而言,印度政策制定者只看到与中国和其他金砖国家开展合作以打击西方傲慢的好处,却不支持中国成为与西方同等的大国。

巴西利亚的考量: 提高地位,吸引投资

本部分主要讲述巴西在中左翼政府掌权的十三年半时间内在金砖框架下的活动。这一时期里,巴西先后有两位来自劳工党(PT)的总统: 路易斯·伊纳西奥·卢拉·达席尔瓦(2003 年 1 月至 2010 年 12 月)及迪尔玛·罗塞夫(2011 年 1 月至 2016 年 5 月)。该国加入金砖集团主要出于三方面原因。首先,该国曾领教过全球金融危机在颠覆政府及破坏经济方面的威力,巴西的经济政策制定者对如何更好地管理经济有了一定的想法。第二,在该国政策制定者看来,金砖组织财政体制构想与巴西历来推崇的"不对抗"的价值观及巴西外交官所秉持的"普遍主义"(universalism)理念相吻合。在巴西看来,金砖集团是全球南方国家的联系枢纽,巴西可以在其中发挥领导作用。第三,该国政策制定者希望借此加强与中国及亚洲的经济金融联系,以获得实际利益,尽管此前巴西的类似期望曾落空过,使得它如今的这种期待并不是特别高。

巴西对全球金融治理的看法

每个金砖集团的成员国都曾经历或深入研究过近几十年内发生的银行危机及国际金融危机。巴西对动荡的资本市场在掀翻领导人及重塑政治、经济规则中的作用尤为敏感——就像在 1964 年、1982 年、1994 年、

1999 年、2002 年、2007 至 2009 年所发生的一样。①例如，当前激进工会成员卢拉在 2002 年总统选举第一轮投票中赢得多数票时，恐慌情绪在巴西及外国投资者间蔓延，随之引发银行挤兑，使巴西货币在两周内下跌近 40%。直至该候选人以书面形式承诺将延续其前任适度保守的宏观经济政策，并获得国际货币基金组织的紧急信贷后，混乱局面才得到遏制。②

巴西和印度一样，均与华盛顿在国际金融机构(包括世界银行、国际货币基金组织、美洲开发银行及其他地区开发银行)及智库(包括极富影响力的联合国拉丁美洲和加勒比经济委员会，ECLAC)中有着长期密切的互动，这种亲密关系有时会转化为一种非正式影响力。③例如，在 1980 年代，巴西经济学家经过数年游说，成功使世界银行在裁定巴西是否符合贷款条件时，按照巴西本国的公共债务定义(不包括利息偿付，从而减少了公债总额)，而非世行通行的定义。但是，上述非正式影响并不能长久维持，且不可预测性极强。巴西人十分清楚自己的国家易受国际"市场情绪"的影响，因此，他们渴望加入那些承诺在当前全球货币及金融治理中为新兴经济体投入更多的可信机制中。近期，一位来自纽约的激进派地方法官判决凡是私人债券持有人若在美国法庭中有针对阿根廷的未决诉讼，就禁止美国银行与阿根廷开展业务往来，巴西政策和商业精英对此都深感震惊。④巴西一直致力于提高它在全球金融政策制定中的话

---

① Jeffry A. Frieden, *Debt*, *Development*, *and Democracy*: *Modern Political Economy and Latin America*, *1965 – 1985* (Princeton, NJ: Princeton University Press, 1992); Peter R. Kingstone, "Brazil: Short Foreign Money, Long Domestic Political Cycles, " in *Financial Globalization and Democracy in Emerging Markets*, ed. Leslie E. Armijo (New York: Palgrave, 2001), 151 – 176.

② Philippe Faucher and Leslie E. Armijo, "Crises Cambiais e Estrutura Decisória: A Política de Recuperação Economica na Argentina e no Brasil, " *Dados* 47, no. 2 (2004): 297 – 334.

③ For example, the paper that sparked the term "Washington Consensus" was written by a DC-based Brazil specialist. John Williamson, "What Washington Means by Policy Reform, " in *Latin American Adjustment*: *How Much Has Happened?* ed. John Williamson (Washington, DC: Peterson Institute for International Economics, 1990), non-paginated version posted at https://piie.com.

④ Antonia E. Stolper, "Argentina's Debt: A Conflict of Principles, " *Americas Quarterly*, Winter 2015.

语权。卢拉及罗塞夫执政时期，该国左翼经济学家、国际货币基金组织执行董事会代表保罗·诺盖拉·巴蒂斯塔在美国享有极高知名度，他不仅代表了巴西，还代表着十一个拉美国家及葡语发展中国家。当年，在全球金融危机期间及危机之后，巴蒂斯塔在 YouTube 上用英语、西班牙语及葡萄牙语接受了大量采访，其观点极富煽动性，收获了大批忠实"粉丝"，在拉美左翼政客、学者及俄罗斯、中东的英语媒体中十分受欢迎。巴蒂斯塔有时还会违反指令。例如，在 2013 年年中，他拒绝投票支持国际货币基金组织对希腊的救援计划，因为他认为该方案不合理且具有惩罚性。①随后，他被召回巴西利亚，巴西财政部长曼特加再次要求他支持该方案，他才终于答应，但他在 IMF 的职位仍得以保留。

2011 年，二十四国集团（由发展中国家财政官员组成的常设组织，常在华盛顿举行非正式会晤）希望与巴蒂斯塔及其他驻世界银行及国际货币基金组织的巴西代表一起协商前哥伦比亚财政部长何塞·安东尼奥·奥坎坡竞选世界银行行长一事（参阅第三章），但巴西在此事中再次扮演了恶人角色。2015 年，巴蒂斯塔获得了新开发银行巴西籍副行长的职位。

另一位著名的巴西经济学家是奥塔维亚诺·卡努托（Otaviano Canuto）。他曾任世界银行副行长（2009 年至 2013 年）、金砖事务高级顾问（2013 年至 2015 年），并接替巴蒂斯塔担任国际货币基金组织执行董事会代表。卡努托就新开发银行撰写了多篇专业论文及评论，例如，他呼吁南方国家用剩余的外汇相互投资，而非投资低收益的美国国债。②总体而言，巴西认为新兴经济体应在全球金融治理中发出更多声音。

---

① Peter Spiegel, "Latin American countries rail over Greek bailout," *Financial Times*, July 31, 2013.

② See the archive of Canuto's regular contributions on the subject of the BRICS and emerging economies' finances at the website of the London-based Capital Finance International (http://cfi.co).

巴西对外政策传统：亲西方、理想主义——亲南方

巴西与金砖国家在金融治理方面的合作乃基于该国最重要的对外政策传统。[①]从语言、宗教、文化、长期民主（曾被打断）和自由主义政策传统等方面来看，巴西算是西方国家。此外，它还具有独立的外交传统，即重视通过和平手段解决争端，美国人称之为理想主义。许多巴西人，包括但不限于左翼人士，对现实主义强权政治深表怀疑。他们常视美国为国际政治中的霸凌者，冷战时期美国对拉丁美洲和加勒比地区的干预便是最好例证。目前，巴西与主要大国间虽无重大、持久的利益冲突，但它对包括美国在内的七国集团忽视巴西的重要性感到非常沮丧。

巴西一直大力推动南南合作，积极拉近与发展中国家、新兴经济体及崛起国之间的关系。自1985年结束长达二十年的军政府统治后，巴西将加强与其他重返民主的地区邻国间的关系作为其对外政策的首要目标。例如，巴西总统若泽·萨尔内（José Sarney）与阿根廷总统劳尔·阿方辛（Raúl Alfonsín）共同发起了南方共同市场（MERCOSUR，包括乌拉圭、巴拉圭在内），希望通过加深区域经济联系来防止军人干政。与此同时，与西半球大国——美国的关系仍是巴西对外关系中的最重要一环。1990年代中期，在中右翼总统费尔南多·恩里克·卡多佐（Fernando Henrique Cardoso，1995年1月至2002年12月）领导下，巴西自信心日益提升，于是开始超越南方共同市场范畴，尝试与其他南美国家及西欧国

[①] 关于巴西外交政策的延续性，见 G. Dupas and T. Vigevani (eds.), *O Brasil e as Novas Dimensões da Segurança Internacional* (São Paulo: Alfa-Omega, 1999); Sean Burges, *Brazilian Foreign Policy After the Cold War* (Gainesville: University of Florida, 2009); Sean Burges, *Brazil in the World: The International Relations of a South American Giant* (Manchester, UK: Manchester University Press, 2016); Oliver Stuenkel and Matthew M. Taylor (eds.), *Brazil on the Global Stage: Power, Ideas, and the Liberal International Order* (New York: Palgrave Macmillan, 2015); and Adriana Erthal Abdenur, "Brazil as a Rising Power: Coexistence Through Universalism, " in *The BRICS and Coexistence: An Alternative Vision of World Order*, ed. C. de Coning, T. Mandrup, and L. Odgaard (London: Routledge, 2015).

家建立多边联系。

继任总统卢拉虽属中左翼，但仍继续推行卡多佐时期的政策倡议。在卢拉领导下，巴西加入了由委内瑞拉总统乌戈·查韦斯（Hugo Chávez）发起组建的美洲玻利瓦尔替代计划（ALBA），并在建立南美洲国家联盟（UNASUR，2004 年开始发起，2008 年正式成立）中发挥了关键作用。在 2003 年组建印度—巴西—南非对话论坛时，卢拉称，巴西的目标是将人们的关注焦点从陷于恐怖主义和经济疲软的八国集团转移至发展中国家身上。巴西外交部长塞尔索·阿莫林（Celso Amorim）表示，欢迎中国和俄罗斯加入该组织。①不久后，俄罗斯邀请巴西加入金砖集团，金砖国家于 2006 年国际货币基金组织及世界银行会议期间举行了首次部长会晤。以上这些南南合作倡议似乎都非常成功。②2009 年 1 月，卢拉拒不参加达沃斯世界经济论坛年会这一"全球资本主义峰会"，却与查韦斯总统一道出席了在巴西亚马孙州贝伦市举行的"反达沃斯"世界社会论坛。

自卡多佐时代起，巴西在地区内外事务中的参与度日渐提高。例如，当委内瑞拉出现偏离民主的迹象时，巴西呼吁各方摒弃公开对抗，代之以幕后磋商。③21 世纪初，巴西参与了多项重要的区域外外交事务，尤其是 2010 年，巴西与土耳其一道，以富有创新性、针对性的方式，调解伊朗与西方在核问题上的对峙；2011 年，巴西建议联合国修改在 2005 年制定的《保护责任》的基本原则。2011 年，在美国、英国对利比亚发动的袭击中，叛军杀死了总统卡扎菲。巴西认为该行为"令人发指"，并就针对平民的"保护责任"提出了新想法，试图推动以人道主义干预及和谈来取代武力夺权。④巴西也因此而被西方大国指责为"为独裁

---

① *Reuters*, "Brazil, India, and South Africa: Form G3 to Counter G8," *The Hindu*, June 7, 2003.

② Brazilians conceive of the BRICS as "South-South" cooperation.

③ Eliane Cantanhêde, "Celso Amorim: 'Sempre Digo que Pelé só Teve um; Igual a Lula Não Vai Ter,'" *Folha de São Paulo*, November 15, 2010.

④ Burges, *Brazil in the World*, 59 – 64; Xenia Avezov, "January 13: 'Responsibility While Protecting': Are We Asking the Wrong Questions?" http://www.sipri.org, January 13, 2013.

者提供援助和宽慰"。但在巴西国内看来，美国及部分七国集团成员国有关的言论霸道而虚伪。①

　　对巴西来说，它加入金砖集团的首要目的是提升其国际地位，这符合巴西一贯倡导的"软制衡"战略原则，即加强与中等国家的合作，提升巴西在美国等大国主导的多边机制中的话语权。②巴西的"软制衡"概念最早可追溯到1980年代，至今仍是巴西外交官培训课程中的核心内容。巴西希望发挥自身领导力，将南方国家打造成"欧盟模式"。总统卢拉曾以极富个人特色的方式阐释了这一想法。2009年，当卢拉被《金融时报》问及金砖集团是不是一个"有意义的团体"时，他答道："当然。你看看欧盟，三十年前它似乎不可能发展成像今天这样……这就像你认识了一个新女朋友，如果你只盯着她的缺点，你将一无所获，但如果你关注到她的优点，你们就可能结婚。"③

　　根据以上观点，我们便能理解为何在俄罗斯因乌克兰局势而受到西方金融制裁时，巴西愿意站在俄罗斯一边。不然，巴西的这一看似与"维护民主、国家主权和不干预"相悖的做法就比较容易使人产生疑惑。巴西以其一贯主张的劝服和不对抗原则来解释其做法：即便巴西领导人强烈反对普京的行为，他们还是更反对对俄进行公开批评，因为这毫无用处。④此外，巴西与其他金砖成员国对它们被排除在全球交易之外感到不满，这促使它们联合起来反对西方金融制裁。而且随着俄罗

　　① Paulo Enrique Amorim, "Lula Sobre Irã: Obama Traiu!" *Conversa Afiada*, July 18, 2010; Clóvis Rossi, "EUA Deveriam Ter Levado a Sério Acordo Entre Brasil, Turquia e Irã," *Folha de São Paulo*, April 4, 2015.
　　② Daniel Flemes and Miriam Gomes Saraiva, "Potencias Emergentes na Ordem da Redes: O Caso do Brasil," *Revista Brasileira de Política Internacional* 57, no. 2 (2014): 214-232, especially see p. 227; Daniel Flemes, "O Brasil na Iniciativa BRIC: Soft Balancing Numa Ordem Global em Mudança," *Revista Brasileira de Política Internacional* 53, no. 1 (2010): 141-156.
　　③ "Interview Transcript: President Luiz Inácio Lula da Silva," Lionel Barber and Jonathan Wheatley, *Financial Times*, November 8, 2009.
　　④ Oliver Stuenkel, "Why Brazil Has not Criticized Russia over Crimea," Policy Brief, Norwegian Centre for Conflict Resolution-NOREF, May 2014.

斯与欧盟的贸易联系的减少，俄罗斯与巴西的贸易关系得以加深，巴西农产品因而拥有了更广阔的市场，不过，这是此事的结果，而非原因。

总体而言，巴西加入金砖集团并非意味着巴西对外政策站上了新起点，因为其相关理念在该国政界、学术界、媒体界中早有体现。金砖集团及其金融治略对巴西最有价值的一点便是能够帮助巴西提升国际地位和话语权。例如，巴西官员对该国与印度、中国一道于 2009 年认购国际货币基金组织首次发行的国际债券，从而成为该组织债权人感到特别自豪(参阅第三章)。在布雷顿森林体系内，巴西经济政策制定者已经做好足够部署，以确保该国能够在重要议题上保持灵活性，但他们无法对该体系的议程或规则加以改变。借助金砖集团，巴西既可推动其国内改革，又能进行外部选择。

国内政治

短期的政治、经济挑战使得卢拉和罗塞夫政府更积极地参与金砖事务。这两位来自劳工党的领导人需要向他们的核心支持者表明，尽管对于一个庞大的联邦制、总统制的民主国而言，时常需要做出某些妥协，包括延续前总统卡多佐的中间派宏观经济政策，但他们并未放弃马克思主义理想。[1]巴西其实早已开始与其他发展中国家及新兴大国建立联系，但该国真正开始发出野心勃勃的外交辞令、强调南方国家应在地缘及意识形态上团结一致、反抗西方霸权是在 2003 年之后。

虽然劳工党领导人能够从反对美国霸权中获取政治利益(主要在巴西国内)，但巴西政府与金砖国家在金融治略上，尤其是货币发行及国际货币政策上的立场并非始终保持一致。总的来说，巴西与印度均乐于以削弱美元霸权作为集体目标。在俄罗斯叶卡捷琳堡举行的首届金砖峰会

---

① Interview, Miriam Saraiva, Rio de Janeiro, June 2015.

上，金砖集团关于支持"新的全球货币"、减少美元在货币储备中作用的表态在巴西内部广受好评。2010 年 9 月，曾在卢拉政府的两届任期及罗塞夫政府的首届任期内担任财政部长的曼特加宣称，全球，主要是美国和中国，都卷入了一场"货币战争"。这一表态也使曼特加的全球知名度迅速攀升。

在金砖国家中，曼特加或许是最希望中国和人民币在国际社会上扮演更重要角色，以对抗美国在全球金融市场上的霸权及有害影响的人。正如巴西外交部长阿莫林两个月后所说的一样："中国不是我们最大的问题，美国才是。"①但是，正如本书第三章中介绍的第四个金砖国家金融治略案例——"人民币国际化"所探讨的那样，相较于美国，尚不清楚中国货币政策是否真的对巴西更为有利。人民币在全球市场（相比于东亚地区）中扮演更重要角色可能并不符合巴西的利益。②

简而言之，巴西政府对金砖集团的重视程度随着国内政治、经济状况而起伏不定。巴西参与金砖集团事务可划分为几个不同阶段，它一方面与巴西自身政治、经济状况有关，另一方面与巴西和中国（在金砖集团中占主导地位）的关系有关。例如，2008 年，部分得益于中国对大宗商品的巨大需求，巴西经济涨势可观。随后，全球金融危机来袭，从美国一直蔓延至其他资本主义国家，巴西的汇率如坐过山车般大涨大跌。不过，2009 年初，巴西与包括印度、中国在内的部分新兴经济体成功遏住了衰退趋势，先于发达工业国家从全球经济衰退泥潭中抽身，巴西政府及评论家为此欢呼雀跃。③财政部长曼特加表示，巴西可以"实现生产力质的飞跃"，"在后危机时代中抓住机遇"，并强调了巴西国家经济和社

① Cantanhêde, "Celso Amorim."
② 一位巴西贸易谈判代表于 2015 年 6 月在巴西圣保罗接受采访时强调了这一点，也可参见 Martin Wolf, "Currencies Clash in New Age of Beggar-My- Neighbor," *Financial Times*, September 28, 2012。
③ See Wise et al. (eds.), *Unexpected Outcomes*; and Leslie Elliott Armijo and John Echeverri-Gent, "Brave New World? The Politics of International Finance in Brazil and India," in *The Financial Statecraft of Emerging Powers: Shield and Sword in Asia and Latin America*, ed. Leslie E. Armijo and Saori N. Katada (New York: Palgrave Macmillan, 2014).

会发展银行(BNDES)、该国大部分国营石油公司、巴西国家石油公司及具有庞大国内市场的新兴大国——"中国、印度、巴西"——在推动未来全球经济增长中的关键作用。①在此背景下，许多劳工党政客及意见领袖很自然地认为巴西可脱离美国、欧洲的轨道，转而与新兴经济体加强联系。

金砖国家的这份欣喜之情一直延续至2013年初。那时，卢拉选定的接班人、劳工党忠实成员、原技术官僚迪尔玛·罗塞夫已开始执政，她保留了财政部长曼特加及其他卢拉内阁团队成员，他们十分自信且持明确的发展主义观点。然而，自2014年起，该国政治、经济丑闻不断发酵，多名高官卷入贪腐案件，其中大部分来自劳工党及巴西国家石油公司(巴西最大、最受尊敬的企业)。②由于罗塞夫领导不力及该国政治体制缺陷，行政立法未能在最佳时机得以推进。③自罗塞夫2014年10月再次当选，至其2016年年中离职，原本可控的危机不断升级，最终将巴西拖入螺旋式下滑的深渊。此后，无论是对于里约奥运会还是金砖集团，巴西参与国际倡议的热情逐渐下降。

中国——劳工党最后的投资者？

随着时间流逝，上述变化在巴西高层政策制定者及意见领袖对中国的态度转变中体现得尤为明显。最初，巴西寄望于通过金砖合作来更好管理他们与中国之间日益紧张、问题频出的经济关系。自大约2000年起，巴中经济联系快速深化。仅仅十年时间内，中国就从一个

① Jonathan Wheatley, "Guido Mantega: Interventionist Basking in New Economic Orthodoxy," *Financial Times*, July 6, 2009; see also "Carteira do BNDES na América do Sul Soma $US 15.6 Bilhões," *Valor Economico*, August 27, 2009.
② Matthew M. Taylor, "Brazil in the Crucible of Crisis," *Current History* 115, no. 778 (2016): 68 – 74.
③ Carlos Pereira, Timothy J. Power and Eric D. Raile, "Presidentialism, Coalitions, and Accountability," in *Corruption and Democracy in Brazil: The Struggle for Accountability*, ed. T. J. Power and M. M. Taylor (Notre Dame, IN: University of Notre Dame Press, 2011).

以往对巴西而言不甚重要的国家转变为该国高层决策者心目中的金融救星，中国的发展模式也被许多巴西人认为是可效仿借鉴的。①2009年，中国成为巴西第一大贸易伙伴，取代了享有该地位数十年的美国。

虽然巴西高级官员对金砖集团的态度比较积极，但其他巴西人，尤其是亲市场（即"新自由主义"）的经济学家、商业领袖更倾向于卡多佐总统的中右翼经济政策。他们对放弃饱受批评、不对称的巴美关系，代之以同样不对称的巴中关系抱有疑虑。巴西精英媒体常就巴中经济、金融关系进行讨论，其中不乏批评的声音。②例如，在2000年后的"大宗商品超级周期"中，中国对巴西铁矿石、大豆等原材料、食品的需求极速上升，这虽为巴西带来利好，却改变了巴西的出口特点（截至2000年，巴西以出口汽车零配件、支线飞机为特色），使该国出口结构倒退回以初级产品为主。这一变化给巴西政界、学界带来极大困扰。另外，为获得低价产品并确保供应安全，中国公民似乎还使用政府资金收购了巴西大片农业用地。于是，巴西在2010年通过立法，限制外国人在巴西购地，并在2013年进一步收紧有关政策。③

然而，巴西经济于2012年末开始下滑，其经济形势在2014年腐败丑闻发酵后愈加严峻。在此背景下，罗塞夫总统在外汇储备仍然充足的情况下却转向中国。这时，对巴西来说，中国不再是平等的合作伙伴，而更像是救世主。2009年，巴西国家石油公司出人意料地宣布，在里约热内卢海岸发现大型深海油田。此事迅速成为各方关注焦点，各国私企、美国进出口银行、巴西国家经济和社会发展银行分别做出65亿美元、20亿美元及125亿美元的投资承诺。最后巴西接受了中国国家开发银行提出的100亿美元贷款，这几乎可以说是巴西对中国的一种善意，但巴西反

① "The New Trade Routes: Brazil and China," *Financial Times*, May 23, 2011.
② Andre César Cunha Leite, "O Que Esperar das Relacões Comerciais Entre Brasil e China Diante o Cenário Atual?" *Opera Mundi*, February 7, 2014.
③ *Reuters*, "Brazil Landowners' Group Contests Limits on Foreign Land Purchases," April 17, 2015. Posted at http:// www.producer.com, an agribusiness news aggregator.

对进一步接受更多的人民币贷款。①巴西总统卢拉及中国国家主席胡锦涛在北京会晤时，一致同意研究用当地货币进行贸易结算并对非洲生物燃料（巴西对此积极性很高）发起联合投资的可行性。中国还承诺取消对巴西家禽和牛肉的进口限制。巴西中央银行的一位官员强调，两国间的讨论未涉及若巴西像其南部邻国阿根廷一样无法获得硬通货时，双方能否进行"货币互换"，而是在互相平等的基础上加强两国联系和扩大贸易。②卢拉对媒体表示："巴西不惧怕中国，中国也不惧怕巴西。"③

2013 年，巴西政府关于巴中关系的表述中已不见多少自夸言论，而是明确表示希望中国利用其财政资源拯救巴西。2014 年及 2015 年初，持发展主义观点的罗塞夫总统不得不违背自身意愿，宣布了一系列大规模私有化的计划，将多项基础设施、特别是交通设施的特许经营权拍卖给私人企业。但是，由于私人投资者缺乏兴趣，数场拍卖被迫叫停。另外，行业中的大蓝筹、相当于皇冠上明珠的巴西国家石油公司的多名高管深受腐败丑闻牵连，使得该公司长期稳定的市值在 2014 年下降了60%，严重影响了它原本令人艳羡的国际信用评级。有分析认为，在国际油价下跌的叠加影响下，该公司或将蒙受高达 200 亿美元的损失。④受此影响，巴西国家石油公司取消了扩张性的资本投资计划。财政部长曼特加（在 2008 年至 2009 年的全球金融危机中，他决定让巴西作出扩张性反应，且不合理地延续该政策）也因 2013 年至 2014 年的经济下滑及公共财政恶化而受到指责，并于 2015 年 1 月由若阿金·莱维接替了其职务。莱维是一名正统且不属于任何政党的著名经济学家，他立即采取行动削减政府开支，

---

① "China Ready to Lend Brazil More Money, Yuans, However, not Dollars," *Brazzil*, May 24, 2009.

② Jonathan Wheatley, "Brazil and China in Plan to Ax Dollar," *Financial Times*, May 19, 2009.

③ "Lula Quer Parceria Com a China Para Produzir Biocombustíveis na África," *O Estado de Sao Paulo*, May 20, 2009.

④ Madison Marriage and Joe Leahy, "The Big Picture: Problems at Petrobras as Investors Seek Damages," *Financial Times*, April 5, 2015.

但因受到执政联盟及中右翼反对党(若非出于政治目的,中右翼是会合作的)的抵制,而难以推行其政策主张。①

在罗塞夫总统陷入困境后,其政府公关人员对 2015 年 5 月中国国务院总理李克强对巴西的访问进行了大力宣传。在这次访问中,中国承诺将向巴西作出主要面向交通、电力和其他领域基础设施高达 530 亿美元的投资。②然而,尽管如此,巴西国内的反对派及媒体仍对这些项目能否付诸实施持高度怀疑的态度。有人质疑,连接巴西大西洋海岸和秘鲁太平洋港口的越洋铁路项目甚至都没有经过仔细的可行性研究。③

尽管巴西政府作出了大量努力,试图将此次访问描绘成一次平等的伙伴间交流,甚至鼓吹巴西赢得了更多好处,但巴西主流精英媒体普遍对中国的动机和总体可靠性抱有怀疑。巴西很多观察人士想起了 2004 年 5 月,时任中国国家主席胡锦涛在卢拉政府第一任期时对巴西进行的类似访问。当时,中国请求巴西支持中国在 WTO 中的"市场经济地位",而这将使那些认为自己受到中国倾销或 WTO 非法补贴损害的巴西企业更难对中国发起投诉,但巴西政府对中国的这一请求给予了支持。巴西人认为,作为回报,他们会得到中国高达 500 亿美元的巨额投资承诺,其中很多投资项目与 2015 年 5 月这次访问非常相似,包括较早版本的越洋铁路,但这些投资承诺最终没有落实。④

2015 年底,标准普尔(S&P)和惠誉国际评级(Fitch Ratings)分别在 9 月和 12 月将巴西国债评级下调至垃圾级。由于巴西的宏观经济问题,即使是最优秀的巴西公司在全球私人市场上也越来越难以获得国际资本的

---

① 尽管莱维本人深受金融市场的欢迎,但他因为要为巴西主权债务评级下调承担责任而于 2015 年 12 月辞职。巴西总统罗塞夫显然认为,她草率实施的传统财政政策没有奏效,于是让规划部长纳尔逊·巴博萨(Nelson Barbosa)取代了莱维。巴博萨在 2016 年初宣布了新一轮政府支出,以刺激巴西经济。2015 年,巴西经济萎缩了 3.7%。

② "Parcerias Preveem Investimentos de Mais de US $53 Bilhões," *O Estado de São Paulo*, May 19, 2015.

③ Eliane Cantanhêde, "De Pires na Mão," *O Estado de São Paulo*, May 20, 2015.

④ Richard Lapper, "Increase of Trade Reveals Beijing's Growing Profile in Latin America," *Financial Times*, March 9, 2005.

支持，因此，2015年4月曾承诺向巴西国家石油公司提供35亿美元资金的中国国家开发银行，在2016年1月将这一数额增加到了100亿美元。①

随着危机的持续，中国当然不能也不愿成为罗塞夫政府的救世主。2016年5月，支持率已跌至个位数的罗塞夫被巴西国会强制停职，等待参议院就她操纵公共财政的指控对她进行进一步审议，她的弹劾案审判最终在8月以对她不利的判决结束。代表中间偏右联盟的代总统米歇尔·特梅尔(Michel Temer)迅速采取措施，将经济和外交政策向右调转，这清楚地表明，巴西正将其与金砖集团的关系以及更广泛意义上的南南关系进行降级，转而更加重视与美国和欧盟的关系。尽管如此，巴西新任外交部长——一位在美国接受过严格训练的经济学家、参议员和圣保罗市前市长塞拉(Jose Serra)仍小心翼翼地强调，中国和印度依然是巴西的"关键合作伙伴"。②即使中间偏右势力在2018年底举行的选举前很可能继续掌权，但巴西将继续参与金砖集团活动以及金砖集团实施的项目。特梅尔总统或他的继任者甚至可能让PNB继续担任新开发银行中的巴方副行长(尽管他们已经迅速更换了几乎所有由卢拉总统和罗塞夫总统任命的其他高级官员)。然而，巴西未来将更多地根据自身中短期商业和投资利益的考量来与金砖国家间开展合作，重点是不能与美国相疏离。巴西领导人希望对中国这个正在崛起的经济大国两面下注，但从中期来看，他们仍期望从与美国的合作中得到更多。

在金砖国家与西方之间保持平衡

本节认为，巴西领导人对于巴西参与金砖国家集体金融治略及其他

---

① Julia Leite and Paula Sambo, "Petrobras's China Cash Stems Bond Tumble, but Comes with a Stigma," *Bloomberg*, April 5, 2015; Lucinda Elliott, "Brazil Faces IPO Shutdown," EM Squared blog of online *Financial Times*, December 11, 2015.

② Daniela Lima, Valdo Cruz and Machado da Costa, "Serra Promote Mudanca Radical e Política Externa sem Partidarísmo," *Folha de São Paulo*, May 18, 2016.

更广泛的金砖集团活动有其自身独特的立场、观点和关切。这种独特性体现在如下几个方面：巴西重外交而轻军事的外交传统；对国际危机的"不干预"政策；中立主义（"普遍主义"）；以及利用南南合作中等国家俱乐部来提高话语权和自主性。巴西一直将新开发银行视为一个致力于基础设施融资和可持续发展的金融机构。①这可能是巴西人的一厢情愿，但它在某些方面与巴西的理想主义外交比较符合，例如，他们通常谨慎地将其对外援助活动说成是"发展合作"，寓指一种比发展援助更为平等的双边关系。

巴西参与金砖集团的金融治略，也为 2003 年初至 2016 年年中执政的中左翼政府提供了便利，因为该俱乐部经常集体发表一些反西方言论，这成功取悦了巴西劳工党支持者中的一些人，他们对相对中间派的宏观经济政策感到不满。但是，巴西对金砖集团的活动并非十分热衷，这至少部分是因为巴西对七国集团或五国集团等西方大国主导的全球经济治理感到不满，更多则是因为地位问题，而非有什么实质性分歧。最后，虽然巴西与中国的金融和经济关系更为密切，但它已经对这种关系感到有些失望，巴西迫切希望避免变得过于依赖中国。②

比勒陀利亚的观点：支持增长和地区领导地位

自 1994 年废除种族隔离制度、开启政治过渡以来，南非的对外政策主要关注本国所处的地区，包括南部非洲、撒哈拉沙漠以南的非洲，以及整个非洲大陆。对南非以及几乎其所有邻国而言，一个重要的外交主题就是反殖民和反帝国主义。另外一个主题则是悄悄地将南非打造成非

---

① Adriana Erthal Abdenur and Mariara Folly, "The New Development Bank and the Institutionalization of the BRICS," *Revolutions* 3, no. 1 (2015).

② 2009 年，中国取代美国成为巴西的主要贸易伙伴。尽管如此，巴西的贸易仍然是比较分散的（巴西有意为之），2015 年其出口的 19% 流向了中国，17% 流向美国，24% 流向其他亚洲国家，19% 到西欧，以及 19% 流向拉丁美洲。数据来源于巴西开发、工业和商务部（MDIC）网站。

洲经济与政治稳定的灯塔或标杆，这是南非国父纳尔逊·曼德拉（Nelson Mandela，1994 年至 1999 年）与其继任者塔博·姆贝基（Thabo Mbeki，1999 年至 2008 年）、卡莱马·莫特兰蒂（Kgalema Motlanthe，2008 年至 2009 年）以及雅各布·祖马（Jacob Zuma，2009 年至今）等人一贯的目标与任务，尽管他们的做法稍微有所差异。南非的这一目标在非洲大陆践行得较为成功，现在南非已经将其视野投向全球范围。①姆贝基将南非视为该地区的领导性国家，他的观点有点偏向新自由主义，主张增进南非与该地区的贸易联系，扩大外部投资；而祖马则是更为激进、具有民粹主义色彩的领导人，他对具体的经济政策问题没有多大兴趣。南非不愿给人留下一个喜欢对其他非洲国家领导人的政治经济政策指手画脚的印象，这比巴西不愿批评其邻国的政策有过之而无不及。

目前，中国和印度在南非及撒哈拉以南的非洲存在明显的竞争。南非，尤其是执政的非洲人国民大会（African National Congress，ANC）与印度的关系长期以来都比较密切。20 世纪初，在回到印度为印度国大党工作之前，莫罕达斯·甘地（Mohandas Gandhi）在南非待了二十一年，大多时候是在德班从事保卫印度社群公民权利的活动。印度独立之后，它仍在南非实施种族隔离制度期间支持非洲人国民大会。

中国与南非的关系是近年来才逐步建立起来的，而且主要是经济关系，但自 21 世纪初以来，两国关系进展迅速。2006 年，首届中非合作论坛（Forum on China-Africa Cooperation，FOCAC）领导人峰会在北京举办；第二届于 2015 年 12 月在南非（甚至是整个非洲）的经济与商业中心约翰内斯堡举办。2015 年 10 月，第三届印度-非洲论坛峰会（India-Africa Forum Summit，IAFS）在印度德里举行，印度总理莫迪承诺向非洲提供 100 亿美元的贷款与投资。仅仅相隔两个月后，在中非合作论坛峰会上，中国国家主席习近平宣布向非洲提供 600 亿美元的投资，数目之大令很多

①　Francis A. Korengay，Jr.，"South Africa，the Indian Ocean，and the IBSA-BRICS Equation：Reflections on Geopolitical and Geostrategic Dimensions"（Observer Research Foundation，New Delhi，2011）.

观察家感到惊愕不已，因为这一数额是此前中国在 2012 年举办的部长级会议上承诺的 200 亿美元的三倍。金砖各国为了吸引拉拢南非而展开的竞争给南非提供了诸多有利机遇和选择。①

从金砖四国转变为金砖五国

南非加入金砖四国的故事要从它与中国的关系开始说起。2010 年 12 月，应中国的要求，金砖四国俱乐部邀请南非加入，2011 年金砖五国峰会在中国举办。中国在南非的食品采购、原材料等领域有大量投资，显然，中国已经认识到了南非作为通往非洲大陆的门户的重要性。中国选择南非也许是基于自曼德拉和非洲人国民大会（该党迄今为止培养了所有后种族隔离时期的国家领导人）以来形成的道义上的声望，当然也是因为该国具有一定的经济与财政优势。南非是一个拥有将近5 000 万人口的国家，尽管它不是非洲人口最多的国家，排在尼日利亚、埃塞俄比亚、埃及、刚果和坦桑尼亚之后，位列第六。按名义 GDP 计算，南非是非洲第二大经济体，位居尼日利亚之后；若采用购买力平价计算，南非居于尼日利亚和埃及之后，位列第三。但南非是非洲大陆上最大的工业化国家，尽管存在激烈的国内政治竞争，但南非基本上是一个稳定的民主国家。

尽管一开始存在一些疑惑，但南非并没有对这一送上门的礼物挑三拣四，它们对加入金砖集团表现出了很高的热情。一些分析人士认为，与巴西一样，保持一个南南集团②（例如 IBSA 对话论坛和金砖集团）的成

---

① Elizabeth Sidiropoulus, "Modi's African Safari," *South African Institute of International Affairs*, July 4, 2016, http://www.saiia.org.za/. In his July 2016 visit to five African countries, including South Africa, Prime Minister Modi tried to convince President Zuma's government to take India's side in its bid to join the Nuclear Suppliers' Club, despite it not adhering to the Non-Proliferation Treaty (NPT). This bid was supported by most UNSC members, including the United States, but China opposed it. South Africa has demurred.

② In South Africa, as in Brazil and to a lesser extent in India, the BRICS club is almost always conceptualized as constituting links among the Global South.

员国身份，有利于南非保持其左翼和注重再分配甚至是反资本主义的政府色彩，同时也有利于他们在国内推行比较传统的宏观经济政策。①同样跟巴西一样的是，南非对金砖集团的热情在 2012 年至 2013 年间达到顶峰。2011 年以来，南非总统祖马出席了所有的金砖国家峰会，南非政府为能够主办 2013 年金砖国家峰会感到骄傲。但南非起初在金砖国家峰会之后举办中非峰会的雄心勃勃的计划，最后降格为在金砖国家峰会的最后一个下午，举行一次非洲十二国领导人与习主席之间的简单、乏味的会晤，习主席同时还访问了刚果共和国和坦桑尼亚。②在如何定义新的金砖国家金融机构的问题上，德班峰会几乎没有取得什么进展，而是主要聚焦于发表一些政治宣言，包括批评西方对叙利亚的制裁。③

此后，南非参与金砖集团活动的步伐有所放慢。从 2013 年德班峰会到 2016 年间，在南非学界、商界以及媒体等领域的意见领袖中，对金砖集团表示感激与敬畏的较少，表示质疑的则较多，他们主张南非参与金砖进程应有助于南非摆脱对自然资源的依赖，并能够促进南非产业链的升级，④或者有利于改善南非出口，而不是仅仅加快融入到金砖集团中来。⑤著名的南非国际事务研究所（SAIIA）中的一些研究人员指出，"金砖集团给南非带来的实际经济收益似乎非常有限"，表示南非还有一些其

---

① Janis van der Westhuizen, "Class Compromise as Middle Power Activism？ Comparing Brazil and South Africa，" *Government and Opposition* 48，no. 1（January 2013）：80 – 100.

② South African news reports were remarkably silent on the "BRICS leaders – Africa Dialogue Forum" retreat held on March 27，2013，in Durban，noting only that "African leaders" had met with Xi. Only the Chinese Foreign Ministry saw fit to publish the actual list of attendees. See Ministry of Foreign Affairs of the PRC，"President Xi Jinping Attends BRICS Leaders – Africa Dialogue Forum，Calling for the Building of Partnership for a Better Future，" Ministry of Foreign Affairs of the People's Republic of China，March 28，2013.

③ Pascal Fletcher，"BRICS 'Big Five' Find It Hard to Run as a Herd，" *Reuters*，March 27，2013.

④ See，for example，the editorial in Business Day，"Brics Reflects a Changing World，" July 17，2014；and Mzukisi Qobo and Mills Soko，"The Rise of Development Finance Institutions：South Africa，BRICS，and Regional Strategy"（South African Institute of International Affairs，Johannesburg，2015），3 – 4.

⑤ Hillary Joffe，"Forget the Brics Aspirations，Try Exporting Instead，" *Business Day*，July 16，2014.

他替代性选项，比如"可能出现一个与南非比较相似的、由新兴经济体和中等大国组成的小型集团，其成员包括加拿大、尼日利亚、土耳其、墨西哥和澳大利亚等国"。①也有学者提出以现有的中非合作论坛或印度-非洲论坛峰会的进程为基础。②尽管南非评论人士中有不少人热情推动金砖进程，③而且祖马政府和非洲人国民大会也对金砖集团给予了形式上的支持，但总体上讲，金砖集团在南非的外交政策议程中并不占据优先地位。

从外部视角来看，南非能够加入金砖集团这一排他性俱乐部似乎是一件非常幸运的事，因为像墨西哥、印度尼西亚和土耳其等想要加入的国家却没能加入。但奇怪的是，南非政府对金砖集团却比较冷淡，仅仅对它作出了比较有限的承诺，南非学界和企业界也有很多人认为金砖集团对南非没什么作用。

反资本主义说辞——但对全球金融治理的不满比较温和

某种程度上，祖马政府对于加入金砖集团的邀请给予不冷不热的回应，部分是因为与金砖集团最初四个成员国的领导人相比，南非领导人对全球金融治理相对感到比较满意。尽管南非国内充斥了一些反帝国主义的言论，包括祖马总统在内的一些资深政治家经常发表一些这样的演讲，其实质通常是反对资本主义，但南非与布雷顿森林体系之间的关系

---

① This is from the online blurb introducing a set of research papers from the South African Institute of International Affairs (SAIIA). See Memory Dube, "Collection: South Africa Beyond the BRICS," South African Institute of International Affairs, April 20, 2015, http://www.saiia.org.za/.

② Sanusha Naidu, "South Africa and FOCAC: Enabling a Partnership for Global Economic Governance Beyond the BRICS?" (South African Institute of International Affairs, Johannesburg, October 2015); Elizabeth Sidiropoulos and Chris Alden, "Modi's New Foreign Policy Agenda and the Implications for Africa" (South African Institute of International Affairs, Johannesburg, January 2016).

③ Thebe Mabanga, "What Brics Can Do for South Africa and Africa," *Mail and Guardian*, July 7, 2015.

现在已经缓和不少。尽管南非跟随印度的步伐，在世贸组织中阻止多哈回合谈判达成任何协议，因为该谈判目标在于促使农业贸易自由化，没有对发展中国家的粮食安全和小农生计给予妥善照顾，①但后种族隔离时代的南非财政部长及政府和学界的经济学家们明显不像印度或巴西那样喜欢批评国际货币基金组织和世界银行。②至少到 2016 年初为止，尽管南非出现了像祖马这样的民粹主义领导人，南非的宏观经济与财政政策还是高度符合"华盛顿共识"的理念。但这今后可能会发生变化，因为与俄罗斯与巴西一样，受 2012 年后中国国内繁荣和经济增速放缓的影响，南非的经济增速也明显降低。因此 2014 年以来，祖马与非洲人国民大会就不断遭受日益激进的新政治运动的巨大压力，该运动由前非洲人国民大会的年轻领导人朱利叶斯·马莱马（Julius Malema）推动，他们的一些政策主张（如直接征地和大型企业国有化）令不少投资者感到担忧。③

　　尽管南非也在金砖国家集体宣言上签了字，但南非对金砖集团关于全球金融治理改革的议题仍然没有多大热情，即便在南非的高级经济官员群体中，他们也不像对当初金砖集团扩容那样感到兴奋。2012 年围绕尼日利亚财政部长恩戈齐·奥孔约-伊维拉的世界银行总裁候选人资格问题（见第三章，案例 1）引发了一场争议。根据南非方面的说法，奥孔约-伊维拉的候选人资格是在尼日利亚总统古德勒克·乔纳森（Goodluck Jonathan）与南非总统祖马经过协商后确定下来的，由尼日利亚、南非和安哥拉这三个非洲大国共同宣布提名并得到了这三国的热烈支持，而它们此前很少能达成一致。④因此，当俄罗斯宣布支持另外一个候选人时，

　　① Jamie Smyth, "South Africa Warns of Cracks in Landmark Bali Trade Agreement," *Financial Times*, July 20, 2014.
　　② South Africa's relatively benign view of the Bretton Woods institutions may stem partly from the fact that it is overrepresented in the IMF rather than underrepresented (see Chap. 3).
　　③ See David Pilling, "Lunch with the FT: Julius Malema," *Financial Times*, February 5, 2016.
　　④ Stella Mapenzauswa, "African Powers Back Okonjo-Iweala for World Bank Position," *Business Day*, March 23, 2012.

南非感到非常失望。

最近以来，应急储备安排给南非带来了一些好处，作为目前金砖集团中最小的经济体，南非是最有可能用到这一资源的国家。当南非财政部总干事伦吉萨·富塞尔（Lungiza Fusile）游说议会财政常设委员会为新开发银行提供南非首笔实授资本时，他向议员们强调，就短期支付平衡而言，从应急储备安排那儿借钱不像从国际货币基金组织那儿借钱有种种条件限制。①

除了在2012年和2013年南非曾游说将金砖国家开发银行设在南非外，这是一个几乎不可能成功的目标，整个2016年，南非都没有在规划或落实新开发银行的构想中发挥任何领导性作用，甚至也没有在其非洲区域中心（African Regional Centre）发挥一些领导性作用。南非在建立新金融机构中起到的作用相对较小，这至少在一定程度上是祖马与其财政上较为保守的财政部长恩兰拉·内内（Nhlanhla Nene）之间不断爆发公开冲突的结果。作为一名传统的银行家，内内因为在2015年初削减财政部对一家处于亏损状态中的重要国有航空公司——南非航空（South African Airlines）的补贴而招致总统的愤怒，这家公司是总统的一位密友经营的；此外，他还公开对总统发展核能计划的经济可行性表示异议。因此，当总统于2015年12月突然将内内解职，由一位不知名的非洲人国民大会后座议员取代其职务时，引发了一场财政恐慌，加剧了兰特（南非货币）的贬值，而那时，兰特自当年7月份以来就已经贬值了四分之一。②直到十天后，总统再次任命一位经验更为丰富的、偏向市场派的戈尔丹（Pravin Gordhan）担任财政部长，才使市场恢复平静。尽管政府很快就宣布准备提名内内担任新开发银行非洲区域中心的某个高级职位，但两个月后内内在接受采访时，他告诉记者说自己并没有得到任何官方任命的消息，

---

① Linda Ensore, "Call for BRICS Not to Rely on IMF Funds," *Business Day Live*, April 30, 2015.

② Mackensie Weinger, "Nene and the Rand Take a Tumble," *Financial Times*, December 10, 2015.

他现在"正忙于照看自己家的花园"。①最终，内内还是没有获得提名，他现在已经在私营部门任职。2017 年初，非洲人国民大会中的市场派分子同其民粹主义的党主席之间不断爆发公开内斗，迫使祖马不得不在 3 月末将戈尔丹解职。

尽管总统在许多商界人士中非常不受欢迎，但祖马政府对南非新开发银行的任命受到了好评。②美国银行（Bank of America）前南非业务主管、资深私人银行家莱斯利·马斯多普出任新开发银行南非副行长，南非储备银行（Reserve Bank of South Africa）前行长蒂托·姆博维尼（Tito Mboweni）加入新开发银行董事会。这两位很快就热情投入到他们的新角色中去。例如，作为新开发银行新任首席财务官，马斯多普迅速开始四处走动，国际投资者将这称为一场盛大的巡回演出，他积极为机构和个体投资者作报告并回答问题，他期盼这些投资者购买新发展银行的债券，从而为该银行提供大量的贷款资金，而这五个国家的主权捐款则提供了实授和可收回的资本，也就是世行的基本压舱物。③

吸引投资进入非洲

尽管南非人明白团队合作的价值，但他们对金砖集团的某些金融治略行动并没有兴趣。南非反对针对俄罗斯的金融制裁（见第三章案例 2）。尽管后种族隔离时代的南非领导人赞赏西方金融制裁在孤立该国前政权方面所起的作用，尽管它可能只起到了某种次要作用，但他们并不赞同利用经济或金融权力作为胁迫他国的手段。此外，自 1990 年代初以来，南非就非常不愿批评其邻国的政策，保持对威斯特伐利亚主权原则的绝

① Natasha Marrian, " 'I Had to Step Down, ' Says Nene, " *Business Day*, February 6, 2016.
② Wyndham Hartley, "Mboweni and Maasdorp Off to Brics Bank, " *Business Day*, June 29, 2015; "Editorial: Zuma's Cynical Take on Markets, " *Business Day*, January 12, 2016.
③ Lean Alfred Santos, "Maasdorp on BRICS' Bank's 'Openness' and Unique Place in the MDB World, " *Development Experience Blog*, July 4, 2016.

对尊重,这也是非洲大陆主要国际组织非洲联盟(African Union)所遵循的核心价值观。南非金砖问题专家弗兰西斯·科恩盖(Francis A. Kornegay)指出:"金砖国家 IBSA 成员内部正在进行艰难的政治过渡……西方针对俄罗斯在乌克兰的民族统一主义运动而发起的经济战,又加剧了这种困境。"这一言论既批评了制裁者,也批评了被制裁者。①

同样,如果需要,南非政府将宣布支持人民币国际化。然而,迄今为止,南非尚未就在新金融机构框架之外深化金砖国家货币与金融合作表达明确看法。该国私营部门也对金砖集团的各项商业倡议持有一种务实但谨慎的怀疑态度,例如,他们抱怨金砖集团内的贸易自由化倡议对南非来说是相当不公平的,因为南非与其他国家相比,已经减少了相当多的关税与非关税壁垒,现在却仍被要求继续减少这些壁垒。②除了在口头上支持金砖国家对全球金融权力进行重新分配外,南非领导人不太可能阻碍或促进其他金砖国家的金融和货币能力相对增长。

相反,南非领导人对于为该国和整个非洲带来新投资以促进经济发展颇为重视,当然,也加强了南非在非洲大陆的领导地位。南非国内最亲金砖国家的评论人士认为,新金融机构与其说是对西方全球金融治理的重大挑战,不如说是一种更为有限且更实用的帮助:它提供了一个针对中国的杠杆,或者为非洲的基础设施建设找到了更多的外部投资。南非《邮政卫报》(*Mail and Guardian*)的评价颇具代表性:"金砖集团的成员国身份可以使南非利用(世界非洲经济论坛和非洲联盟首脑会议)中的大部分(如果不是全部)倡议来帮助非洲。到 2020 年,发展中国家在基础设施领域中的支出必须增加一倍,达到每年 2 万亿美元,其中大部分资金将用于撒哈拉沙漠以南非洲……金砖国家,通过新开发银行……可以帮助非洲进行基础设施项目融资……(新开发银行)将会成为主要出资

---

① Francis A. Kornegay, Jr., "The BRICS of a New Global Economic Order," *Diplomatist*, August 2014.

② Peter Draper and Mzukizi Qobo, "South Africa Needs a Concrete BRICS Strategy," *Business Day*, July 7, 2015.

方，吸引世界银行、主权财富基金和全球养老基金，以帮助填补资金缺口。"①南非政府也希望新开发银行能够帮助为本地区的非洲新伙伴发展计划(NEPAD)提供资金，该计划系由非洲联盟提出。

总的来说，南非参与金砖国家集体金融治略中来，表明南非领导人是比较务实的。他们能够接受南非作为一个区域而不是一支实际或潜在的全球力量这一事实，并采取了相应行动：与那些跟他们既没有高度利益相关也没有巨大利益冲突的国际势力相联合，同时专注于一些真正重要的事项，即吸引对撒哈拉沙漠以南非洲的新投资，尤其是对基础设施的投资，因为这可以说是非洲未来经济增长的一个关键性先决条件。

结论： 解释金砖集团的合作

以上对金砖五国的分析表明，金砖国家实施集体金融治略的动机各不相同。回到本节一开始关于分析金砖国家集体金融治略的可能原因的六个命题，本节在前述有关金砖国家行动动机的分析基础上，总结出了一些可能的模式。

命题1. 如果协作行动能够向现有大国表达出他们对既有国际金融治理秩序的不满，那么金砖国家更有可能采取集体金融行动。

事实证明，对当前全球金融治理共同的不满是金砖国家的一个重要行为动机，尤其在最初的金砖四国(中国、俄罗斯、巴西和印度)之间，更是如此。它们的合作可以放大对目前全球货币和金融管理的正式与非正式制度的缺点、双重标准及内在不公平的批评效应。而这些缺陷、双重标准和不公平使现有大国(尤其是美国)享受了诸多特权。

俄罗斯和中国一直是最对当代全球金融治理持批判性立场的国家。俄罗斯最早提议成立金砖国家俱乐部，它也做了很多努力来推动这个俱乐部向前发展。中国和俄罗斯对第三章所述的所有四项金融治略举措都

① Mabanga, "What BRICS Can Do."

有着直接和强烈的兴趣。随着俄罗斯逐渐摆脱 1990 年代的虚弱状态，成为国际上的一个债权大国，国际货币储备和货币主权的多元化逐渐成为俄罗斯重要的优先事项。然而，随着俄罗斯经济再次发生停滞，俄罗斯面临着重新退回到"规则接受者"而非"规则制定者"的困境中。中国已经从过去谨慎地推动人民币国际化，到现在变得更为积极主动，尤其是在习近平领导之下，中国明确地将货币扩张作为其一项国家目标。

虽然金砖集团中的三个民主国家在推进去美元化和人民币国际化问题上存在矛盾，但这两件事对它们的经济利益影响并不大，它们只是利用金砖国家这个平台来提高自己的实力和发言权。例如，印度领导人乐于利用金砖国家及其新机构——新开发银行，向全世界展示其国民的金融专业技能。巴西在 2016 年年中上台的中右翼政府明显淡化了对其他南南合作倡议的兴趣，但仍将金砖四国作为其外交重点之一。尽管随着时间的推移，南非对现有全球金融治理中的不满有所减少，但比勒陀利亚明智地认为，南非被邀请加入金砖国家集团是一笔意外之财。由于财政困难和优先考虑新开发银行，巴西和南非都错过了 2017 年 3 月批准加入中国主导的亚投行的最后期限。

命题 2. 当金砖国家各成员国都认识到其主权或行动自主权面临威胁时，它们就越可能采取集体金融行动。

国家主权和国内政治自主的原则在中国、俄罗斯和印度这三个亚洲和欧亚金砖国家之间产生了最强烈的共鸣。俄罗斯领导人认为，西方即使没有参与实际的政权更迭活动，它们也在试图边缘化或孤立莫斯科。他们的这种共同厌恶情绪还进一步延伸指向 IMF 的附加条件这一传统政策，IMF 常常对发展中国家提出这些附加条件。金砖国家集体抵制西方针对俄罗斯的金融制裁，表明这些国家的领导人高度重视本国的经济和政治自主权。这种保护性反应变得更加强烈，如果这种金融威胁被金砖国家视为现有大国即发达国家滥用经济权力或基于双重标准之上，那么金砖国家的这种保护性反应将变得更加激烈。此外，巴西和南非都积极帮助交战国或敌对的邻国间通过谈判解决问题，在与被视为违反国际准则的国家的现任政府打交道时，它们比较重视采取冷静、非威胁性的外交手段。

命题 3. 如果合作预期能使各国都获得某种好处，或曰"胡萝卜"有助于各国提高其地区地位，那么集体金融治略就更有可能开展进行。

金砖国家的合作发出了一个"胡萝卜"信号，也是一种与崛起中的、非西方的和/或南方国家进行合作的坚定承诺，这一合作的范围超出了每个成员国各自的地理区域。金砖集团表示它们将向所有新兴和发展中地区提供资金和其他方面的支持(主要由中国提供支持)。长期以来，中国一直希望扮演发展中国家的领头人角色，中国与全球发展中国家和新兴市场国家都保持着无人能及的投资和贸易联系。俄罗斯的单边金融治略的重点和雄心都是在欧亚地区，它希望借助金砖集团来扩展自己的势力范围和全球影响力，以及获得中国在经济上的支持，同时又担心中国获得地区主导地位。21 世纪以来，印度和巴西为撒哈拉沙漠以南的非洲地区，尤其是为该地区的英语国家和葡语国家提供了大量援助和技术合作。只有南非，其主要合作动机是利用其金砖成员国的身份为本地区带来好处。中国和南非(尽管动机有些不同)都正确地将南非视为中国向非洲进行经济扩张的理想门户，因为南非拥有相对完善的金融和商业基础设施，中国和南非都希望通过整合各自资源、知识和资源来产生收益。

命题 4. 当合作为国内民众所接受欢迎，并有利于增强该国领导集团在国内的政治地位时，金砖国家间的集体金融治略就更有可能实现。

加入金砖集团对五国领导人在国内政治上都是有利的，尽管这些利益在各自国内以不同的形式呈现出来。对于权力和利益高度集中、领导层相对稳定的国家来说，这种以"美元—权势集团为替罪羊"来将民众聚集在国旗下的策略可能特别具有吸引力，而金砖集团中的"其他国家"则并不那么迫切地需要将民众团结凝聚起来，共同反对西方国家从而为现任领导人提供合法性。无论是哪种国家的领导人，在其国内介绍金砖集团时，都说加入这一排他性俱乐部将有利于提高本国的国际地位。

对中国来说，金砖集团满足了它多种国内期望。中国领导人有意将外交（如金砖国家间的合作）作为"中国梦"的一部分。金砖国家间合作也受到了中国民族主义者的欢迎，他们要求中国在挑战现有的全球金融治理安排时，可以在世界上获得更多的认可和中国崛起的声望，他们认为这些安排不公平地阻碍了中国的发展。支持金融改革的中国自由主义者则希望推进人民币国际化。对俄罗斯而言，金砖国家的集体金融治略，可大大增强俄罗斯保护其主权的合法性。然而，金砖集团对于俄罗斯国内政治的作用微乎其微。它们最多是在民族主义者发出的"反对西方势力"的宣传中出现和被提及，但俄政府较少向大众宣传俄为了在西方主导的机构中发挥更重要的作用付出的持续努力。在印度、巴西和南非，新开发银行和应急储备安排颇受有远见的公共部门的技术官僚和私营金融界的欢迎；这三个国家的银行家都急切地寻求向国际扩张。巴西开展金砖国家间合作的国内政治动机最为明显。在左翼的劳工党最终赢得总统大选后，卢拉和罗塞夫才发现原来他们让许多最热情的支持者失望了，尤其是在至关重要的经济政策领域。一项左翼、以南方国家为导向的外交政策被证明有助于为劳工党留住大量干练的城市地区中产阶级的支持者。

命题5. 如果中国能够联合其他金砖国家，使其强势外交政策看起来更加温和良善，那么中国同其他金砖国家在金融治略领域的合作就能更加顺利地开展。

命题6. 当其他金砖四国认识到可以通过引导中国与它们合作来捆绑住中国时，那么它们与中国在金融治略中的合作将更有可能发生。其他金砖国家都希望从中国的崛起中分一杯羹。

后两个主张是同一枚硬币的两面，反映了中国和其他金砖国家之间的动态关系。中国是金砖国家合作中的关键一员。对中国而言，金砖集团是其运用集体力量来管理全球治理问题的重要抓手。该组织不仅有助于增强中国在全球金融事务中的发言权和影响力，而且有助于它抵御现有大国的批评，缓解来自它们的压力。此外，中国不仅在现有的布雷顿森林体系之外,而且也在金砖国家之外都拥有多种外部选择,这使中国更加能够控制金砖集团的动态变化,提高中国的议价能力。由于中国成功地从全球金融危机中恢复,其经济地位上升到与美国相接近的水平,以及随后习近平主席的执政,中国并不担心暴露自己的意图或被其他金砖国家束缚手脚。中国对金融治略产生了越来越多的兴趣。中国认识到,金砖集团有助于促进人民币的国际化,有利于中国在国际货币基金组织和二十国集团中占据主要领导地位,有利于金砖各国的机构制度与金砖银行、亚洲基础设施投资银行、"一带一路"倡议对接融合,中国还可以利用这一集团杠杆来使中国的对外投资得到落实和实现当地化,其他金砖国家,特别是中国的邻国印度和俄罗斯的主要目标是将中国捆绑或约束在金砖俱乐部中。近年来,俄罗斯和中国的关系有了很大的改善,两国关系的稳固和多向发展巩固了金砖国家俱乐部的核心。然而,尽管该俱乐部原本是莫斯科用来捆绑中国的地缘政治工具之一,但俄在这一目标上并不十分成功,因为中国已超越俄罗斯,成为美国的主要合作者和挑战者。中国在欧亚大陆的存在也削弱了俄罗斯的影响力,莫斯科始终未能令卢布或新开发银行成为主要的集体金融治略工具,而中国却在人民币国际化、亚投行和"一带一路"等项目上进展迅速。

印度与巴基斯坦和中国之间的竞争和紧张关系是其外交政策的重点之一,对印度来说,利用金砖俱乐部来对中国和西方进行战略平衡十分重要。另外两个成员国,巴西和南非,没有雄心(或没有必要)去限制中国的地缘政治行动,但他们的目标是搭乘中国的经济快车,深化他们与中国的贸易和投资关系。

总之,尽管金砖五国在物质实力、战略及国际经济目标上存在差异,但它们却令人惊奇地在金砖俱乐部中找到了共同目标。本章考察了各国的合作动机。本书最后一章将探讨金砖国家未来合作的潜在方向及复杂情况。

第五章

结论：金砖国家走向何方？

过去的一个月也许会被人们铭记，因为美国失去了作为全球经济体系担保人的角色。自布雷顿森林会议以来，我想不出有什么事情能与中国努力建立一个重要的新机制和美国未能说服其数十个传统盟友（从英国开始）置身其外相提并论。战略和战术的失败是一个长过程，它应该导致对美国如何置身全球经济进行全面审视。由于中国的经济规模与美国不相上下，而新兴市场至少占全球产出的一半，因此全球经济结构需要重大调整。

劳伦斯·萨默斯，2015 年 4 月 5 日

金砖国家与世界秩序：太多的悲观情绪缺乏根据

经过十年的合作，金砖国家（巴西、俄罗斯、印度、中国和南非）的故事表明，在一个新兴超级大国的支持下，一群中等国家与地区大国坚持不懈地追求自主，并在全球治理机构中扩大影响力。金砖国家及其金融治略会走向何方？对此可能有三种前景，同时本书的分析表明，悲观的预期未必合理。

首先，与许多猜测相反，金砖国家既不是寻求推翻现有秩序的革命修正者，也不是愿意接受美国和西方成为国际秩序永久管理员的纯粹妥协主义者或融合主义者。相反，它们主要寻求改革现有全球治理体系，以确保它们的自主权以及在现有规则下的最大政策自由裁量权和作为规则制定者的更大影响力。在这些目标受到阻碍或尚未完全实

261

现的情况下，金砖国家已表现出它们愿意通过在平行的机构中进行尝试的形式，来对外部选择进行投资，这些机构在必要时可以发展为治理安排的替代基础。因此，劳伦斯·萨默斯在本章开头引文中的观点，即亚洲基础设施投资银行（简称亚投行）的出现标志着美国时代的终结，这可能会夸大中国和其他新兴经济体的真实影响力，同时屈服于那种对美国未来主导地位的过度悲观。然而，"全球经济结构需要大幅调整"以及美国主导的全球秩序未来可能会受到质疑的观点是一个"有益的警钟"。①

金砖国家在布雷顿森林体系机构中的经历同样挑战了第二种悲观论调。这种论调认为，这个体系正在崩溃，因为中国或俄罗斯等新兴大国是全球搭便车者，既不愿接受现有规则，又无法构建可行的替代方案。与此相反，金砖国家拒绝放弃现有秩序，也不鼓励现有秩序的崩溃以便获得一个虚无主义的"无人世界"。②它们想坐在贵宾席上，参与"后台"的议程设置，并满怀热情地将自己的参与形成一定模式，试图在七国集团倡导的俱乐部模式的基础上增加议价能力。与此形成对照的是，它们指责美国和西方国家鲁莽的领导，一方面对金融体系监管不力，另一方面对布雷顿森林体系机构的投资不足，这两种做法都有可能破坏或侵蚀当今世界的经济和金融秩序。为了回应西方的指责，中国、俄罗斯及其他国家反驳说，奥巴马政府和新任总统唐纳德·特朗普在美国引发全球金融危机的同时"高估了美国的权力"，此后，他们在低估其增强了的信心和务实精神上再次犯了同样

---

① 值得注意的是，萨默斯还提出了美国的虚伪问题和别国的懊恼："美国官员要求它们调整政策，然后自己却坚持无法控制美国各州监管机构、独立机构和影响深远的司法行动。"他还质疑，如果华盛顿"过于激进地限制美元的使用以追求特定的安全目标"，美元是否能够维持其主导地位。Lawrence Summers, "Time US Leadership Woke Up to New Economic Era," *Financial Times*, April 5, 2015；http://larrysummers.com/2015/04/05/time-us-leadership-woke-up-to-new-economic-era/。

② Charles A. Kupchan, *No One's World: The West, the Rising Rest, and the Coming Global Turn* (Oxford, UK：Oxford University Press, 2012)；and Ian Bremmer, *Every Nation for Itself: Winners and Losers in a G-Zero World* (New York：Penguin, 2012).

的错误。①

事实上，尽管金砖国家并非真正的逃避责任者，但它们并不总是按规矩办事，尤其是在贸易、利用国有企业以及与环境相关的领域等。特别是在它们各自的地区，俱乐部中的"强国政府"，尤其是俄罗斯，实行强硬的甚至是具有侵略性的地缘经济和地缘政治的治略。然而，正如第三章所述，它们都无意破坏全球治理秩序。为此，这些国家都为国际货币基金组织的一揽子救助计划和陷入困境的发达国家的资金需求做出了贡献，同时，它们还批准了许多健全的金融条例，如《巴塞尔协议 III》以及其他要求透明的规则。金砖国家对其声誉风险和失败的代价十分敏感，它们也希望其新机制在全球市场参与者眼中获得合法性。因此，它们聘请西方专家为其银行撰写协议条款，采用透明的规则，并实施一种精简的、绿色的商业模式，以表明它们可以比世界银行僵化的贷款程序更有效率。②在建构其金融结构方面，例如股票市场，金砖国家也表现出对市场激励和压力的敏感。

危险的国际结果的第三种潜在根源，已经部分地得到了大多数分析家预测将会促使金砖国家分离的因素的检验，这一因素就是它们的

---

① 有关此类主张的说明性示例，参见 Shi Yinhong, "China's Contemporary Foreign Strategy: Ideology, Basic Platform, Current Challenges, and Chinese Characteristics," in *China in the World: A Survey of Chinese Perspectives on International Politics and Economics*, ed. Shao Binhong (Leiden, Netherlands: Brill, 2014), 44; and editorial on Donald Trump, *Global Times*, December 13, 2016, http://www.globaltimes.cn/content/1023308.shtml。

② "Asia: Good News for a Multilateral Future," *Euromoney*, May 2016, http://www.euromoney.com/Article/3551618/AsiaGood-news-for-a-multilateral-future.html; Ma Jun and Simon Zadek, "The G20 Embraces Green Finance," *Project Syndicate*, September 5, 2016, https://www.project-syndicate.org/ commentary/g20-embraces-green-finance-by-ma-jun-andsimon-zadek-2016-09? barrier = accessreg; and Stephany Griffith-Jones, Li Xiaoyun and Stephen Spratt, "The Asian Infrastructure Investment Bank: What Can It Learn From, and Perhaps Teach to, the Multilateral Development Banks?" Institute of Development Studies (IDS) Evidence Report No.179 (Brighton, UK: IDS, 2016).

多样性。事实上，金砖国家已经拥抱了它们的多样性和力量。①在它们的俱乐部中，金砖国家务实地把政治制度类型和资本主义形式的差异搁置在一旁，推动出现反映它们共同厌恶的结果，同时鼓励实现共同利益。多样性是件好事，因为它阻碍了金砖国家成为一个反西方的国家俱乐部。金砖国家的混合性质有助于减轻现代化中最坏的念头，在俱乐部确立其立场时扎根。因此，金砖国家与俄罗斯站在一起，反对制裁，但不支持俄罗斯在乌克兰的行为。与联盟体系不同，金砖国家没有限制成员国在布雷顿森林体系机构外的不良行为。尽管如此，它们从观察彼此的行动和失误中获得经验。因此，金砖国家的集体金融治略更多地侧重于防御性而非进攻性措施，这绝非偶然，这一治略努力确保最大程度的政策自由裁量权和对美国政策的保护，而不是蓄意施加胁迫性威胁。俄罗斯威胁称，如果西方将其逐出环球同业银行金融电讯协会，它将采取不对称报复行动。然而，迄今为止，金砖国家可能只在一个重大场合联合运用了进攻性的金融治略。这发生在全球金融危机期间，当时中国（显然还有俄罗斯）向美国发出信号，表示它们担心如果华盛顿不采取行动保护两国（尤其是中国）持有大量股份的美国机构（政府赞助的企业，例如房利美和房地美）的债务，可能出现巨大损失。

尽管这些对金砖国家挑战全球经济秩序带来的中期后果的悲观解释缺乏根据，但不可避免的结论是，与金砖国家中单一国家的实力以及它们集体实力相对弱小的时候相比，现在的金砖国家受西方偏好的限制更少些。中国和金砖国家不需要与美国和西方国家平起平坐就能增强自身的影响力，它们已经拥有独立于美国和布雷顿森林体系机构之外采取行动的资源。

在过去，美国和其他西方国家成功地将体系中重要的大国纳入了现有秩序，但同时又阻止它们在全球机构中获得那种可以威胁西方主导和

① 参见多伦多大学金砖国家信息中心的金砖国家峰会的声明和文件，www.brics.utoronto.ca。

领导地位的巨大优势。现在，金砖国家在全球治理中处于分享领导权的地位，一些中国分析人士预计，其更多的经济权重将带来更大的决策影响力。①

尽管如此，金砖国家长期可持续性面临的最大障碍可能是其国内制度的弱点：它们遇到了敌人，而敌人就是它们自己。所有金砖国家都需要回归高盛最初的观念，即未来对快速增长的大型经济体有利。此外，由于金砖国家面临全球金融市场的力量，这种国内疲软可能使它们失去未来的经济增长和制度的优势。如第二章所示，最近所有的金砖国家都出现了经济放缓的现象。事实上，三个国家（俄罗斯、巴西和南非）均遭受了严重的经济停滞，这威胁到金砖国家名声的合法性。金砖国家国内制度的弱点正在慢慢凸显，这让所有人都想知道："金砖国家走向何方？"

增长： 回归金砖国家根基的根本需要

为克服日益增长的挑战，国际货币基金组织和世界银行已多次警告称，金砖国家政府必须采取紧急行动，以对其经济进行全面改革，进而提高其生产力、竞争力和管理水平。②每个国家的方案都不同，但许多方案包括允许更多的私营部门投资、劳动力市场改革、更强的知识产权保护以及司法体系和法治。金砖国家当前的增长领袖——印度和中国——都需要提高治理质量，以维持积极的增长预测。中国现在拥有世界上最大的中产阶级和一个蓬勃发展的研发（R&D）部门。然而，中国难以让市场力量发挥更大作用，经济严重依赖信贷。在印度，以全球标准衡量，

① China 2020 Research Team, "Repositioning China in 2020, " in Shao, *China in the World*, 89 – 128.

② World Bank, World Development Indicators, *Global Economic Prospects* (January 2016 and June 2016); IMF World Economic Outlook World Economic Outlook (October 2016); World Bank individual BRICS country reports; IMF Country Reports—Article IV Consultations for the individual BRICS; and World Bank, *Doing Business* reports.

只有不到3%的人口拥有可被视为中产阶级的收入，而在非正式经济中，约有90%的工人未能充分就业。①

以市场为导向、全球化的"威权国家"有时被认为在经济发展方面具有优势，特别是在追赶增长的初期阶段，这主要是利用了后发优势。②甚至连预言了自由市场民主主义思想胜利的弗朗西斯·福山（Francis Fukuyama）都认为，考虑到新民主国家中软弱的国家无法拒绝支持利益集团，以及它们保护非竞争性产业的倾向，对消费造成更大的赤字，总之，在经济上做出了非理性的选择，因而基于市场的"威权现代化国家"比民主国家具有更令人印象深刻的经济增长记录。相比之下，"以市场为导向的威权主义国家"可以"对其人民实施相对高度的社会约束"，同时允许有足够的自由来刺激创新。③同样，它们可以促进经济中以投资为目的的资本的形成，而实行金融压制的民主国家，如印度，主要是为了服务于政府消费。的确，一些"仁慈的专断者"与经济增长奇迹有关，其中最引人注目的是新加坡长期执政的领导人李光耀。

然而，正如威廉·伊斯特利（William Easterly）、亚当·普热沃尔斯基（Adam Przeworski）等学者告诫的那样，观察某些"威权国家"的高增长率并不特别重要，因为威权也与增长灾难有关。

中国模式，它的独特性不应被夸大，因为中国发展道路的重要元素是与强调市场、贸易和外国投资自由化的"华盛顿共识"相一致的。中

①　参见本书第二章；Rakesh Kochhar，"Despite Poverty's Plunge，Middle-Class Status Remains out of Reach for Many，"Pew Research Center，July 8，2015；and V. Anantha Nageswaran and Gulzar Natarajan，*The Missing Middle: Labor and Economic Growth*，Washington，DC：Carnegie Endowment for International Peace，November 16，2016。

②　关于落后问题的经典叙述，参见 Alexander Gerschenkron，*Economic Backwardness in Historical Perspective*（Cambridge，MA：Harvard University Press，1962）；and Barrington Moore，*Social Origins of Dictatorship and Democracy*（Boston：Beacon Press，1966）。

③　福山援引了"威权主义"的现代化国家，尤其是德意志帝国、明治时期的日本、1964年军事接管后的巴西以及亚洲的"新兴工业化经济体"（如韩国）。Francis Fukuyama，*The End of History and The Last Man*（New York：Simon and Schuster，2006），123–124。

国 21 世纪市场经济的概念包含了市场竞争和融入全球生产网络的元素，这些要素在很多行业都赶走了国有企业，而处于顶级战略部门的国有企业（包括银行部门和股票市场）则经历了广泛的西方式重组、公司化管理和所有权改善。①

可以肯定的是，正如第二章所讨论的那样，中国的国有企业尽管从国家获得了巨额的财政资助，但它们的利润率仍然低于中国民营企业，并一直在努力成为全球的参与者。②尽管如此，中国的治理在功能上就像早期的日本、韩国等"发展型国家"的做法，虽然中国的规模更大，甚至对外国投资持更加开放态度，这为发展的高增长阶段提供了激励竞争的因素。③中国模式还有其他促进增长的因素，包括遵循有关任期限制和继任规则的技术官僚体制，倾向于务实政策调整的政治文化，以及权力下放，这种权力下放是通过在地方层级上实现物质激励并传播成功的改革来促进增长。④相比之下，俄罗斯在能源市场之外融入全球经济的程度较低，其地区领导人受到鼓励成为"掠夺者而

① Kellee S. Tsai and Barry Naughton, "Introduction: State Capitalism and the Chinese Economic Miracle," in *State Capitalism, Institutional Adaptation, and the Chinese Miracle*, ed. Barry Naughton and Kellee S. Tsai (Cambridge, UK: Cambridge University Press, 2015), 1 – 24; Margaret Pearson, "The Business of Governing Business in China," *World Politics* 57 (January 2005): 296 – 322; Roselyn Hsueh, *China's Regulatory State: A New Strategy for Globalization* (Ithaca, NY: Cornell University Press, 2011); and Jean C. Oi (ed.), *Going Private in China: The Politics of Corporate Restructuring and System Reform* (Washington, DC: Brookings Institution, 2011). See also Christopher A McNally, "Sino-Capitalism: China's Reemergence and the International Political Economy," *World Politics* 64, no.4 (2012): 741 – 776; Yasheng Huang, *Capitalism with Chinese Characteristics: Entrepreneurship and the State* (New York: Cambridge University Press, 2008); and Chalmers Johnson, *MITI and the Japanese Miracle: The Growth of Industrial Policy, 1925 – 1975* (Stanford, CA: Stanford University Press, 1982).
② Sheng Hong and Zhao Nong, *China's State-Owned Enterprises: Nature, Performance, and Reform*, Series on Chinese Economics Research, vol.1 (Singapore and Hackensack, NJ: World Scientific, 2013).
③ Tsai and Naughton, "Introduction: State Capitalism," 15 – 18.
④ Kellee S. Tsai, *Capitalism Without Democracy: The Private Sector in Contemporary China* (Ithaca, NY: Cornell University Press, 2007).

非企业家"。①

学者们讨论了增长来源的最佳组合②，他们发现其中一部分最佳组合在中国，包括持续的高水平投资和对全球投资开放，这推动了出口导向的发展。戴尔·乔根森（Dale Jorgenson）表示，与中国一样，投资的急剧增长现在是印度经济增长的主要来源，但考虑到印度有利的人口特征，特别是如果新德里对其劳动力市场进行改革、增加国内经济的竞争并改善治理，那么印度的增长更有可能继续下去。③

然而，中国非凡的三十年增长奇迹面临的不仅仅是经济增长率最终回归到平均水平的处境。④一些学者假设，当"后发国家"的生产率达到美国的 25% 左右，并开始经历边际收益递减时⑤，那么无论如何它们都会失去优势⑥。在这一点上，未来的进步需要生产力获得更多的增长，而这是无法通过更高水平的资本投资来实现的。与印度形成对比的是，

---

① Harley Balzer and Jon Askonas, "The Triple Helix After Communism: Russia and China Compared," *Triple Helix*, 3, no.1 (2016). Minxin Pei, *China's Trapped Transition: The Limits of Developmental Autocracy* (Cambridge, MA: Harvard University Press, 2009); and idem., *China's Crony Capitalism* (Cambridge, MA: Harvard University Press, 2016)。关于一个有说服力的替代观点，参见 Andrew Wedeman, *Double Paradox: Rapid Growth and Rising Corruption in China* (Ithaca, NY: Cornell University Press, 2012)。

② Robert J. Barro, *Determinants of Economic Growth: A Cross-Country Empirical Study*, No.w5698, National Bureau of Economic Research, 1996; Ricardo Hausmann, Dani Rodrik and Andrés Velasco, "Growth Diagnostics," *The Washington Consensus Reconsidered: Towards a New Global Governance* (2008): 324 – 355; and Michael Spence, *The Growth Report: Strategies for Sustained Growth and Inclusive Development*, Final Report (Washington, DC: Commission on Crowth and Development, 2008).

③ Dale Jorgenson, *The World Economy: Growth or Stagnation?* (Cambridge University Press, 2016).

④ Lant Pritchett and Lawrence Summers, "Asia-phoria Meet Regression to the Mean," in *Proceedings of the Federal Reserve Bank of San Francisco* (November 2013): 1 – 35.

⑤ David Dollar, "Institutional Quality and Growth Traps," in Hutchinson and Basu, *Asia and the Middle-Income Trap*, 170 – 172.

⑥ 一些学者强调创新与制度的相互作用，参见 Yiping Huang, "Can China Rise to High Income?" in *Asia and the Middle-Income Trap*, ed. Francis E. Hutchinson and Sanchita Basu Das (New York: Routledge, 2016), 81 – 100; and Barry Naughton, *Growing out of the Plan: Chinese Economic Reform*, *1978 – 1993* (Cambridge, UK: Cambridge University Press, 1996)。

中国已经到了这个转折点，最近中国需要大量投资才能实现比过去慢的增长。在截至 2007 年的六年里，中国国内生产总值平均增长 11%，投资占 GDP 的 41.5%。全球金融危机后，中国增长率和全要素生产率（TFP）增速放缓，需求的不足几乎完全由投资的增长来弥补，近年来投资已超过 GDP 的 50%。因此，根据摩根士丹利的计算，从 2003 年到 2008 年，当中国的年平均增长率超过 11%时，信贷每增加 1 元就能产生 1 元 GDP 的增长。2009 年至 2010 年，当北京方面启动大规模刺激计划以应对全球金融危机的影响时，信贷每增加 2 元会产生 1 元 GDP 的增长，2015 年，这一比例为 4∶1，但到 2016 年，每增加 1 元 GDP 需要 6 元信贷。①

杜大伟展示了在增长的不同阶段，不同体制国家之间不同的增长路径如何与它们的制度质量相关联。②这对于像金砖国家这样的新兴经济体非常重要，这些新兴经济体在利用了所谓的简单增长来源（城乡迁移，在基数较低的情况下扩大出口等）之后面临着中等收入陷阱，却发现很难开发新的增长来源，例如技术创新，而新的增长来源对于提升到高收入地位而言至关重要。③例如，巴西和南非已经历了重要的工业化时期。因此，它们获得短暂后发优势的最紧张时期已经过去了。前巴西财政部长布雷塞尔·佩雷拉恰当地将巴西每年 7% 至 10% 的工业增长（1968 年至 1973 年）称为"巴西的中国时刻"——一个因早期工业化获得较大效益进

① 据摩根士丹利称，这是美国债务驱动的房地产泡沫引发全球金融危机期间水平的两倍。*Reuters*，July 23，2016，http://www. reuters. com/article/us-china-economy-debtidUSKCN10400K；and David Dollar，"Sino Shift，" *Finance & Development*，51，no. 2（June 2014）：10 – 13。

② David Dollar，"Institutional Quality and Growth Traps，" in Hutchinson and Basu，*Asia and the Middle-Income Trap*，159 – 178.

③ Indermit Gill and Homi Kharas，"The Middle-Income Trap Turns Ten，" Policy Research Working Paper 7403（Washington，DC：World Bank，2015），http://documents. worldbank. org/ curated/en/291521468179640202/The-middle-income-trap-turns-ten。从 1960 年到 2008 年，只有 13 个经济体摆脱了这一陷阱，包括中国香港地区、爱尔兰、以色列、韩国、新加坡和中国台湾地区，而未能摆脱的经济体是这个数字的四倍。"Focus：The Middle-Income Trap，" *The Economist*，March 27，2012，http://www. economist. com/blogs/graphicdetail/2012/03/focus-3。

而导致不寻常高增长的时代，这个时代一旦过去，就再也不会回来了。①
在 2010 年代中期，南非和巴西政府现在深陷于腐败丑闻中，其中，选举
的必要事项是报答政治上的支持者，同时议会要求团结不同的执政联
盟，这已经致命地削弱了国家成为真正发展主义者的能力。一些分析人
士认为，国家主导的工业化战略也许在一个由中立、不受政治影响的技
术官僚统治的世界中奏效，②但在当代的巴西、南非以及印度，极有可能
出现另一种结果，即低效的裙带资本主义。③

　　实际上，国家在每一个发展阶段都面临着陷入低增长均衡的风险。
在假设高质量的制度可以使国家能够通过调整以保持显著增长的前提
下，杜大伟研究了低增长陷阱的问题以及增长与制度质量之间的关系。
他在全球治理指标的三个指标中取一个简单的平均值，其中每一个指标
的均值为 0，标准差为 1.0，从而建立了一套制度质量指数(Institutional
Quality Index)。④这三个指标如下：

- **法治指数** "反映了施动者对社会规则的信任程度和遵守程度的
认知，特别是合同执行质量、产权、警察、法院，以及犯罪和暴力的可
能性"。

- **腐败控制** "反映了对公共权力被用于私人利益的程度的认知，包
括小规模和大规模的腐败，以及精英和私人利益'俘获'国家的程度"。

- **政府效用** "反映了对公共服务质量、公务员质量及其面对政治
压力保持独立性的程度、政策制定和执行的质量，以及政府对此类政策
承诺的信用等的认知"。

---

① Personal communication, São Paulo, 2011.
② 参见 Ha-Joon Chang 对国家主导的工业化追赶战略的热情辩护：Ha-Joon Chang, *Kicking away the Ladder: Development Strategies in Historical Perspective* (London： Anthem Press, 2003)。
③ Richard F. Doner and Ben Ross Schneider, "The Middle Income Trap：More Politics than Economics, " *World Politics* 68, no. 4 (October 2016), 608‒644.
④ World Bank, Worldwide Governance Indicators, 2015.

制度质量指数与 1990 年至 2010 年的增长率高度相关，而经济制度则具有持续性。聚焦制度质量与发展水平之间的关系，杜大伟的主要贡献是强调具有良好发展水平制度的国家往往比其他发展中国家增长更快，特别是在发展水平较低的国家中。但是，如果制度不能跟上收入水平的提升，那么经济增长就会明显放缓，就像中国在 1990 年代和 2000 年代那样。[1]因此，对国家来说，最好的补救办法是加强产权和法治，这会为提高政府效率奠定基础。

图 5.1 重构了美元的制度质量指数，并使用 170 个国家的人均 GDP 来确定 2015 年金砖国家制度的状态。从图中可以明显看出，只有印度位于回归线上方。中国刚好降到了回归线以下，而巴西的排名更靠后，俄罗斯则与恢复经济增长、跻身高收入阶层所需的制度明显不同步。

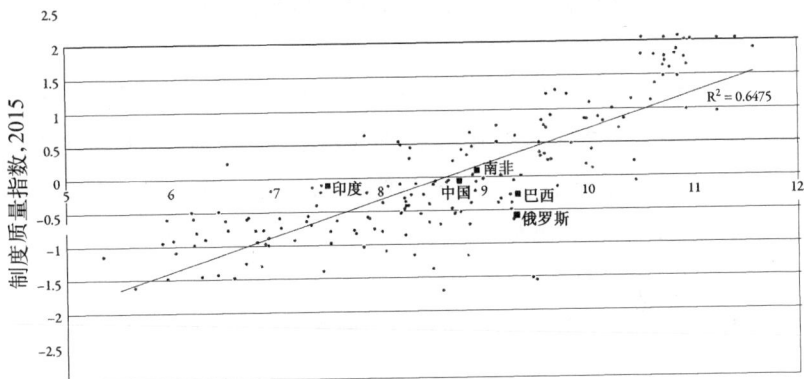

图 5.1　金砖国家制度质量指数与人均 GDP 对比

资源来源：世界银行，《2016 年全球治理指标》；C.罗伯茨计算。

这样，中国在 2000 年代拥有适合其发展水平的制度，增长迅速，但随后增长放缓。像所有其他金砖国家（暂时不包括印度）一样，中国要想摆脱中等收入陷阱，就需要更好的治理和改革。同样，尽管巴西和南非拥有不同的体制，但受到自由化太少和治理效率低下的困扰。当然，印

①　Dollar, "Institutional Quality."

度仍然相对贫穷，按市场汇率计算，2016 年印度的人均 GDP 约为1 600美元。俄罗斯富裕得多，其人均 GDP 超过 9 000 美元，因此它需要更能与发达国家比较的制度，但是庇护政治仍旧压倒了必要的改革。许多经济学家认为，俄罗斯富裕得不可能有如此腐败的制度，这与该国正常的发展水平相差一个标准偏差。①

考虑到中国和南非在回归线附近的位置，在不立刻进行彻底改革的情况下，促进增长也是有可能发生的。然而，巴西，特别是俄罗斯，如果治理和法治没有明显改善，则更有可能陷入经济停滞。②这对金砖国家来说并不奇怪，它们的领导人公开承认改革的必要性，但在实践中却回避根本性的变革。

正式规则与非正式规则之间的张力

在讨论所谓的"坏皇帝"问题时，弗朗西斯·福山总结认为，即使一个内部集团遵守非正式规则可以帮助缓解政权特有的经济承诺问题，也不能永远替代正式的法治。其他几位学者强调，在全球化的世界中，法治或民主问责制形式的制约与现代官僚国家同样重要。③

对于这些国家的当权者来说，非正式规则是诱人的寻租方式。在许多中等收入国家，脆弱的市场和法律制度使行动者转向其他非正式

① Sergei Guriev, "Whither the Russian Economy?" speech to the Oxford Guild, January 27, 2016.

② Aleksei Kudrin and Evsei Gurvich, "A New Growth Model for the Russian Economy," *Russian Journal of Economics* 1, no. 1 (2015): 30–54; Vladimir Mau and Aleksei Ulyukaev, "Global Crisis and Challenges for Russian Economic Development," *Russian Journal of Economics* 1, no. 1 (March 2015): 4–29.

③ Francis Fukuyama, *The Origins of Political Order from Prehuman Times to the French Revolution* (New York: Farrar, Straus, and Giroux, 2011) and idem., *Political Order and Political Decay* (New York: Farrar, Straus, and Giroux, 2014); Douglass C. North, John Joseph Wallis and Barry R. Weingast, *Violence and Social Orders* (Cambridge, UK: Cambridge University Press, 2009); and Daron Acemoglu and James A. Robinson, *Why Nations Fail: The Origins of Power, Prosperity, and Poverty* (New York: Crown, 2012).

的保护和服务来源。①尽管在某些情况下，在治理方面具有这样的灵活性可能是有用的，但这些非正式规则也可能通过裙带关系、任人唯亲和腐败而被滥用，就像在许多发展中国家和中等收入国家所看到的那样。

格雷琴·赫姆基（Gretchen Helmke）和史蒂文·列维茨基（Steven Levitsky）构建了一种类型学，显示了非正式制度的作用如何改善或破坏正式的制度，因为它们（通过扮演解决问题的角色）发挥积极作用或（通过扮演制造问题的角色）发挥消极作用，从而增强或约束正式的制度。②帮助正式的制度更加有效运作的非正式制度是兼容和互补的；当正式制度是有效的但目标相互矛盾时，就会出现具有帮助性的非正式制度；当正式制度无效但目标一致时，就会出现替代性的非正式制度；当正式制度无效并且正式和非正式行为体之间存在相互冲突的目标时，就会出现竞争性的非正式制度。索尔·埃斯特林（Saul Estrin）和玛莎·普雷韦泽（Martha Prevezer）在研究金砖国家的公司治理时发现，非正式公共指数的有效性因企业所有权结构、产权以及企业与外部投资者的关系而有所差异。

这样，在印度的一些邦，非正式制度取代了无效的正式制度，这对于加强公司治理和增加国内外投资而言至关重要。然而，这种积极的替代性非正式制度并不普遍适用于所有经济部门。正如丹尼尔·马丁利（Daniel Mattingly）所表明的，只要非正式组织与国家保持联系，"地

---

① Meghana Ayyagari, Asli Demirgüç-Kunt and Vojislav Maksimovic, "Formal Versus Informal Finance: Evidence from China," *Review of Financial Studies* 23, no. 8 (2010): 3048 –3097.

② 关于非正式制度在分析比较政治方面的重要性，特别是在北大西洋以外的地区，参见 Gretchen Helmke and Steven Levitsky, "Informal Institutions and Comparative Politics: A Research Agenda," *Perspectives on Politics* 2, no. 4 (2004): 725 – 740. See also Susan Rose-Ackerman and Bonnie J. Palifka, *Corruption and Government: Causes, Consequences, and Reform* (Cambridge, UK: Cambridge University Press, 2016) and Daniel C. Mattingly, "Elite Capture. How Decentralization and Informal Institutions Weaken Property Rights in China," *World Politics* 68, no. 3 (July 2016): 383 – 412。

方精英就可以利用他们对群体社交网络的控制，鼓励人们服从抽取性政策"。①相比之下，在俄罗斯，竞争性的非正式制度和公司治理机制都与腐败和裙带关系有关，这破坏了与股东权利和投资者关系相关、相当有效的正式制度的运作。与此同时，在巴西，帮助性的非正式制度可以绕过有效执行但具有限制性的正式制度，并帮助协调各种目标。②

尽管这些制度效益的水平不同，但金砖国家成员从本质上更喜欢生活在软制度和非正式规则的世界里，因为这些规范更符合它们国内的制度和模式。国内法律制度的相对不发达使得这些政府诉诸非正式规则和制度来进行国内治理。在中国，如同在许多或大多数发展中国家和中等收入国家一样，个人关系（即中国语境中的"关系"或俄罗斯语境中的"Blat"）是经商的主要方式。③在弗拉基米尔·普京领导下的俄罗斯，不但将"Blat"网络货币化，而且整个系统通过非正式网络使权力精英受益。④

此外，没有一个金砖国家渴望参加那些将对它们施加额外规则或条件的多边机构，并抵制那些显然不是技术官僚式的、普遍适用的规则。考虑到它们独立斗争的历史、帝国的统治、不稳定的民族身份和脆弱感，金砖国家往往对主权问题和对各国内政的干涉极为敏感，即使这种

---

① Mattingly，"Elite Capture，" 385.

② Saul Estrin and Martha Prevezer，"The Role of Informal Institutions in Corporate Governance，Brazil，Russia，India，and China Compared，" *Asia Pacific Journal of Management* 28，no. 1 (2011)：41 – 67.

③ 例如可参见 Bill B. Francis，Iftekhar Hasan and Xian Sun，"Political Connections and the Process of Going Public：Evidence from China，" *Journal of International Money and Finance* 28，no. 4 (2009)：696 – 719；and Katharina Pistor，"The Governance of China's Finance，" in *Capitalizing China*，ed. Joseph P. H. Fan and Randall Morck (Chicago：University of Chicago Press，2012)，35 – 60。

④ Alena V. Ledeneva，*Can Russia Modernise？ Sistema，Power Networks，and Informal Governance* (Cambridge，UK：Cambridge University Press，2013)；Karen Dawisha，*Putin's Kleptocracy：Who Owns Russia？* (New York：Simon and Schuster，2014)；and Thane Gustafson，*Capitalism Russian-Style* (Cambridge，UK：Cambridge University Press，1999).

主权侵犯是以必须遵守正式规则的形式出现的。因此，正如第三章所述，金砖国家接受了《巴塞尔协议 III》的要求和更大的透明度，但抵制国际货币基金组织或其他方面关于资本管制和货币调整的法令所强加的新自由主义意识形态。

这种非正式规则的倾向导致西方现有大国（包括日本）的决策者和国际金融机构的高级职员担心金砖国家在全球经济和货币中的存在会扩大，这可能会在全球金融治理中引入更大程度的非正式性和不自由的反规则或无条件的发展援助①。亚投行行长金立群则坚持认为，亚投行要"精干、绿色"，但也要"干净"，这意味着不仅要通过关心环境的小部分专业人员和非常驻理事会来实现效率，而且也不能腐败。这一愿望将需要克服在一个既有强大政权倾向并且有非正式实践的国家中经营一家多边银行的压力。②

金砖国家推动国内经济增长的命令可与通常是资本主义的国际政治经济中可能有益的影响相结合。在资本主义的国际政治经济中，私营跨界投资会响应市场的指令。正如戴维·安德鲁斯在谈到金融全球化时所指出的，它的市场力量足够强大，甚至可从最大的参与者挤压出任何灵活性和任意政策倾向。③特别是在金融一体化的世界里，金融资本的迅速流动将惩罚政府的任何反市场运动，无论它以高税收、管理不善或是腐败的形式表现。④此外，对于许多资本匮乏的发展中国家来说，吸引外国

---

① Cooley, "Countering Democratic Norms；" Nkunde Mwase and Yongzheng Yang, *BRICs' Philosophies for Development Financing and Their Implications for LICs*, International Monetary Foundation (IMF) Working Paper 12/74 (Washington, DC： IMF, 2012).

② Jamil Anderlini, "Lunch with the FT： Jin Liqun," *Financial Times*, April 21, 2016； and Jane Perlez, "A Banker Inspired by Western Novelists Seeks to Build Asia," *New York Times*, January 13, 2017.

③ David M. Andrews, "Capital Mobility and State Autonomy： Toward a Structural Theory of International Monetary Relations," *International Studies Quarterly* 38, no. 2 (1994)： 193 - 218.

④ Geoffrey Garrett, "Global Markets and National Politics： Collision Course or Virtuous Circle?" *International Organization 52*, no. 4 (1998)： 793. See also Benjamin J. Cohen, "Phoenix Risen： the Resurrection of Global Finance," *World Politics* 48, no. 2 (1996)： 268 - 296.

资本的竞争会促使在政府中产生纪律。

当然，这种纪律既可能对一个国家的经济有害，又可能有益。①有可能会出现一种"竞次"的动态，即资本接受国人民的福利受到不利影响，其表现形式是环境标准宽松、工资降低或安全监管放松，以使外国投资更有利可图。同时，这些政府可能受到激励以减少腐败、效率低下和管理不善，进而吸引良好的投资者和稳定的资金流入。②因此，市场纪律将影响金砖国家向更正式的国内经济游戏规则发展似乎是有道理的。在这种情况下，即使是最强大的金砖国家，也必须努力建立正式的规则和治理，通过限制自己来让市场相信它的可信度。一些中国专家认为，国内的改革者正是出于这些原因而赞成人民币国际化（参见第四章）。

在地区和国际层面，金砖国家成功积累了影响金融和经济治理的能力和集体金融治略。最终的挑战在于，通过努力建立的新多边金融机构是否将通过正式化的安排经受住市场和不断变化的经济环境的考验，而这是一个金砖国家在不同程度上进行抵制的框架。硬性规则（法律、约束力和可强制执行）、正式规则与软性规则（非约束力和不可强制执行）、非正式规则之间存在明显的权衡，这源自后者所提供的灵活性，与前者确切的义务和执行完全相反。③现有大国将坚持其正式治理规则和为它们服务的机构，以保持由于崛起大国而受到威胁的现有权

---

① 关于争论双方的一个很好的总结可参见 Hongbin Cai and Daniel Treisman，"Does Competition for Capital Discipline Governments? Decentralization, Globalization, and Public Policy," *American Economic Review* 95, no. 3 (2005)：817 – 830。

② Ibid.

③ Kenneth W. Abbott and Duncan Snidal, "Hard and Soft Law in International Governance," *International Organization* 54, no. 3 (2000)：421 – 456；Stephan Haggard and Mathew D. McCubbins, "Introduction：Political Institutions and the Determinants of Public Policy," and Gary W. Cox and Mathew D. McCubbins, "The Institutional Determinants of Economic Policy Outcomes," both in *Presidents, Parliaments, and Policy*, ed. Stephan Haggard and Mathew D. McCubbins (Cambridge, UK：Cambridge University Press, 2001), 1 – 63.

力差距。①

当前，金砖国家面临来自国内的压力，要求它们通过更加遵守正式规则，加强法律问责，检查并制衡腐败或利用公共资源进行私人寻租的行为，来改善国内经济表现。与此同时，金砖国家可能会继续努力应对要求制定正式规则和制度的压力，以适应市场需求并增强集体力量，以反映它们在全球经济治理中的偏好。

总结： 金砖国家、集体金融治略与未来多极

本书考察了金砖国家自 2000 年代后半期诞生以来的集体金融治略，这是我们这个时代国际政治经济的一个重大发展。在此情况下，本书解决了四个问题。第一，一个完全不同、地理分布广泛的国家集团如何以及为什么决定组成一个多边俱乐部？ 第二，在国际金融治理和集体金融治略中，这种合作的性质是什么？ 第三，是什么促使这五国政府共同参与这些金融治略（换句话说，是什么促使他们愿意合作）？ 第四，金砖国家俱乐部的崛起及其对全球经济治理和金融治略的挑战，对全球经济秩序和金砖国家本身意味着什么？ 本书的五个章节回答了这些问题。

金砖国家是如何出现的？ 为什么会出现金砖国家？ 21 世纪初，在莫斯科、北京、新德里和巴西利亚的政治领导人看来，与当时西方大国的缓慢增长相比，本国经济的迅速崛起无疑预示着全球向多极世界的转变。尽管在1991 年苏联解体后出现了美国必胜主义的言论，但"单极时

---

① Grieco 援引"相对权力转移"理论，讨论了这样一种观点：尽管亚太地区的经济一体化充满活力，但在 1990 年代，亚太地区很少出现地区性机构，原因就在于这种动态性。Joseph M. Grieco, "Systemic Sources of Variation in Regional Institutionalization in Western Europe, East Asia, and the Americas," in *The Political Economy of Regionalism*, ed. Edward E. Mansfield and Helen V. Milner (New York: Columbia University Press, 1997), 164–187。还可参见 Donald Crone, "Does Hegemony Matter? The Reorganization of the Pacific Political Economy," *World Politics* 45, no. 4 (1993): 501–525; and Andrew Moravcsik, "The Origins of Human Rights Regimes: Democratic Delegation in Postwar Europe." *International Organization* 54, no. 2 (2000): 217–252。

代"终将转瞬即逝。①此外，仅在 2006 年高级部长开始在联大会议期间举行定期会晤的两年后，昔日的霸权美国在其自身的贷款和证券市场上出现了严重的功能失调，并且未能充分应对这些破坏，相反，金融危机蔓延至全球所有主要市场和许多外围市场。②2008 年底，二十国集团各大经济体首次峰会的召开，凸显了金砖四国在全球经济中的重要地位。自 2009 年初以来，金砖四国（南非加入后成为金砖五国）领导人不仅每年举行会晤，还在广泛的政策领域中建立了具体的多边和跨国合作，其中金融领域表现得最为显著。

金砖国家的出现反映了一些学术和外交政策上更大的关注点。其中一场辩论关注的是"其他国家崛起"③（尤其是中国）的后果，并提出了这样一个问题：西方是否可期望从新兴大国那里得到和解，还是与它们发生冲突？如第一章所述，另一场辩论则分析了全球经济治理的制度和实践，观察到国际政府间组织（IGOs）不仅仅是解决实际问题的机构；它们还充当维持国家间权力关系甚至有时重新进行谈判的舞台。我们的讨论指出，为了扩大自身的发言权和影响力，新兴大国可能拥有内部和外部选择，同时它们也可能在全球制度和资本主义市场中采取行动。

在内部选择方面，金砖国家从现状大国那里认识到，应在多边组织

① Charles Krauthammer, "The Unipolar Moment," *Special Issue: America and the World*, *Foreign Affairs* 70, no. 1 (1990): 23 – 33. For the competing view that unipolarity persists, see Stephen G. Brooks and William C. Wohlforth, *World out of Balance: International Relations and the Challenge of American Primacy* (Princeton, NJ: Princeton University Press, 2008); G. John Ikenberry, Michael Mastanduno, and William C. Wohlforth, "Unipolarity, State Behavior, and Systemic Consequences," *World Politics* 61, no. 1 (January 2009): 1 – 27; and Stephen G. Brooks and William C. Wohlforth, "The Rise and Fall of the Great Powers in the Twenty-first Century: China's Rise and the Fate of America's Global Position," *International Security* 40, no. 3 (2016): 7 – 53.

② Jonathan Kirshner, *American Power After the Financial Crisis* (Ithaca, NY: Cornell University Press, 2014).

③ Fareed Zakaria, *The Post-American World: Release* 2.0 (New York: W.W. Norton, 2012).

内形成一个核心圈或具有排他性的俱乐部，以增强其影响力和权力优势。①自这些组织诞生以来，强大国家事实上的内部俱乐部一直推动着全球治理向前发展，从而解决了许多主权国家间集体行动的难题，但偏见明显导致了增进现有大国的私人和利己利益这一趋势。②这也是一项外部选择。随着金砖国家实力提升，而在全球治理中的影响力却未获得相应提升的情况下，金砖国家政府渴望拥有自己的俱乐部，以便在管理国际金融和货币事务上，提出它们自己的议程并维护自身利益。然而，金砖国家内部存在权力不对称。正如美国明显主导 G7 一样，中国继续领导金砖国家，特别是考虑到它对联合项目作出了更大的财政贡献。与美国在 G7 内部一样，中国有时可以在金砖国家内部获得自己的优先权，只是因为其合作伙伴认识到中国还有它们所缺少的其他外部选择。例如，在新开发银行中确定每个成员之间拥有平等的投票权与股份这一问题上，中国向其他金砖国家作了让步，但中国也创建了另一家银行即亚投行，中国在该银行中拥有有效的否决权、最大份额的投票权——并强调其他国家也加入，所持股本和影响力较小。

如第二章所示，近几十年来全球实力的转移促使金砖国家需求的产生，这一点已得到充分证明。这在相对经济能力的转变中最为明显，在军事领域则不那么明显。尽管美国在许多方面仍然占据着主导地位，但中国至少已通过一些措施迅速提升了其相对地位，甚至其经济能力也有所提高。最明显的是，西欧主要国家和日本（在较小程度上）的相对实力有所下降，而金砖国家及其他新兴经济体的相对实力有所上升。

金砖国家的金融和货币实力也在发生变化，它们国内的金融市场和

---

① Robert O. Keohane and Joseph S. Nye, "The Club Model of Multilateral Cooperation and Problems of Democratic Legitimacy, " in *Efficiency, Equity, and Legitimacy: The Multilateral Trading System at the Millennium*, ed. Robert B. Porter, Pierre Sauvé , Arvind Subramanian, and Americo Beviglia Zampetti (Washington, DC: Brookings Institution, 2001), 264 – 294。关于俱乐部的讨论借鉴了本书的第一章。

② Randall W. Stone, *Controlling Institutions: International Organizations and the Global Economy* (Cambridge, UK: Cambridge University Press, 2011); Beth A. Simmons, "The International Politics of Harmonization: The Case of Capital Markets Regulation, " *International Organization* 55, no. 3 (Summer 2001): 589 – 620.

监管框架变得更为深入和复杂。总体而言，金砖国家目前拥有的主要金融能力是其庞大的外汇储备，尤其对中国而言，本国外汇的积累只是对应了其与多数发达工业国家（更不用说对印度）之间巨额的贸易顺差。几十年来，同许多新兴市场一起，中国愿意将其贸易和经常账户盈余的很大一部分投资于收益率极低的美国国债，但目前中国正试图实现投资的多元化。此外，特别是自2012年11月习近平主席上任以来，中国的领导层希望通过人民币国际化确保中国在本地理区域内的政治和经济优势，同时，新的金融机构和项目——金砖国家机构、亚投行和"一带一路"倡议——为中国庞大的外汇储备提供了获利更多但依然稳定的投资选择。

既然金砖国家有可能影响全球金融治理的动机和实力，它们如何共同实施自己偏好的战略？谈到金砖国家的金融治略，这一概念被现任政治领导人界定为实现更大的外交政策目标而有意识地制定的国家金融和货币能力方面的战略，第三章将框架扩展至包含集体金融治略，这是由一个集团（或俱乐部）以四重类型的形式来施行。这包括针对现有机构的内部改革，旨在改变、塑造或抵制现有全球资本主义市场中国家行为体之间政治利益分配的内部改革，具有挑战者性质的国家俱乐部寻求建立可替代的多边机构的外部改革，以及一个国际性的国家俱乐部试图改变市场本身运作的外部改革。

第一个案例说明了金砖国家合作的内部选择，即通过合作支持一个共同的候选人（未成功），并联合施压要求更大份额，从而在世界银行和国际货币基金组织内部获得了更大的发言权。金砖国家领导人在2016年10月印度果阿举行的金砖国家领导人峰会上再次呼吁将国际货币基金组织的两个执行董事职位从西欧再分配给新兴经济体，同时呼吁对正在审核过程中的新份额公式继续开展研究。①第二个案例涉及全球市场中的防

---

① Christophe Jaffrelot, "BRICS and Walls," *Indian Express*, October 22, 2016, http://indianexpress. com/article/opinion/ columns/brics-summit-goa-india-brazil-russia-china-south-africa-3095585/. 有关所有峰会宣言，请参阅多伦多大学金砖国家信息中心的金砖国家官方文件和会议记录。可访问 http:// www.brics.utoronto.ca。

御性金融治略： 由于俄罗斯与乌克兰冲突，美国、西欧和其他国家对俄罗斯实施了代价高昂的银行业务和其他金融制裁，显然其他金砖四国都明确表示拒绝参与。这两个案例构成了内部选择，因为金砖国家之间的合作并未试图建立新的机构或市场等实体。

第三个案例记录了金砖国家寻求外部选择，即成立并资助它们自己控制的两家新多边机构： 在 2016 年中期宣布首批贷款的新开发银行，以及应急储备安排。最近，在 2016 年末的峰会上，五国还宣布计划与一家联合赞助的信用评级机构合作，认为西方三大私营市场行为体（穆迪、标准普尔和惠誉国际）都表现出了无能和偏见，未能对全球金融危机发出警告——西方的分析家也提出了这一观点。①

第四个即最后一个集体金融治略的案例是一种外部选择，即重塑全球货币市场的运作，从而改变与政治相关的实力分配。金砖国家俱乐部的每个成员至少在言辞上和某种程度的具体实践中批评了美元在国际货币关系中的主导地位，并称赞人民币进一步国际化的选择。金砖国家继续这一方向的决定尤其值得注意，因为考虑到其他四个金砖国家的贸易和外汇状况，人民币发挥更大的作用将在许多方面使国际金融政策的制定变得复杂。显然，持续的国际政治关切胜过短期经济利益。

这项研究对第三个问题的评估，即金砖国家采取集体行动的动机，使得第四章探讨了这五个截然不同的新兴大国各自复杂的动机组合。所有国家都希望在全球经济治理机构中拥有更大的发言权并得到更多的认可，因为它们都厌恶接受现有大国的命令。俄罗斯政治领导人是金砖国家正式多边组织理念的提出者，而中国政治领导人是金砖国家中最有实力的，他们都愿意承认有获取地区势力范围的大国雄心，并且在金砖国家中他们最在意在布雷顿森林体系机构和 G20 中拥有金砖国家俱乐部的

---

① John Kay, *Other People's Money: The Real Business of Finance* (New York： PublicAffairs, 2015), 20‒21, and 96‒97； and Rawi Abdelal and Mark Blyth, "Just Who Put You in Charge? We Did： CRAs and the Politics of Ratings, " in *Ranking the World*, ed. Alexander Cooley and Jack Snyder (New York： Cambridge University Press, 2015), 39‒59.

优势。然而，与具有多样性的金砖国家组织共同合作为中国和俄罗斯提供了一种合适的手段，以说服全球市场和充满疑虑的现有大国相信它们没有关于经济和金融治理的根本性修正方案；它们承认经济规律和市场在其国内经济和世界经济中应发挥重要作用。

与俄罗斯和中国相比，另外三个国家的地位在某种程度上受到的伤害较少，参与的动机更复杂。每个国家都希望在全球治理中发挥更大作用，愿意被视为全球南方国家中的领导者，并希望获得中国的投资。印度的政治领导人还迫切需要平衡中国，并尽其所能避免中国或俄罗斯与印度主要竞争对手巴基斯坦之间建立更密切的关系。印度和巴西都不想冒犯包括日本在内的西方国家，两国都反对将金砖国家定义为"反西方的"，这种修辞立场有时对俄罗斯和中国具有吸引力。对于南非来说，南非领导人都意识到无论是在全球范围内还是在金砖国家中，本国的物质能力地位较低，并谨慎地选择在最具体的全球问题上与俱乐部合作，希望获得本国和非洲地区优势，尤其是在来自中国和其他金砖国家的投资中。

最后，金砖国家集体金融治略的产生带来了什么影响？总体而言，金砖国家在全球经济和金融治理中一直是相对具有建设性的参与者。它们不满意其影响力的程度，也不像日本和韩国等美国安全盟友那样能接受不情愿的政策规则，它们在加强全球经济体系的许多基本原则上达成了一致。尽管它们国内存在不同类型的市场经济，它们只是适度的修正者——当然并非这个领域的破坏者——至少部分是由于国内改革者的推力①，或者就"民主国家"而言，它们与西方国家享有共同的价值观。总体而言，这一记录证明了美国将具有系统重要性的国家纳入其主导的经济秩序及其延续逻辑。在全球秩序范围内，金砖国家往往选择以实现内部改革为目标的金融治略。如果包含了现有大国和新兴大国在内的主要

---

① Andreas Nölke, "International Financial Regulation and Domestic Coalitions in State-Permeated Capitalism: China and Global Banking Rules," *International Politics* 52, no. 6 (November 2015): 743–759.

参与者都愿意逐步进行调整，那么鉴于现有秩序的压倒性优势，和平变革将可能继续进行。

然而，正如本章开头劳伦斯·萨默斯的隽语所建议的那样，美国和西方的这种调整并不容易。尽管最近欧洲和 G7 协调逐渐衰落，但美国仍然是主导力量，并表现出其有意愿与能力来利用金融实力以弥补本国在世界经济中比重的不断下降。金砖国家认为，华盛顿以制裁和控制进入国际金融体系节点的方式来运用金融治略具有强制性，这些行动引发了金砖国家的集体防御性反应，本书讨论的案例就证明了这一点。如果金砖国家借助外部选择，与其他国家一起强烈抵制从而导致美国的影响力被削弱——那么结果可能会严重破坏国际秩序。这是美国和金砖国家领导人都不应低估的风险。

Cynthia Roberts, Leslie Elliot Armijo, Saori N. Katada
The BRICS and Collective Financial Statecraft
copyright © OXFORD UNIVERSITY PRESS 2018
ALL RIGHTS RESERVED

图字: 09 - 2019 - 1040 号

图书在版编目(CIP)数据

金砖国家与集体金融治略/(美)辛西娅·罗伯茨
(Cynthia Roberts)等著;任晓等译. —上海: 上海
译文出版社,2021.6
(大学译丛)
书名原文: The BRICS and Collective Financial
Statecraft
　ISBN　978 - 7 - 5327 - 8561 - 2

　I.①金… Ⅱ.①辛… ②任… Ⅲ.①国际金融一国
际合作—研究　Ⅳ.①F831.6

中国版本图书馆 CIP 数据核字(2022)第 018700 号

金砖国家与集体金融治略
[美]辛西娅·罗伯茨 莱斯利·埃利奥特·阿米娇 片田纱织 著 任 晓 胡泳浩 等译
责任编辑/张吉人 装帧设计/观止堂_未氓 张擎天

上海译文出版社有限公司出版、发行
网址: www.yiwen.com.cn
201101　上海市闵行区号景路 159 弄 B 座
上海信老印刷厂印刷

开本 890×1240　1/32　印张 9.75　插页 2　字数 175,000
2022 年 3 月第 1 版　2022 年 3 月第 1 次印刷
印数: 0,001—3,000 册

ISBN 978 - 7 - 5327 - 8561 - 2/D·138
定价: 78.00 元

大学译丛　书目

01　《西方哲学史》(上下两册)/ [挪] G·希尔贝克, N·伊耶　著

02　《世界经济简史》/ [美] 龙多·卡梅伦, 拉里·尼尔　著

03　《传播学史》/ [美] E·M·罗杰斯　著

04　《美国人: 殖民地历程》/ [美] 丹尼尔·J·布尔斯廷　著

05　《美国人: 建国的历程》/ [美] 丹尼尔·J·布尔斯廷　著

06　《美国人: 民主的历程》/ [美] 丹尼尔·J·布尔斯廷　著

07　《专制与民主的社会起源》/ [美] 巴林顿·摩尔　著

08　《希望的原理》(第一卷)/ [德] 恩斯特·布洛赫　著

09　《文明的进程》/ [德] 诺贝特·埃利亚斯　著

10　《协同学》/ [德] 赫尔曼·哈肯　著

11　《资本主义与现代社会理论》/ [英] 安东尼·吉登斯　著

12　《社会学》/ [英] 安东尼·吉登斯　著

13　《大众传播与美帝国》/ [美] 赫伯特·席勒　著

14　《传播政治经济学》/ [加] 文森特·莫斯可　著

15　《信息社会的知识劳工》/ [加] 文森特·莫斯可　著

16　《宗教与资本主义的兴起》/ [英] R·H·托尼　著

17　《希望的理由》/ [英] 珍·古道尔　著

18　《自恋主义文化》/ [美] 克里斯托弗·拉什　著

19　《"中产"中国》/ [美] 李成　编著

20 《西方六大美学观念史》/［波］瓦迪斯瓦夫·塔塔尔凯维奇　著

21 《法律的理念》/［英］丹尼斯·罗伊德　著

22 《观念的历险》/［英］艾尔弗雷德·诺思·怀特海　著

23 《人文科学的逻辑》/［德］恩斯特·卡西尔　著

24 《商业生态学》/［美］保罗·霍肯　著

25 《马克思的历史、社会和国家学说》/［德］亨利希·库诺　著

26 《政治的正义性》/［德］奥特弗利德·赫费　著

27 《跟大卫·哈维读〈资本论〉》/［美］大卫·哈维　著

28 《哲学的邀请》/［美］斯坦利·霍纳　等著

29 《宇宙之谜》/［德］恩斯特·海克尔　著

30 《全球化时代的民主》/［德］奥特弗利德·赫费　著

31 《世界文明史》/［日］山崎正和　著

32 《社会学与人类学》/［法］马塞尔·莫斯　著

33 《桑切斯的孩子们》/［美］奥斯卡·刘易斯　著

34 《论自由》/［法］雷蒙·阿隆　著

35 《卡桑德拉的女儿：欧美精神分析发展史》/［美］约瑟夫·施瓦茨　著

36 《实现罗尔斯》/［美］涛慕思·博格　著

37 《社会学主要思潮》/［法］雷蒙·阿隆　著

38 《全球时代的欧洲》/［英］安东尼·吉登斯　著

39 《社会理论的核心问题》/［英］安东尼·吉登斯　著

40 《经济人的末日》/［美］彼得·德鲁克　著

41 《当代政治哲学》/［加］威尔·金里卡　著

42 《自己的上帝：宗教的和平能力与潜在暴力》/［德］乌尔利希·贝克　著

43 《跟大卫·哈维读〈资本论〉》（第二卷）/［美］大卫·哈维　著

44 《读懂弗洛伊德》/〔瑞士〕让-米歇尔·奎诺多　著

45 《小城市空间的社会生活》/〔美〕威廉·H·怀特　著

46 《大自然的常数:从开端到终点》/〔英〕约翰·D·巴罗　著

47 《人类不平等的起源:通往奴隶制、君主制和帝国之路》/〔美〕肯特·弗
兰纳里,乔伊斯·马库斯　著

48 《对空言说:传播的观念史》/〔美〕约翰·杜翰姆·彼得斯　著

49 《改变社会》/〔日〕小熊英二　著

50 《科学人对抗权力政治》/〔美〕汉斯·摩根索　著

51 《新城市社会学(第四版)》/〔美〕马克·戈特迪纳　雷·哈奇森　著

52 《希望的原理(第二卷)》/〔德〕恩斯特·布洛赫　著

53 《金砖国家与集体金融治略》/〔美〕辛西娅·罗伯茨　莱斯利·埃利奥
特·阿米娇　片田纱织　著